Open Source Software-Entwicklung:
Analyse und Aufwandsschätzung an einem Beispiel

Europäische Hochschulschriften
Publications Universitaires Européennes
European University Studies

Reihe V
Volks- und Betriebswirtschaft

Série V   Series V
Sciences économiques, gestion d'entreprise
Economics and Management

Bd./Vol. 2831

PETER LANG
Frankfurt am Main · Berlin · Bern · Bruxelles · New York · Oxford · Wien

Stefan Koch

Open Source Software-Entwicklung: Analyse und Aufwandsschätzung an einem Beispiel

PETER LANG
Europäischer Verlag der Wissenschaften

Die Deutsche Bibliothek - CIP-Einheitsaufnahme

Koch, Stefan:

Open Source Software-Entwicklung: Analyse und
Aufwandsschätzung an einem Beispiel / Stefan Koch. -
Frankfurt am Main ; Berlin ; Bern ; Bruxelles ; New York ;
Oxford ; Wien : Lang, 2002
   (Europäische Hochschulschriften : Reihe 5, Volks- und
   Betriebswirtschaft ; Bd. 2831)
   Zugl.: Wien, Wirtschaftsuniv., Diss., 2001
   ISBN 3-631-38512-9

ISSN 0531-7339
ISBN 3-631-38512-9
© Peter Lang GmbH
Europäischer Verlag der Wissenschaften
Frankfurt am Main 2002
Alle Rechte vorbehalten.

Das Werk einschließlich aller seiner Teile ist urheberrechtlich
geschützt. Jede Verwertung außerhalb der engen Grenzen des
Urheberrechtsgesetzes ist ohne Zustimmung des Verlages
unzulässig und strafbar. Das gilt insbesondere für
Vervielfältigungen, Übersetzungen, Mikroverfilmungen und die
Einspeicherung und Verarbeitung in elektronischen Systemen.

www.peterlang.de

Vorwort

Das Schreiben einer wissenschaftlichen Arbeit ist immer eine Aufgabe, an der mehr als eine Person beteiligt ist. Daher möchte ich mich an dieser Stelle entsprechend bedanken.
Zuerst sind natürlich Univ.-Prof. Dr. Wolfgang Janko und Univ.-Prof. Dr. Alfred Taudes als Betreuer dieser Dissertation zu nennen, die mich während der ganzen Zeit unterstützt und mir die notwendigen Freiheiten gelassen haben.
Des weiteren möchte ich meinen Kollegen und Freunden Edward Bernroider, Michael Hahsler, Max Jahn, Andreas Geyer-Schulz und Peter Bruhn für die lehrreichen Gespräche danken. Besonders hervorzuheben sind Hans Mitlöhner, der durch seine gesunde Skepsis viel zu meiner Motivation und damit dem Gelingen der Arbeit beigetragen hat, sowie Georg Schneider, der eine grosse Hilfe und Unterstützung war.
Außerdem muß der Dank allen Beteiligten an Open Source Projekten weltweit gelten, die viele Anstrengungen für das Gelingen dieser Projekte aufbringen. Vielleicht kann diese Arbeit auch ein wenig zu ihrer Anerkennung beitragen.
Zum Schluß ist natürlich noch, wie immer an wichtigster Stelle, die Familie zu nennen, die mich schon ein ganzes Leben unterstützt und gefördert hat, besonders meinen Eltern und meiner inzwischen verstorbenen Großmutter möchte ich dieses Buch widmen.

Stefan Koch

Inhaltsverzeichnis

1 Einleitung   **9**

2 Software-Metriken   **13**
2.1 Grundlagen 13
2.2 Vorstellung einiger Software-Metriken für Größe und Komplexität 15
     2.2.1 LOC und verwandte Metriken 15
     2.2.2 Cyclomatic Complexity 17
     2.2.3 Halstead-Maß 17
     2.2.4 Metriken der objekt-orientierten Programmierung .. 19

3 Aufwandsschätzung von Software-Projekten   **23**
3.1 Grundlagen 23
     3.1.1 Einleitung 23
     3.1.2 Einteilung von Verfahren zur Aufwandsschätzung ... 24
     3.1.3 Modelle des Software-Entwicklungsprozesses 27
3.2 Vorstellung einiger Verfahren zur Aufwandsschätzung 32
     3.2.1 COCOMO 32
     3.2.2 Putnam 37
     3.2.3 Function Point 39
     3.2.4 Nicht-algorithmische Verfahren 42
3.3 Validierung von Aufwandsschätzungsmodellen 45
     3.3.1 Datengewinnung und Vorgehensweise 45
     3.3.2 Kennzahlen 47

4	**Open Source Software-Entwicklung**	**49**
4.1	Einleitung	49
4.2	Begriffsdefinitionen	50
4.3	Historischer Abriss	54
4.4	Darstellung des Open Source Entwicklungsprozesses	56
	4.4.1 Projektanbahnung	60
	4.4.2 Projektabwicklung	63
	4.4.3 Projektabschluß	73
4.5	Kommerzielle Verwertung und Bedeutung von Open Source Software	75
5	**Analyse eines Open Source Projekts: GNOME**	**87**
5.1	Ziele	87
5.2	Methodik	88
	5.2.1 Untersuchungsgegenstand	88
	5.2.2 Vorgehensweise	90
	5.2.3 Definition der verwendeten Metriken	95
5.3	Ergebnisse	98
	5.3.1 Anzahl und Beiträge der beteiligten Personen	98
	5.3.2 Files des Projektes	110
	5.3.3 Entwicklung des Projektes über die Zeit	119
5.4	Zusammenfassung	130
6	**Aufwandsschätzung in Open Source Projekten**	**135**
6.1	Einleitung	135
6.2	Auswirkungen des Open Source Entwicklungsmodells	137
6.3	Aufwandsschätzung für das GNOME-Projekt	141
	6.3.1 Norden/Rayleigh-Modell	141
	6.3.2 Function Point	147
	6.3.3 COCOMO	151
6.4	Vergleich und Zusammenfassung	160
7	**Zusammenfassung und Ausblick**	**167**
	Abbildungsverzeichnis	**170**
	Tabellenverzeichnis	**173**
	Literaturverzeichnis	**174**

Kapitel 1

Einleitung

In den letzten Jahren hat die Bedeutung von Open Source Software, also von Software, deren Benutzern weitgehende Rechte inklusive der freien Weitergabe, dem Zugang zum Quellcode und der Vornahme beliebiger Veränderungen eingeräumt werden, stark zugenommen. Diese Entwicklung wurde und wird gerade für die breite Öffentlichkeit im starken Maß von dem sicherlich zur Zeit bekanntesten Vertreter, dem Betriebssystem Linux, getragen. Trotzdem gibt es noch eine große Anzahl weiterer Beispiele dafür, daß Open Source Software kommerziellen Produkten qualitativ zumindest ebenbürtig sein kann. In diese Gruppe sind unter anderem der Apache Web Server, die Programmiersprachen Perl und Tcl oder auch die Utilities des GNU Projektes wie der Editor Emacs oder der Compiler gcc zu zählen. Alle diese Vertreter zeichnen sich inzwischen durch eine hohe und ständig wachsende Anzahl von Benutzern aus, wobei zusätzlich der Anteil der privaten sowie der kommerziellen Nutzer gegenüber dem zu Beginn vorherrschenden akademischen Bereich im Steigen ist. In Verbindung damit ist auch eine Reihe von Geschäftsmodellen im Entstehen, die sich auf die Existenz dieser Art von Software stützen. Die Bedeutung für die Software-Industrie insgesamt ist daher ebenfalls als stark steigend anzusehen.

Die rechtliche und wirtschaftliche Dimension stellt jedoch keine ausreichende Sicht auf das Phänomen Open Source Software dar. Gerade die spezielle Art, in der diese entwickelt wird, erscheint aus der Perspektive des Software Engineering von großem Interesse. Dieses Entwicklungsmodell zeichnet sich durch die freiwillige Mitarbeit einer hohen Anzahl von räumlich verteilten Personen aus. Dabei ist es das Ziel, potentielle Benutzer einer Software zu Mit-Entwicklern zu machen, und damit die Programmierung, aber vor allem das Debuggen und Testen im bisher ungekannten Ausmaß zu parallelisieren. Im Gegensatz zur traditionellen Software-Entwicklung erfolgt dabei keine Koordination oder Steuerung durch ein zentrales Management, wie es bisher als Vorbedingung für die effiziente Produktion von Software gesehen wurde. Dieser Ansatz einer weitgehenden Selbstorganisation wird daher auch oft mit einem orientalischen Bazar verglichen.

Zum momentanen Zeitpunkt ist die akademische Beschäftigung mit dem vielfältigen Thema der Open Source Software ebenfalls eindeutig im Steigen. Dabei sind jedoch bisher gewisse Defizite festzustellen, die auch in dieser Arbeit behandelt werden sollen. In diesem Zusammenhang ist zuerst der herrschende Mangel an quantitativen Daten bezüglich der Entwicklung solcher Software zu nennen. Gerade was das spezielle Entwicklungsmodell betrifft, werden nahezu ausschließlich Meinungen und Vermutungen bezüglich des tatsächlichen Ablaufes und dessen Effizienz wiedergegeben. Zu diesem Zweck nimmt die vorliegende Arbeit eine intensive Analyse eines Open Source Projektes vor. Den zweiten Punkt stellt die Aufwandsschätzung dar. Dieses Thema ist momentan in der Literatur praktisch noch überhaupt nicht behandelt worden. Dies mag daran liegen, daß der Nutzen einer solchen Schätzung nicht klar ist, oder auch an den fehlenden quantitativen Grundlagen bezüglich entsprechender Projekte. Außerdem scheint fraglich, inwieweit momentan existierende Modelle, die alle für die Software-Entwicklung im kommerziellen Umfeld erstellt wurden, auf diesen Bereich übertragbar sind. Hier soll der Schwerpunkt der vorliegenden Arbeit gesetzt werden. Aufbauend auf der Darstellung der Open Source Software-Entwicklung in der Theorie sowie der quantitativen Analyse eines beispielhaften Projektes sollen Probleme und Möglichkeiten für die Aufwandsschätzung dargestellt, und auch ausgewählte Methoden mit den realen Daten zur Anwendung gebracht werden. Mit diesen Ergebnissen und den daraus gewonnenen Erkenntnissen soll eine Grundlage für weitere Arbeiten auf diesem Gebiet gelegt werden.

Der Aufbau der Arbeit stellt sich daher wie folgt dar: In Kapitel 2 wird ein Einstieg in das Gebiet der Software-Metriken gegeben, die die Basis für jede Analyse sowie Aufwandsschätzung eines Software-Projektes bilden. Dabei werden neben den notwendigen Grundlagen die wichtigsten Metriken behandelt. Danach beschäftigt sich Kapitel 3 näher mit der Aufwandsschätzung und stellt dazu auch einige ausgewählte Verfahren detailliert vor. In Kapitel 4 wird auf das betrachtete Gebiet der Open Source Software-Entwicklung eingegangen. Dazu wird neben einer Begriffsdefinition und der Diskussion der rechtlichen Dimension ein kurzer historischer Abriss dargestellt. Das Hauptaugenmerk liegt jedoch in der ausführlichen Beschreibung des speziellen Entwicklungsprozesses. Das Kapitel schließt mit einer Betrachtung entstehender Geschäftsmodelle zur kommerziellen Verwertung von Open Source Software. Im Anschluß beschäftigt sich Kapitel 5 mit der Analyse eines beispielhaften Open Source Projektes. Dazu wurde eine spezielle Methodik entwickelt, die entsprechend dargestellt wird. Des weiteren werden die Ergebnisse der Analyse ausführlich behandelt und im Vergleich mit bisherigen Arbeiten Rückschlüsse auf allgemeine Charakteristiken der Software-Entwicklung im Open Source Modell gezogen. Aufbauend auf diesen empirischen Erkenntnissen geht Kapitel 6 auf die Aufwandsschätzung für Open Source Projekte ein. Dazu werden zuerst allgemeine Möglichkeiten und Problemfelder dargestellt, und dann mehrere Verfahren auf das betrachtete Projekt angewandt. Die Ergebnisse werden entsprechend diskutiert und die Eignung der Modelle für den generellen Einsatz in Open Source Projekten dargestellt. Die Arbeit schließt mit einer Zusammenfassung und einem Ausblick auf mögliche zukünftige Forschungsaufgaben auf dem Gebiet der Open Source Software-Entwicklung und insbesondere der Aufwandsschätzung für entsprechende Projekte.

Kapitel 2

Software-Metriken

2.1 Grundlagen

Eine Metrik stellt die Zuordnung einer Zahl (oder eines Symbols) zu einer Entität dar, um ein spezielles Attribut dieser Entität zu charakterisieren [Fenton, 1991, Melton, 1996].
Aufbauend auf dieser Definition wird in der Literatur zwischen verschiedenen Klassen von Software-Metriken unterschieden. Conte et al. [Conte et al., 1986] unterteilen in Produkt- und Prozessmetriken. Produktmetriken werden dabei als Maßzahlen für das Software-Produkt, Prozessmetriken als Quantifizierung von Attributen des Entwicklungsprozesses und der Entwicklungsumgebung definiert [Conte et al., 1986]. In [Fenton, 1991] wird zwischen drei Arten von Entitäten unterschieden, deren Attribute gemessen werden sollen. Diese sind Prozesse, Produkte und Ressourcen. Des weiteren wird zwischen internen, d.h. solchen, die an der Entität selbst gemessen werden, und externen Attributen, d.h. solchen, die nur daran gemessen werden können, wie die Entität in einer Beziehung zu ihrer Umwelt steht, dieser Entitäten unterschieden. Prozesse sind dabei als Aktivitäten definiert, die im Zusammenhang mit der Software stehen und normalerweise einen Zeitfaktor aufweisen. Interne Attribute dieser Entitätsklasse sind unter anderem Zeit, Aufwand oder die Anzahl des Auftretens eines bestimmten Ereignisses während des Prozesses. Produkte sind alle Artefakte wie zum Beispiel Dokumentation oder Source Code, die im Rahmen des Software-Lebenszyklus entstehen. Ressourcen sind alle Inputs in die Produktion von Software. Dazu gehören unter anderem Personal, Soft- und Hardware oder Büroflächen.
Bei der Messung der Ausprägung von Software-Metriken kann zwischen di-

rekter Messung und indirekter Messung unterschieden werden. Die direkte Messung erfolgt ohne Abhängigkeit von einem anderen Attribut, die indirekte Messung inkludiert die Messung eines oder mehrerer anderer Attribute [Fenton, 1991]. Aus diesen Definitionen kann abgeleitet werden, daß interne Attribute grundsätzlich direkt gemessen werden können, externe dagegen nicht [Fenton, 1991]. Des weiteren kann zwischen subjektiver Messung und objektiver oder algorithmischer Messung unterschieden werden [Conte et al., 1986]. Bei letzterer kann die Messung präzise nach einem Algorithmus vorgenommen werden. Das Ergebnis ist daher reproduzierbar und hängt nicht von Ort, Zeit oder Beobachter ab [Conte et al., 1986].

Es gibt eine Reihe von Anforderungen an Software-Metriken, wobei einige davon informal angesprochen werden, während andere formal definiert sind. Conte et al. [Conte et al., 1986] bezeichnen diese Anforderungen auch als Meta-Metriken zur Evaluation von Metriken. Die meisten davon sind aber nur subjektiv messbar. Zu diesen Forderungen gehören die Einfachheit, die Validität (wird das gemessen, was gemessen werden soll), die Robustheit (Sensitivität der Metrik auf Änderungen, die die Performanz der Software nicht beeinflussen), die Analysierbarkeit mit statistischen Mitteln und die Eignung im Rahmen des Software-Projektmanagements [Conte et al., 1986]. Melton [Melton, 1996] nennt weitere Anforderungen an Software-Metriken, unter anderem 'wholeness' (die Komplexität einer zusammengesetzten Entität soll mindestens die Summe der Komplexitäten ihrer Teile betragen) sowie die Sensitivität auf atomare Änderungen des zugrundeliegenden Modells. Eine Aufstellung von Anforderungen an Komplexitätsmetriken findet sich auch in [Weyuker, 1988]. Schneidewind [Schneidewind, 1992] beschreibt eine Methodologie zur Validierung von Software-Metriken unter Verwendung von sechs Kriterien ('association, consistency, discriminative power, tracking, predictability, repeatability')[1].

Die Verwendung beziehungsweise der Nutzen von Software-Metriken ist mehrfach. Grundsätzlich sollten der Einsatz von Software-Metriken und damit die Messung von klaren und wohldefinierten Zielen geleitet sein. Der Goal/Question/Metric-Ansatz [Basili und Rombach, 1988, Gray und MacDonnel, 1997b] soll dazu einen Rahmen darstellen. Dabei wird ausgehend von der Definition der Projektziele systematisch eine Verfeinerung dieser in Form einer Reihe von Fragen vorgenommen. Diese Fragen wiederum können dann jeweils durch passende Metriken mit quantitativen

---

[1] Des weiteren sei zu Themen wie dem theoretischen Hintergrund des Messens oder der Skalierung auf entsprechende Arbeiten verwiesen, Zusammenfassungen für den Bereich der Software-Metriken sind in [Fenton, 1991], [Melton, 1996] sowie [Ebert und Dumke, 1996] zu finden.

Daten beantwortet werden. Damit soll eine zielgerichtete Erhebung von ausschließlich tatsächlich benötigten Metriken sichergestellt werden.
Fenton [Fenton, 1991] unterscheidet bei der Verwendung von Software-Metriken zwischen der Feststellung ('assessment') im Rahmen der Steuerung eines Software-Projekts und der Vorhersage ('prediction') von Charakteristiken von Projekten mit Hilfe eines Vorhersagesystems bestehend aus einem mathematischen Modell, einer Vorgehensweise zur Bestimmmung unbekannter Parameter und einer Anleitung zur Interpretation der Ergebnisse. Die bekanntesten Beispiele für letztere Gruppe stellen verschiedene Verfahren zur Aufwandsschätzung dar, auf denen für diese Arbeit auch der Hauptgesichtspunkt liegt. Grady [Grady, 1992] unterscheidet zwischen der taktischen Anwendung in Rahmen des Projektmanagements und der strategischen Anwendung im Rahmen der Prozessverbesserung.
Im weiteren Verlauf dieses Kapitels soll auf einige Metriken für Größe und Komplexität von Software-Artefakten eingegangen werden. Neuere Ansätze beschäftigen sich neben diesen Gebieten aber auch mit anderen Artefakten der Entwicklung von Software, unter anderem mit der während dieses Prozesses mittels E-Mail oder Diskussionsgruppen stattfindenden Kommunikation, um so Rückschlüsse auf den Entwicklungsprozeß zu erhalten [Dutoit und Bruegge, 1998].

2.2 Vorstellung einiger Software-Metriken für Größe und Komplexität

2.2.1 LOC und verwandte Metriken

Eine der gebräuchlichsten Metriken, um die Größe eines Software-Artefaktes auszudrücken, sind Lines-of-Code (abgekürzt LOC) beziehungsweise Programmzeilen.
Diese Metrik kann aber auf mehrere Arten definiert werden, was zum einen Teil auf unterschiedliche Typen von Programmzeilen innerhalb eines Programmes zurückzuführen ist [Conte et al., 1986, Park, 1992, Humphrey, 1995]. Ausführbare Programmzeilen oder Anweisungen werden in jeder gängigen Definition gezählt, während Kommentare und Leerzeilen stärker umstritten sind. Eine entsprechend häufig verwendete Definition schließt diese daher aus und ist unter der Bezeichnung NCSS (Non Commentary Source Statements) gängig. Ein weiterer Typ von Anweisungen, für den entschieden werden muß, wie er zu behandeln ist, sind Deklarationen von Variablen oder Prozeduren sowie Anweisungen im Header eines

Programmes. Zusätzlich sind Compiler-Anweisungen zu unterscheiden[2].
Andererseits sind unterschiedliche Definitionen dieser Metrik auf die Tatsache zurückzuführen, daß eine Programmzeile mehrere Anweisungen, auch verschiedener Arten wie zum Beispiel ausführbare und kommentierende enthalten kann, die durch speziell definierte Trennzeichen getrennt sind.
Des weiteren ist klarzustellen, wie im Rahmen eines Programmes, das überarbeitet wird oder wurde, d.h. von dem mehrere Versionen existieren, mit dem Löschen und der Modifikation von einzelnen Programmzeilen umzugehen ist. Außerdem ist festzulegen, wie im Fall einer Wiederverwendung von Programmzeilen aus anderen Programmen (Software Reuse) bei der Erhebung der Metrik LOC zu verfahren ist, um nicht falsche Anreizsysteme zu schaffen [Humphrey, 1995].
Daher erscheint für den praktischen Einsatz dieser Metrik eine organisationsweit einheitliche Definition [Park, 1992, Humphrey, 1995] unumgänglich. Diese Spezifikation sollte klar festlegen, wie mit den genannten Problemfeldern umzugehen ist, wenn notwendig in Abhängigkeit von der verwendeten Programmiersprache.
Auf jeden Fall sollte für die Programmierer die weitere Verwendung dieser Metriken klargestellt werden, um sie weder auf der einen Seite dazu zu ermutigen, überlange Programme zu erstellen, um gute Produktivitätskennzahlen zu erreichen, noch sie dazu zu bringen, die Programme unter unverhältnismäßig hohem Zeitaufwand möglichst kurz zu halten.
Idealerweise wird im Rahmen der Definition ein Programm zur Verfügung gestellt, das die spezifikationsgerechte Erhebung der Metriken automatisiert. Gerade diese Möglichkeit zur computergestützten und damit objektivierten und einfachen Berechnung der LOC für ein gegebenes Software-Artefakt ist auch als ein großer Vorteil dieser Metrik anzusehen.
Einen anderen Problemkreis dieser Metrik stellt dagegen die Sprachabhängigkeit dar, die eine Vergleichbarkeit der erhobenen Daten erschwert.
Zusätzlich muß nochmals darauf hingewiesen werden, daß die Metrik LOC die Größe eines Software-Artefaktes ausdrückt, wie sie etwa für die Speicherung oder einen Ausdruck relevant ist, und nur bedingt zu einer Aussage über die Komplexität herangezogen werden kann. Zum Beispiel rekursive Programme weisen oft eine verhältnismäßig geringe Anzahl von LOC auf, zeichnen sich aber durch einen hohen Schwierigkeitsgrad bei der Entwicklung aus.

---

[2]Ein kleines Beispiel für die differierenden Ergebnisse einer Messung der Metrik LOC bei der Anwendung unterschiedlicher Definitionen bezüglich der zu zählenden Typen von Programmzeilen findet sich in [Pottschalck, 1990].

2.2.2 Cyclomatic Complexity

Die Cyclomatic Complexity [McCabe, 1976] ist ein Beispiel für eine Metrik, die auf der Kontrollflußstruktur ('control flow graph' oder 'flowgraph') eines Programmes beruht [Fenton, 1991].
Die Cyclomatic Complexity mißt die Anzahl der linear unabhängigen Wege durch den Flowgraph F eines Programmes. Diese Anzahl ist bei e Kanten, n Knoten und p Zusammenhangskomponenten gegeben durch

$$v(F) = e - n + 2p. \qquad (2.1)$$

Ein Knoten stellt dabei einen Block sequentieller Anweisungen dar, die keine internen Verzweigungen aufweisen. Die Kanten geben den möglichen Kontrollfluß zwischen den Knoten wieder. Zusammenhangskomponenten sind unabhängige Programmkomponenten (wie zum Beispiel Module oder Prozeduren), weshalb p immer mindestens 1 ist. $v(F) \geq 1$ gilt ebenfalls immer. $v(F) = 1$ bedeutet, daß nur ein Pfad durch den Flowgraph F existiert.
Es wird angenommen, daß Module mit einer Cyclomatic Complexity von mehr als 10 besonders fehleranfällig sind. Der Zusammenhang zwischen gefundenen Fehlern und dieser Metrik wurde durch mehrere Studien bestätigt, die Fehlerhäufigkeit korreliert aber fast in demselben Ausmaß mit der Codelänge gemessen in LOC [Grady, 1992].
Diese Metrik kann vor allem dazu herangezogen werden, Aussagen über die Komplexität des Kontrollflusses zu treffen. Diese wiederum beeinflußt vor allem das Testen, bei dem alle Pfade betrachtet werden sollten, und die Wartung, beziehungsweise die Fehleranfälligkeit eines Programmes. Der eigentliche Umfang des Programmes wird nicht beachtet, da jeder Knoten des Graphen beliebig viele Anweisungen enthalten kann, solange sich keine Verzweigung darunter befindet.

2.2.3 Halstead-Maß

Halstead [Halstead, 1977] hat als Metriken für einen Algorithmus (oder ein Computerprogramm) die folgenden definiert, wobei es wichtig ist anzumerken, daß hierbei auf eine Implementierung in einer Sprache Bezug genommen wird:

- η_1 = die Anzahl der verschiedenen Operatoren in der vorliegenden Implementierung

- η_2 = die Anzahl der verschiedenen Operanden in der vorliegenden Implementierung

- N_1 = die Anzahl aller Operatoren in der vorliegenden Implementierung

- N_2 = die Anzahl aller Operanden in der vorliegenden Implementierung

In diesem Zusammenhang werden Operanden als Variablen oder Konstanten definiert und Operatoren als Symbole oder Kombinationen von Symbolen, die den Wert oder die Anordnung eines Operanden beeinflussen.
Darauf aufbauend werden das Vokabular η mit

$$\eta = \eta_1 + \eta_2 \tag{2.2}$$

und die Implementierungslänge N mit

$$N = N_1 + N_2 \tag{2.3}$$

definiert.
Als Metrik für die Größe der Implementierung eines Algorithmus wird das Volumen V mit

$$V = N \log_2 \eta \tag{2.4}$$

in der Dimension Bit eingeführt. Logisch folgt, daß diese Metrik von der Implementierungssprache abhängig ist.
Demgegenüber kann das minimale oder potentielle Volumen V^* in einer idealen Sprache, in der der betrachtete Algorithmus bereits definiert oder implementiert ist (zum Beispiel als Subroutine oder Prozedur), mit

$$V^* = (2 + \eta_2^*) \log_2(2 + \eta_2^*) \tag{2.5}$$

definiert werden, da keine Operatoren oder Operanden wiederholt werden ($N_1^* = \eta_1^*$ bzw. $N_2^* = \eta_2^*$) und die minimale Anzahl Operatoren η_1^* mit 2 bekannt ist (ein Operator zum Aufruf der Funktion oder Prozedur und ein anderer für die Zuweisung).
Daraus folgt für die Programmstufe L einer Implementierung

$$L = \frac{V^*}{V} \tag{2.6}$$

und somit eine ideale Programmstufe von 1. Die meisten Implementierungen werden aber diese Stufe nicht erreichen.
Da meistens das potentielle Volumen V^* nicht bekannt sein wird, kann als Näherung die Definition

$$L = \frac{\eta_1^*}{\eta_1} * \frac{\eta_2}{N_2} \tag{2.7}$$

verwendet werden, die die Auswirkungen von Operatoren und Operanden auf die Programmstufe miteinander kombiniert. Als weiterer Schritt kann angenommen werden, daß für eine Person, die in der Implementierungssprache bewandert ist, die Schwierigkeit des Verständnisses sich invers zu der Programmstufe verhält (um ein Konzept jemandem zu erklären, der über nur geringes Wissen verfügt, muß ein höheres Volumen verwendet werden). Damit kann diese Schwierigkeit D mit

$$D = \frac{\eta_1}{2} * \frac{N_2}{\eta_2} \qquad (2.8)$$

definiert werden.
Eine ausführliche kritische Diskussion dieser vorgestellten Familie von Metriken kann in [Shen et al., 1983] gefunden werden.
Eine Synthese von Cyclomatic Complexity [McCabe, 1976] und den vorgestellten Konzepten von Halstead wurde in [Ramamurthy und Melton, 1988] versucht. Das Ziel war, beide Arten der Komplexitätsmessung in einer Maßzahl zu vereinigen. Es wird dazu in einem ersten Schritt jeder Kontrollstruktur eine Cyclomatic Complexity gleich ihrer Schachtelungsebene plus eins zugeordnet. Für jeden Operator oder Operand, der Teil einer Kontrollstruktur ist, zum Beispiel diese selbst darstellt oder in der Bedingung vorkommt, wird zu N_1 oder N_2 eins hinzugefügt, plus der Schachtelungsebene der jeweiligen Kontrollstruktur (also im Endeffekt die Cyclomatic Complexity der Kontrollstruktur). Dadurch ergibt sich ein gewichtetes Maß für die Komplexität.
Li und Cheung [Li und Cheung, 1987] haben in einer empirischen Studie die Zusammenhänge zwischen verschiedenen Metriken, unter anderem den bisher genannten von Halstead, McCabe sowie LOC erhoben. Es zeigt sich, daß viele der untersuchten Metriken eine hohe Korrelation aufweisen und somit ähnliche Konzepte messen. Zum Beispiel stellen die Metriken von Halstead eine in sich konsistente Gruppe dar, sodaß unter Umständen eine die andere ersetzen könnte. Auch eine hohe Korrelation zwischen der Cyclomatic Complexity und den Metriken von Halstead konnte gezeigt werden.

2.2.4 Metriken der objekt-orientierten Programmierung

Mit der steigenden Popularität des objekt-orientierten Paradigmas werden auch die Analyse und die Quantifizierung von Attributen der entsprechenden Designs und Software-Artefakte zunehmend wichtiger. Dies bedingt natürlich die Definition entsprechender Metriken, auf die nun

kurz eingegangen werden soll. Es erfolgte aber auch die Anwendung bereits bestehender Ansätze für diesen Bereich, wie zum Beispiel in [Coppick und Cheatham, 1992] dargestellt der Metriken von Halstead [Halstead, 1977] und der Cyclomatic Complexity [McCabe, 1976].
Ein früher Vorschlag beschäftigt sich mit Metriken für objekt-orientierte Ada-Programme [Gannon et al., 1986], und setzt diese ein, um anhand eines kleineren Software-Systems (4375 NCSS) den Einsatz der entsprechenden Konzepte durch vier Programmierer zu analysieren. Dabei werden neben der Anzahl der Packages, der generischen Packages und der jeweiligen Instantiierungen Metriken für den Komponentenzugriff ('component access metric') und die Sichtbarkeit ('package visibility metric') definiert.
Einer der wichtigsten Ansätze geht auf Chidamber und Kemerer [Chidamber und Kemerer, 1994, Chidamber et al., 1998] zurück, die die folgende Familie von Metriken definiert haben:

- WMC ('weighted methods per class'): Diese Maßzahl soll die Komplexität einer Klasse ausdrücken. In der Variante WMC1 wird für jede Funktion der Wert 1 angesetzt, bei WC der Wert 1 für Funktionen, die anderen Modulen zugänglich sind, und der Wert 0 für private.

- DIT ('depth in inheritance tree'): Diese Metrik ist definiert als die Länge des längsten Pfades durch die Vererbungshierarchie bis zum betrachteten Modul.

- NOC ('number of children'): Für die betrachtete Klasse gibt die Metrik NOC die Anzahl der Klassen an, die direkt von dieser erben.

- CBO ('coupling between methods'): Diese Maßzahl gibt die Anzahl der Module an, die mit dem betrachteten gekoppelt sind. Zwei Module sind gekoppelt, wenn eine davon die Funktionen und/oder die Instanzvariablen der anderen benutzt.

- RFC ('response for a class'): Die Metrik RFC gibt die Anzahl der Methoden an, die potentiell ausgeführt werden können, wenn ein Objekt der betrachteten Klasse eine Nachricht empfängt.

- LCOM ('lack of cohesion on methods'): Der Wert dieser Metrik ergibt sich aus der Anzahl der Methoden-Paare, die keine gemeinsamen Instanzvariablen haben, abzüglich der Anzahl der Methoden-Paare, die solche besitzen.

Eine Validierung durch die Autoren selbst [Chidamber et al., 1998] ergab eine hohe Korrelation zwischen WMC, CBO und RFC, sowie einen Einfluß von hohen Werten von CBO und LCOM auf die Produktivität (negativ) sowie den Überarbeitungsaufwand bei Wiederverwendung und Designaufwand (positiv). Bei den betrachteten Systemen war die Verwendung des Vererbungskonzeptes gering, was in niedrigen Werten von DIT und NOC resultierte.

Eine Diskussion dieser Metriken aus einer meßtheoretischen Perspektive findet sich in [Hitz und Montazeri, 1996]. Eine weitere Validierung dieses Ansatzes wird in [Basili et al., 1996] vorgenommen. Es zeigte sich, daß die Metriken von Chidamber und Kemerer in der Design-Phase gute Vorhersagewerte für Fehleranfälligkeit lieferten. Außerdem wurde eine weitgehende Unabhängigkeit der einzelnen Metriken festgestellt. Auch in [Tang et al., 1999] wird dieser Ansatz empirisch untersucht, wobei nur die Metriken WMC und RFC als gute Indikatoren für fehleranfällige Klassen gefunden wurden. Die Ergebnissen wurden zur Definition der folgenden zusätzlichen Metriken herangezogen:

- IC ('inheritance coupling'): Diese Metrik ist definiert als die Anzahl der Vaterklassen, mit der eine Klasse gekoppelt ist. Dieser Zustand tritt ein, wenn eine der geerbten Methoden eine neue oder neu definierte Variable oder Methode benutzt.

- CBM ('coupling between methods'): Es wird die Anzahl der neuen oder neu definierten Methoden gezählt, mit denen die geerbten Methoden gekoppelt sind. Diese Metrik stellt damit eine Variante der Metrik IC dar.

- NOMA ('number of objects/memory allocation'): Diese Maßzahl mißt die Anzahl der Befehle, die neue Objekte oder Speicher in einer Klasse allozieren.

- AMC ('average method complexity'): Diese Metrik mißt die durchschnittliche Größe der Methoden einer Klasse.

Ein anderer Ansatz wird von Briand et al. [Briand et al., 1999b] vorgestellt, und befaßt sich mit Metriken des Designs auf hoher Abstraktionsebene in objekt-basierten[3] Systemen. Ziel war es, zu untersuchen, ob mittels Information aus dieser Design-Phase Rückschlüsse auf die Fehleranfälligkeit des Systems möglich sind. Zu diesem Zweck wurden die Metriken RCI ('ratio of cohesive interactions'), DIC ('direct import coupling'), TIC ('transitive

---

[3]Objekt-basierte Systeme erlauben im Gegensatz zu objekt-orientierten Systemen keine Vererbung.

import coupling'), ISP ('imported software parts') und Avg_Depth ('average depth') definiert. Die empirische Validierung mittels dreier Software-Projekte ergab, daß die Korrelationen zwischen diesen Maßzahlen gering sind, und daß sie tatsächlich als Basis für statistische Modelle zur Vorhersage der Fehleranfälligkeit dienen können [Briand et al., 1999b].
Brito e Abreu schlägt die MOOD Gruppe von Metriken vor [e Abreu und Carapuca, 1994], die in [e Abreu und Melo, 1996] sowie [Harrison et al., 1998] einer Evaluation unterzogen werden. Definiert werden die Metriken Method Inheritance Factor, Attribute Inheritance Factor, Coupling Factor, Clustering Factor, Polymorphism Factor, Method Hiding Factor, Attribute Hiding Factor und Reuse Factor. Ziel war es, mittels dieser Maßzahlen (die alle als Wahrscheinlichkeiten mit entsprechendem Wertebereich gesehen werden) die grundlegenden Mechanismen des objekt-orientierten Paradigmas wie Kapselung oder Vererbung ohne Berücksichtigung der Implementierungssprache anzusprechen. In der Evaluation durch den Autor selbst ergab sich für einige der Faktoren eine Korrelation mit Fehleranfälligkeit und Korrekturaufwand [e Abreu und Melo, 1996]. In [Harrison et al., 1998] wird aus den untersuchten Daten die Aussage abgeleitet, daß diese Metriken eine Systemsicht anbieten, und damit komplementär zu dem Ansatz von Chidamber und Kemerer [Chidamber und Kemerer, 1994] zu sehen sind, der sich auf die Ebene einer Klasse bezieht.
Eine andere Gruppe von Metriken wurde ebenfalls von Briand [Briand et al., 1997] definiert, und bezieht sich auf die Koppelung von Artefakten in der Sprache C++. Die Validierung ergab, daß einige der Metriken zur Vorhersage der Fehleranfälligkeiten dienen können und als Qualitätsindikatoren komplementär zu den Metriken von Chidamber und Kemerer [Chidamber und Kemerer, 1994] sind.
Neuere Ansätze versuchen neben den statischen Eigenschaften objektorientierter Systeme auch die dynamischen Attribute mittels entsprechender Metriken in eine Qualitätsbeurteilung einfließen zu lassen [Yacoub et al., 1999].

Kapitel 3

Aufwandsschätzung von Software-Projekten

3.1 Grundlagen

3.1.1 Einleitung

Die Entwicklung und Wartung von Software stellt eine Aufgabe von hoher Unsicherheit dar, da vor allem die zugrundeliegende Komplexität zu Beginn kaum abzuschätzen ist. Daher sind die Zeit-, Kosten- und Personalplanung sowie die laufende Kontrolle der entsprechenden Projekte schwierig. Trotzdem ist es notwendig, eine Quantifizierung des anfallenden Aufwandes zu erreichen. Da sich rein subjektive Schätzungen durch Experten als zu fehleranfällig erwiesen haben[1], wurde inzwischen eine große Anzahl von Modellen zur Aufwandsschätzung von Software-Projekten vorgeschlagen. Obwohl auch diese, wie noch gezeigt werden wird, oftmals hohe Fehlerraten aufweisen, stellt die zumindest ansatzweise vorhandene Objektivierung einen großen Vorteil dar. Dieses Kapitel soll einen kurzen Einstieg in diesen Bereich bieten und die wichtigsten Themen und Problemgebiete darstellen.

Ein Modell zur Aufwandsschätzung kann nach der Einteilung von Software-Metriken nach Fenton [Fenton, 1991] als Vorhersagesystem für Attribute des zugrundeliegenden Prozesses gesehen werden. Daher sollte dieses System aus einem mathematischen Modell des Prozesses mit den Beziehungen

---

[1]Dabei hat sich gezeigt, daß auch die Vorgehensweise bei der Kombination von verschiedenen Expertenurteilen großen Einfluß hat [Höst und Wohlin, 1998].

zwischen den verschiedenen Attributen, einer Vorgehensweise zur Bestimmmung unbekannter Parameter und einer Anleitung zur Interpretation der Ergebnisse bestehen.

Es existieren eine Reihe von Anforderungen an Modelle zur Aufwandsschätzung. Conte et al. [Conte *et al.*, 1986] nennen die Validität der Schätzungen, die Objektivität, die einfache Handhabung, die Robustheit in Hinsicht auf kleine Änderungen bei den Input-Parametern und die Transportfähigkeit zwischen verschiedenen Umgebungen. Auf die Validierung von Aufwandschätzungsmodellen wird in Abschnitt 3.3 eingegangen.

Da viele der existierenden Modelle zur Aufwandsschätzung Koeffizienten enthalten, die nur für eine bestimmte Entwicklungsumgebung Gültigkeit aufweisen [Bailey und Basili, 1981, Kemerer, 1987], also organisationsspezifisch sind, ist eine Kalibrierung notwendig. Wie sich gezeigt hat, ist die Vorhersagegenauigkeit von Modellen, die aufgrund von Daten über vergangene Projekte des betrachteten Unternehmens kalibriert wurden, besser als diejenige von Modellen, die zum Beispiel an einer Datenbasis der gesamten Industrie kalibriert wurden [Maxwell *et al.*, 1999]. In jedem Fall ist für die erfolgreiche Kalibrierung eine Datenaufzeichnung über vergangene Projekte notwendig, damit Methoden wie eine Regressionsanalyse, Bayessche Analyse zur Kombination der vorliegenden Daten mit a priori Expertenwissen zu einem posteriori Modell [Chulani *et al.*, 1998, Chulani *et al.*, 1999] oder andere zur Anwendung gebracht werden können [Briand *et al.*, 1992, Ebrahimi, 1999, Vesterinen, 1999]. Mit den Möglichkeiten zur Datengewinnung beschäftigt sich Abschnitt 3.3.1.

3.1.2 Einteilung von Verfahren zur Aufwandsschätzung

Bevor in Abschnitt 3.2 auf einige der verschiedenen vorgeschlagenen Modelle näher eingegangen werden kann, ist es notwendig, die unterschiedlichen Ansätze zu klassifizieren und somit in Gruppen einzuteilen. Für diese Einteilung existieren einige Vorschläge, die nun vorgestellt werden sollen.

Nach [Conte *et al.*, 1986] werden Makro-Modelle zur Aufwandsschätzung nach der Methode eingeteilt, mittels derer sie abgeleitet wurden. Danach werden vier Gruppen unterschieden:

1. Historisch-experimentelle Modelle: In diese Gruppe fallen vor allem Expertenschätzungen, teilweise basierend auf historischen Daten, die sich größtenteils auf Analogien stützen. Dabei kann sowohl bottom-up wie auch top-down vorgegangen werden.

2. Statistik-basierte Modelle: Hier wird normalerweise mittels Regressionsanalyse eine Beziehung zwischen Aufwand und anderen Parametern wie der Programmgröße bestimmt. Unterschieden kann zwischen linearen und nicht-linearen Modellen wie zum Beispiel von der Form der COCOMO-Gleichung [Boehm, 1981] werden.

3. Theoretisch-basierte Modelle: Hier bilden Annahmen über die Funktionsweise des menschlichen Geistes bei der Programmentwicklung sowie postulierte mathematische Gesetze, denen der Software-Entwicklungsprozeß folgt, den Ausgangspunkt der Aufwandsschätzung. Ein Beispiel wäre das Modell von Putnam [Putnam, 1978].

4. Zusammengesetzte Modelle: In diesen Modellen tritt eine Mischung von Schätzgleichungen, statistischen Methoden und Expertenurteil auf. Das bekannteste Beispiel ist das COCOMO-Verfahren von Boehm [Boehm, 1981].

Londeix [Londeix, 1987] klassifiziert unterschiedliche Modelle nach der mathematischen Form der verwendeten Gleichungen, nach der Art der Daten, die zur Voraussage verwendet werden, und nach den Annahmen, die hinsichtlich des Software-Entwicklungsprozesses gemacht werden. Damit wird zuerst zwischen dynamischen und statischen Modellen unterschieden, wobei bei ersteren eine Variable wie zum Beispiel die Größe zur Berechnung der anderen herangezogen wird, während bei dynamischen Modellen alle Variablen interdependent sind. Des weiteren wird in Modelle mit einer und solchen mit mehreren Variablen eingeteilt. Bei statischen, multi-variablen Modellen kann zusätzlich unterschieden werden, ob es sich um ein Modell mit einer Basisgleichung mit einer Variablen handelt, die dann in irgendeiner Weise durch andere Variablen modifiziert wird ('adjusted baseline'), oder ein Modell, bei dem die grundlegende Schätzung durch eine Anzahl von Variablen modifiziert wird, deren Beziehungen in Tabellen basierend auf historischen Daten definiert sind ('adjusted table-driven'). Beispiele für statische Modelle mit einer Variablen sind solche Modelle, die eine einzige Gleichung für die Schätzung des Aufwandes heranziehen, zum Beispiel von der Form $C = aL^b$, wobei C für den Aufwand, L für eine Metrik der Programmgröße und a sowie b für organisationsspezifische Parameter stehen. Ein Beispiel für ein statisches Modell mit mehreren Variablen wäre daher COCOMO von Boehm [Boehm, 1981]. Beispiele für dynamische Modelle mit mehreren Variablen wären die Modelle von Norden [Norden, 1960] beziehungsweise Putnam [Putnam, 1978, Londeix, 1987] oder von Parr [Parr, 1980].

Fenton [Fenton, 1991] unterscheidet vier Ansätze zur Aufwandsschätzung, nämlich die Expertenmeinung beziehungsweise das Raten auf der Grundlagen persönlicher Erfahrung, die Analogie als formaleren Ansatz zur Expertenmeinung unter Einbeziehung von direkten Vergleichen mit einem oder mehreren vergangenen Projekten, die Dekomposition in einzelne zu schätzende Teilbereiche und Schätzgleichungen, d.h. mathematische Formeln, die Inputfaktoren wie zum Beispiel ein Maß für die Programmgröße in Beziehung zum Aufwand setzen.

Boehm [Boehm, 1981] klassifiziert algorithmische Modelle zur Aufwandsschätzung im Gegensatz zu Expertenschätzungen in:

1. Lineare Modelle, die eine einfache Gerade an die beobachteten Daten anpassen,

2. Multiplikative Modelle, die den Aufwand als Produkt von Konstanten mit verschiedenen Kostentreibern als Exponenten ausdrücken,

3. Analytische Modelle, die den Aufwand in einer weder linearen noch multiplikativen Funktion ausdrücken,

4. Tabellarische Modelle, die die Beziehung zwischen Kostentreibern und Aufwand in Tabellenform darstellen, und

5. Zusammengesetzte Modelle, die eine Kombination der anderen Ansätze verwenden.

In [Arifoglu, 1993] werden vier Gruppen von Ansätzen zur Aufwandsschätzung unterschieden:

1. Verfahren, die auf der Aufwandsschätzung einer Einheit beruhen.

2. Verfahren, die eine prozentuelle Aufteilung der Kosten des gesamten Softwaresystems der Organisation vornehmen.

3. Analogie-basierte Verfahren: Auf der Grundlage von Ähnlichkeiten zu früher entwickelten Softwaresystemen wird eine Schätzung abgeleitet.

4. Verfahren, die auf parametrischen Gleichungen basieren: Aus Vergangenheitsdaten abgeleitete parametrische Gleichungen werden zur Schätzung für neue Entwicklungen herangezogen. Klassisches Beispiel hierfür wäre wiederum das COCOMO-Verfahren von Boehm [Boehm, 1981].

Janko [Janko, 1995] fügt noch eine fünfte Gruppe hinzu:

5. Verfahren, die Methoden der künstlichen Intelligenz einsetzen.

3.1.3 Modelle des Software-Entwicklungsprozesses

Da die meisten Verfahren zur Aufwandsschätzung auf einem Modell des Software-Entwicklungsprozesses aufbauen, sollen an dieser Stelle nun kurz Ansätze zu dieser Modellierung dargestellt werden. Das erste diesbezügliche Modell geht auf Norden [Norden, 1960] zurück, der als Entwicklungsprojekt eine endliche Folge von zielgerichteten, zeitlich geordneten Aktivitäten definiert, die sich auf eine homogene Menge von Problemelementen beziehen, um eine spezifizierte Menge von Zielen zu erreichen, die insgesamt einen technologischen Fortschritt darstellen. Ein Projekt besteht folglich aus einer Menge von Problemen, die alle gelöst werden müssen. Dabei werden die folgenden Annahmen gemacht:

- Die Anzahl der Probleme ist unbekannt aber endlich.

- Das Finden sowie die Lösung von Problemen findet durch die kreative Leistung der eingesetzten Arbeitskräfte ('manpower') statt.

- Das Lösen eines Problem ist ein Ereignis, das ein Element aus der endlichen Menge der ungelösten entfernt. Das Auftreten dieser Ereignisse ist unabhängig und zufällig, es wird angenommen, daß es einer Poisson-Verteilung folgt.

- Die Anzahl der Personen, die zu einem bestimmten Zeitpunkt sinnvoll an einem Projekt mitarbeiten können, ist ungefähr proportional zu der Anzahl der Probleme, die zu diesem Zeitpunkt zur Lösung bereit sind. Daraus folgt, daß gegen Ende eines Projekts, wenn nur mehr wenige Probleme vorhanden sind, die Anzahl der eingesetzten Mitarbeiter abnimmt beziehungsweise abnehmen sollte.

- Die Lernrate des Projektteams wird mittels einer linearen Funktion der Zeit t mit $p(t) = 2\,a\,t$ modelliert.

Im Rahmen des Projektes fallen damit Kosten $C(t)$ in Mannjahren an, die durch die Kumulierung der eingesetzten Arbeitskraft über die Zeit entstehen. Diese Kosten sind zu Beginn des Projektes Null und steigen monton bis zum Gesamtaufwand K an. Daher gibt die Änderung dieser Kostenfunktion zu einem beliebigen Zeitpunkt, $dC(t)/dt$, die Anzahl der zu diesem Zeitpunkt involvierten Personen an. Ausgehend von den oben genannten Annahmen ergibt sich, daß diese Anzahl der nutzbringend involvierten Personen über einen Faktor k proportional zur Anzahl der noch zu lösenden Probleme ist. Diese Anzahl kann über die Differenz zwischen den bisher angefallenen Kosten und der Gesamtanzahl der Probleme, wobei dafür der gesamte Projektaufwand K als Indikator verwendet wird, ausgedrückt werden, womit sich für die Anzahl der involvierten Personen der Ausdruck

$$\frac{dC(t)}{dt} = k[K - C(t)] \tag{3.1}$$

ergibt. Wenn nun die oben genannte Lernrate $p(t)$ als Proportionalitätsfaktor verwendet wird, folgt

$$\frac{dC(t)}{dt} = p(t)[K - C(t)]. \tag{3.2}$$

Dieser Ausdruck kann vom Start des Projekts ($t = 0$) bis zu jedem beliebigen Zeitpunkt t integriert werden, um den kumulierten Aufwand, also die Kostenfunktion, zu erhalten. Dadurch ergibt sich die Gleichung

$$C(t) = K\left[1 - exp\left(-\int_0^t p(\tau)d\tau\right)\right]. \tag{3.3}$$

Wenn nun für die Lernrate die angenommene Funktion $p(t) = 2\,a\,t$ eingesetzt wird, so folgt für den kumulativen Aufwand zu einem Zeitpunkt t der Ausdruck

$$C(t) = K[1 - exp(-at^2)]. \tag{3.4}$$

Die Ableitung dieses Ausdrucks nach der Zeit gibt somit die Besetzung des Projekts mit Personen ('manpower function', Manpower-Funktion) an:

$$m(t) = C'(t) = 2\,K\,a\,t\,exp(-a\,t^2). \tag{3.5}$$

Diese Funktion stellt eine Rayleigh-Kurve dar, und wird daher in der Literatur auch als Norden/Rayleigh-Modell bezeichnet [Londeix, 1987]. Der Verlauf stellt sich so dar, daß am Beginn ein Wert von 0 steht, darauf ein Anstieg bis zu einem Gipfelpunkt t_d folgt und dann ein stetiger Abstieg wiederum auf 0 einsetzt. Der Parameter a hat dabei einen wichtigen Einfluß auf diesen Gipfelpunkt t_d, je größer a ist, desto steiler der Anstieg und früher der Gipfelpunkt. Um diese Beziehung auszudrücken, kann die erste Ableitung der Manpower-Funktion gleich Null gesetzt werden:

$$m'(t) = 2\,K\,a\,exp(-a\,t^2) + 2\,K\,a\,t\,(-2\,a\,t)\,exp(-a\,t^2) = 0. \tag{3.6}$$

Diese Gleichung kann nun gelöst werden, um einen Ausdruck für den Gipfelpunkt $t = t_d$ zu erhalten, womit sich

$$t_d^2 = \frac{1}{2a} \tag{3.7}$$

ergibt. Wenn nun a über diese Beziehung mit

$$a = \frac{1}{2t_d^2} \qquad (3.8)$$

ausgedrückt wird, kann in die Manpower-Funktion (siehe Gleichung 3.5) zum Zeitpunkt t_d eingesetzt werden, um die Besetzung mit Personen am Gipfelpunkt, $m(t_d)$, auch mit m_0 bezeichnet, zu finden:

$$m(t_d) = m_0 = 2\,K\,\frac{1}{2t_d^2}\,t_d\,exp\left(\frac{1}{2t_d^2}\,t_d^2\right). \qquad (3.9)$$

Durch Lösung dieser Gleichung ergibt sich die folgende Beziehung:

$$m_0\,t_d\,\sqrt{e} = K. \qquad (3.10)$$

Damit kann, wenn der Gipfelpunkt t_d erreicht, und damit zugleich die Besetzung mit Personen zu diesem Zeitpunkt m_0 bekannt ist, der Gesamtaufwand K, der für das Projekt anfällt, berechnet werden. Folglich ist es auch möglich, dieses Modell direkt zur Aufwandsschätzung einzusetzen. Auf diesem Ansatz basiert außerdem das Verfahren von Putnam [Putnam, 1978], auf das in Abschnitt 3.2.2 noch näher eingegangen wird.

Ein anderes, wenn auch in vielen Punkten ähnliches Modell für den Software-Entwicklungsprozeß wurde von Parr [Parr, 1980] vorgeschlagen. Analog zum Norden/Rayleigh-Modell wird auch hier als zentraler Ansatzpunkt die Lösung einer Reihe von Problemen angenommen. Daher wird in diesem Modell der Abfall im Entwicklungsaufwand gegen Ende eines Projekts ebenfalls auf die Ausschöpfung des Problemraumes zurückgeführt. Der Hauptunterschied liegt in der Beschreibung des Anstiegs der Arbeitsrate zu Beginn eines Projekts, der hier vor allem durch Abhängigkeiten zwischen den zu lösenden Problemen erklärt wird. Diese Abhängigkeiten geben an, welche Probleme bereits behandelt sein müssen, um andere lösen zu können. Daher existiert zu jedem Zeitpunkt eine Menge von sichtbaren ungelösten Problemen $V(t)$, die selbst eben noch nicht, deren jeweilige Vorgänger aber bereits gelöst wurden. Diese Menge wird nach der Lösung eines bestimmten Problems nicht vergrößert, wenn dieses Problem keine Nachfolger hatte, also ein Blattknoten in dem Abhängigkeitsgraphen war. Es wird angenommen, daß zu Beginn eines Projektes die Wahrscheinlichkeit, daß dieser Fall eintritt, geringer ist als gegen Ende (beim letzten Problem, das ein Blattknoten sein muß, ist diese Wahrscheinlichkeit zwangsläufig 1, ansonsten kann im einfachsten Fall eine lineare Funktion der bereits gelösten Probleme angenommen werden). Der sinnvolle Input in diesen Prozess ist proportional zur Menge der sichtbaren ungelösten Probleme $V(t)$, da diese die Möglichkeiten zu parallelen Arbeiten angibt. Folglich ist im Unterschied zum Norden/Rayleigh-Modell auch die Rate des Fortschritts nicht proportional zur Lernrate und der Anzahl der verbleibenden Probleme, sondern zur Größe dieser Menge. Aus diesen Überlegungen ergibt sich ein Modell für die Arbeitsrate in Software-Entwicklungsprojekten in Form einer einfachen hyperbolischen Funktion. Diese Funktion stellt eine sech^2-Kurve dar. Bei einem Vergleich mit der Rayleigh-Kurve des Modells von Norden kann man sehen, daß der Beginn eines Projekts im Ansatz von Parr nicht genau definiert ist. Obwohl Software-Projekte formell einen Anfangstermin haben, kann auch davor liegender Aufwand zum Beispiel von Forschungsprojekten oder im Rahmen einer Anforderungsanalyse als zu diesem Projekt gehörend angesehen werden, und sollte daher in ein Modell dieses Prozesses inkludiert werden. Die Hauptunterschiede zwischen beiden Modellen können in der Anfangsphase gesehen werden, gegen Projektende decken sich beide Kurven ziemlich genau. Als zusätzlicher Effekt können in dem Modell von Parr die Auswirkungen von strukturierter Programmierung abgebildet werden, indem die Wahrscheinlichkeit, ob ein gelöstes Problem ein Blattknoten war oder nicht, angepaßt wird. Angenommen wird, daß bei strukturierter Programmierung zu Beginn kaum Blattknoten auftauchen. Es könnten möglicherweise andere Programmierparadigmen wie eine Objekt-Orientierung oder ein Prototyping ebenfalls durch Variationen dieses Punktes im Modell abgebildet werden. Es sind dem Autor aber bisher keine dahingehenden Arbeiten bekannt.

Pillai und Nair [Pillai und Nair, 1997] kritisieren, daß die Linearisierung im Norden/Rayleigh-Modell in einer nicht-negativen Steigung resultiert, und daher Vorhersagen mit diesem Modell nur zuverlässig möglich sind, nachdem der Gipfelpunkt erreicht worden ist, also nicht in der Anfangsphase des Projekts. Sie schlagen daher eine Gamma-Verteilung vor, deren Kurve in dem vorliegenden Spezialfall der Rayleigh-Kurve ähnlich ist, in der Linearisierung durch eine Achsentransformation jedoch früher stabile Voraussagen erlaubt.

In mehreren Arbeiten wird der Software-Entwicklungsprozeß als Produktionsfunktion modelliert. Diese Software-Produktionsfunktion beruht dann entweder auf anderen Modellen dieses Prozesses wie demjenigen von Norden oder auch auf empirischen Daten. Wie bereits erwähnt wurde, muß diese in letzterem Fall dann noch für das gegebene Umfeld kalibriert werden. Eine wichtige Entscheidung stellt daher die Wahl dieser Funktion dar. Im einfachsten Fall besteht der Input einer solchen Funktion aus dem Aufwand zum Beispiel in Mannjahren und der Output aus dem erstellten Software-

Artefakt, gemessen anhand einer Metrik für die Größe wie zum Beispiel LOC (siehe Abschnitt 2.2.1). Hu [Hu, 1997] hat vier verschiedene solche Produktionsfunktionen evaluiert. Die erste Funktion, die in dieser Untersuchung betrachtet wurde, ist die Cobb-Douglas Produktionsfunktion der Form $S = a_0 E^{a_1}$, wie sie auch dem COCOMO-Verfahren [Boehm, 1981] zugrundeliegt. Bei dieser sowie den folgenden Definitionen stehen S für die Größe des Software-Artefaktes ('size'), E für den Aufwand ('effort') sowie $a_0, a_1, ..., a_n$ für Parameter des Modells. Des weiteren wurden eine lineare sowie eine quadratische Produktionsfunktion mit $S = a_0 + a_1 E$ beziehungsweise $S = a_0 + a_1 E + a_2 E^2$ in den Vergleich inkludiert. Als vierte Variante wurde eine translog-Produktionsfunktion gewählt, die als generischer gilt sowie eine valide Näherung zweiter Ordnung an eine beliebige funktionale Form darstellt, und mit $lnS = a_0 + a_1 lnE + a_2 ln^2 E$ definiert. Auf der Grundlage von publizierten Projektdaten wurden dann anhand eines P-Tests[2] diese Funktionen nach der Schätzung der notwendigen Parameter verglichen. Es hat sich gezeigt, daß das lineare Modell nicht haltbar ist, während sich das quadratische als das stärkste erweist und das translog-Modell bessere Ergebnisse aufweisen kann als die Cobb-Douglas-Funktion. Obwohl diese Untersuchung sicherlich einige Schwächen aufweist, so kann sie doch einen Hinweis darauf geben, daß diese einigen Modellen zur Aufwandsschätzung zugrundeliegenden Produktionsfunktionen eine unterschiedliche Eignung aufweisen und daher eine sorgfältige Auswahl vorzunehmen ist. In [Banker und Kemerer, 1989] wird ebenfalls eine translog-Produktionsfunktion verwendet, um (im Gegensatz zu anderen existierenden Modellen) sowohl steigende wie auch sinkende Skaleneffekte abbilden zu können, da bisherige Ansätze Hinweise auf das Vorhandensein beider Arten gefunden hatten. Erstere treten nach der vorgestellten Hypothese in kleineren, letztere in sehr großen Projekten auf. Bei der Anwendung dieses Modells auf verschiedene publizierte Datensätze traten aber Verletzungen von Regularitätsbedingungen wie des monotonen Anstiegs des Verhältnissen von Input zu Output sowie eine hohe Korrelation zwischen den unabhängigen Parametern auf. Daher wird die Data Envelopment Analysis [Cooper et al., 2000] zur Anwendung gebracht, eine nicht-parametrische Methode zur Analyse von Produktionsprozessen, die als einzige Annahme eine monoton steigende und konvexe Beziehung zwischen Inputs und Out-

---

[2]Der P-Test wurde von Davidson und MacKinnon [Davidson und MacKinnon, 1981] vorgeschlagen, um die Spezifikation eines Modells zu testen, wenn eine oder mehrere Alternativen zur Erklärung desselben Phänomens vorliegen. Da dieser Test nicht davon ausgeht, daß eine der Alternativen das wahre Modell ist, können auch mehrere oder alle abgelehnt beziehungsweise akzeptiert werden.

puts unterstellt. Daraus wird die optimale Skalengröße ('most productive scale size', MPSS) abgeleitet, die angibt, bis zu welcher Projektgröße die durchschnittliche Produktivität ansteigt. Diese Größe nimmt für verschiedene Entwicklungsumgebungen unterschiedliche Werte an, was auch anhand der verwendeten Datensätze gezeigt wird.

Ein weiterer Ansatz zur Modellierung von Software-Entwicklungsprozessen kommt von Abdel-Hamid und Madnick [Abdel-Hamid und Madnick, 1991], die ein Software-Projekt als dynamisches System sehen. Dieses System besteht aus vier verschiedenen Subsystemen, nämlich Human Resource Management, Software Production, Controlling und Planning, zwischen denen unterschiedliche Beziehungen gegeben sind. Das Ziel dieser Modellierung war eine Integration des vorhandenen Wissens auf der Mikro-Ebene wie in den Bereichen Produktivität oder Fortschrittsmessung, um zu Erkenntnissen über das gesamte sozio-technische System zu gelangen, in das diese eingebettet sind. Daher werden auch Faktoren wie die Erwartungen der Projektleitung, die Reaktionen auf Verzögerungen oder die Motivation der Mitarbeiter explizit modelliert. Insbesondere wurde dieses Modell verwendet, um die Anwendbarkeit von Brooks's Law ('Adding manpower to a late software project makes it later.' [Brooks, 1995]) zu überprüfen, indem der Produktivitätsverlust aufgrund des Anlernens von neuen Mitarbeitern durch (in diesem Projekt) erfahrene inkludiert wurde [Abdel-Hamid, 1989]. Da dieses Modell als dynamisches System abgebildet ist, können natürlich eine Reihe von Simulationen und Experimenten durchgeführt werden [Abdel-Hamid und Madnick, 1989] oder auch ein Einsatz im Rahmen der Ausbildung von Projektmanagern erfolgen [Sengupta und Abdel-Hamid, 1993].

3.2 Vorstellung einiger Verfahren zur Aufwandsschätzung

3.2.1 COCOMO

Das COnstructive COst MOdel (COCOMO) [Boehm, 1981] wurde von Boehm entwickelt, und stellt ein zusammengesetztes Modell nach der Einteilung von Conte et al. [Conte et al., 1986] sowie Boehm selbst [Boehm, 1981] dar. COCOMO ist in einer Hierarchie von drei zunehmend detaillierteren Formen (Basic, Intermediate und Detailed) definiert worden. Einige Grundannahmen dieses Ansatzes bestehen in:

- einem Wasserfall-Modell des Software-Entwicklungsprozesses,

- der Existenz von drei verschiedenen Modi der Entwicklung (Organic[3], Embedded[4] und Semi-detached[5]),

- den ausgelieferten Source-Anweisungen ('delivered source instructions') als primärem Kostentreiber,

- einem guten Management von Entwickler- wie auch Kundenseite, sowie

- der weitgehenden Konstanz der Anforderungsspezifikation während des Projektverlaufes.

Basierend auf der Annahme, daß die Größe S des Software-Produktes den primären Kostentreiber darstellt, wird der Entwicklungsaufwand E in Mannmonaten über die Gleichung

$$E = a_i S^{b_i} m(x) \qquad (3.11)$$

abgeschätzt, wobei $m(x)$ den Einfluß von 15 Umgebungsfaktoren[6] darstellt, und die Parameter a_i sowie b_i von der Form des Modells und dem Modus der Entwicklung abhängen. Konkrete Werte für diese Parameter werden von Boehm vorgeschlagen, basierend auf einer Datenbasis von 63 Projekten, teilweise durch Anwendung der Delphi-Methode mit Experten (siehe Tabelle 3.1). Boehm schlägt jedoch selbst eine Kalibrierung des Modells auf eine bestimmte Umgebung vor.
Der Einfluß der Umgebungsfaktoren wird erst in Intermediate COCOMO betrachtet. In Detailed COCOMO werden deren Ausprägungen für die einzelnen Phasen der Software-Entwicklung getrennt erhoben. Zusätzlich erlaubt COCOMO eine Schätzung der Entwicklungsdauer T in Abhängigkeit vom Aufwand E sowie eine prozentuelle Aufteilung des Gesamtaufwandes auf die einzelnen Phasen.
Eine empirische Untersuchung von Kemerer [Kemerer, 1987] hat gezeigt, daß die Vorhersagegenauigkeit des Modells generell schlecht war (möglicherweise aufgrund der fehlenden Kalibrierung), und daß die drei Formen kaum Unterschiede zeigten, ein Hinweis auf die geringe Erklärungskraft der

---

[3]Kleine Teams erfahrener Personen in bekanntem Umfeld, mit stabiler Entwicklungsumgebung und geringer Projektgröße.
[4]Projekte relativ hoher Größe unter Existenz schwieriger Nebenbedingungen mit höherer Unsicherheit sowie einem höheren Innovationsgrad.
[5]Eine Mischung aus den beiden anderen Modi.
[6]Diese können in Produktattribute wie geforderte Zuverlässigkeit des System, Computerattribute wie Hauptspeicherengpäße, Personalattribute wie Programmiersprachenerfahrung und Projektattribute wie moderne Programmierpraktiken eingeteilt werden.

Modell	Modus	Entwicklungsaufwand
Basic	Organic	$E = 2.4 S^{1.05}$
	Semi-detached	$E = 3.0 S^{1.12}$
	Embedded	$E = 3.6 S^{1.20}$
Intermediate	Organic	$E = 3.2 S^{1.05} m(x)$
	Semi-detached	$E = 3.0 S^{1.12} m(x)$
	Embedded	$E = 2.8 S^{1.20} m(x)$

Tabelle 3.1: Parameter der COCOMO-Schätzgleichungen nach Boehm [Boehm, 1981]

Umgebungsfaktoren. Eine Darstellung sowie Evaluation von COCOMO ist auch in [Conte et al., 1986] zu finden. Es werden auch andere Parameter-Werte für Intermediate COCOMO vorgeschlagen (siehe Tabelle 3.2), die durch Kalibrierung auf der COCOMO-Datenbasis gewonnen wurden und bessere Vorhersagewerte liefern.

Modell	Modus	Entwicklungsaufwand
Intermediate	Organic	$E = 2.6 S^{1.08} m(x)$
	Semi-detached	$E = 2.9 S^{1.12} m(x)$
	Embedded	$E = 2.9 S^{1.20} m(x)$

Tabelle 3.2: Parameter der COCOMO-Schätzgleichungen nach Conte et al. [Conte et al., 1986]

Bailey und Basili [Bailey und Basili, 1981] schlagen ein ähnliches Meta-Modell vor, in dessen Rahmen für eine Organisation eine zugrundeliegende Gleichung ('base-line equation') entwickelt wird, die dann von mehreren zu erhebenden Umweltfaktoren modifiziert wird. Durch die Erstellung eines solchen konkreten Modells für eine Umgebung soll ein möglichst hoher Grad an Vorhersagegenauigkeit erreicht werden.

Inzwischen wurde eine Weiterentwicklung des bisher beschriebenen CO-COMO 81 mit dem Titel COCOMO II publiziert [Boehm et al., 1995, Boehm et al., 2000]. Ziel war es dabei, den Anforderungen neuerer Lebenszyklusmodelle wie etwa dem Spiral-Modell [Boehm, 1988] Rechnung zu tragen und auch die Verfügbarkeit von Informationen in unterschiedlichen Stadien der Entwicklung stärker zu beachten. Daher wurden drei verschiedene Modelle erstellt:

1. Application Composition Model: Dieses Modell kommt eher in frühen Phasen des Lebenszyklus zum Einsatz, wenn mittels Prototyping vorgegangen wird.

2. Early Design Model: In diesen Phasen des Lebenszyklus werden verschiedene Architektur-Alternativen exploriert oder eine inkrementelle Entwicklung begonnen. Es ist bereits mehr Information verfügbar.

3. Post-Architecture Model: Dieses Modell wird für die eigentliche Software-Entwicklung und -Wartung eingesetzt. Die Lebenszyklus-Architektur ist zu diesem Zeitpunkt fixiert. Die Granularität dieses Modells entspricht dem bisherigen COCOMO 81.

Zur Feststellung der Größe des Software-Systems wird vom Konzept der alleinigen Verwendung von LOC abgegangen, in Übereinstimmung mit den jeweils zur Verfügung stehenden Informationen. Daher wird im Rahmen des Application Composition Model mit Hilfe von Application Points (einer Abwandlung von Object Points), beim Early Design Model mit Function Points [Albrecht und Gaffney, 1983], die auch in Abschnitt 3.2.3 beschrieben werden, und beim Post-Architecture Model mit Function Points oder LOC gearbeitet. Function Points werden dabei allerdings in jedem Fall in LOC umgerechnet. Für alle Möglichkeiten werden detaillierte Definitionen vorgegeben. Des weiteren sind Vorkehrungen für die Bewertung von Reuse mittels eines nicht-linearen Modells sowie für Re-engineering und Konvertierung von Bestandteilen eines vorhandenen Systems getroffen. Für die eigentliche Schätzung des Aufwandes im Rahmen des Early Design und Post-Architecture Models wird von der Form

$$Effort_{nominal} = A \times (Size)^E \qquad (3.12)$$

ausgegangen. Damit sind sowohl Economies wie auch Diseconomies of Scale [Banker und Kemerer, 1989] möglich. Der Parameter A wird aufgrund der vorgenommenen Kalibrierung auf 2.94 gesetzt. Der Skalen-Parameter E wird über fünf Skalenfaktoren (Precendentedness, Development Flexibility, Architecture/Risk Resolution, Team Cohesion und Process Maturity) mit einer jeweiligen Gewichtung SF_j durch die Formel

$$E = B + 0.01 \times \sum_{j=1}^{5} SF_j \qquad (3.13)$$

bestimmt. Für den Parameter B hat sich durch Kalibrierung ein Wert von 0.91 ergeben. Mittels dieser Vorgehensweise werden die unterschiedlichen

Modi von COCOMO 81 ersetzt. Des weiteren wird der sich ergebende nominelle Aufwand durch den Einfluß von Kostentreibern EM_i (ähnlich denen von COCOMO 81) beeinflußt. Dabei kommen im Post-Architecture Model alle 17, im Early Design Model aufgrund fehlender Informationen nur 7 zum Einsatz. Der Aufwand ergibt sich dann (für das Post-Architecture Model) über:

$$Effort_{adjusted} = Effort_{nominal} \times \prod_{i=1}^{17} EM_i. \qquad (3.14)$$

Dieser Aufwand kann auch wiederum in eine Entwicklungszeit umgerechnet werden. Die Kalibrierung erfolgte in einer ersten Version über multiple lineare Regression unter Verwendung der Daten von 83 Projekten in Kombination mit einem Expertenurteil in einer Gewichtung von 10 beziehungsweise 90 Prozent [Clark et al., 1998]. In einer darauffolgenden Version wurde durch die Anwendung von Bayesscher Analyse zur Kombination beider Ansätze die Vorhersagegenauigkeit erhöht, außerdem standen die Daten von 161 Projekten zur Verfügung [Chulani et al., 1998, Chulani et al., 1999, Boehm et al., 2000].

Eine weitere Entwicklung in diesem Zusammenhang stellt COCOTS (COnstructive COTS[7]) dar [Boehm et al., 2000]. Mittels dieses Modells sollen die Kosten einer Integration von Fertig-Software abgeschätzt werden. Probleme in diesem Zusammenhang stellen die fehlende Kontrolle über Funktionalität, Performance, Evolution und Hersteller der Software, sowie die oftmals mangelnde Interoperabilität verschiedener Produkte dar. Als Kostenquellen einer solchen Software-Entwicklung wurden identifiziert:

1. COTS Assessment: Der anfallende Aufwand setzt sich aus zwei Bestandteilen zusammen, einer ersten Filterung (Initial Filtering Effort) und der eigentlichen Auswahl (Final Selection Effort). Beide werden vor allem durch die Anzahl der Kandidaten sowie die zu beachtenden Attribute bestimmt. Dazu wurde eine Liste von 43 Attributen wie Benutzbarkeit, Kauf- sowie Wartungskosten, Reifegrad, Support oder Performance definiert.

2. COTS Tailoring: Der Aufwand für die Anpassungsarbeiten wird durch die Anzahl der Produkte sowie den jeweiligen Schwierigkeitsgrad bestimmt. Jeder Schwierigkeitsgrad wird dabei mit dem für das Anwendungsgebiet durchschnittlich anfallenden Aufwand gewichtet. Es wurden fünf Schwierigkeitsgrade anhand der einzustellenden Parame-

---

[7]Commercial Off-The-Shelf

ter, der notwendigen Scripts, der GUI-Änderungen sowie der Anzahl der Benutzer und Sicherheitsberechtigungen definiert.

3. COTS Application Glue Code Development and (System) Test: Der Aufwand für die notwendige Code-Erstellung wird über eine Beziehung zwischen dessen Größe (in LOC oder Function Points), dem Breakage-Faktor aufgrund von Änderungen in den Anforderungen oder der Volatilität der COTS-Software, dem Einfluß von 13 Multiplikatoren (wie Erfahrung des Personals, Reifegrad der Software, Support oder Training) und einem Skalenfaktor der Architektur abgeleitet.

4. COTS Volatility Effects on Application Development Cost: Dieser zusätzliche Aufwand für die Entwicklung sonstiger Applikationen wird vornehmlich durch den Breakage-Faktor aufgrund der Volatilität der COTS-Software, eine Reihe von Multiplikatoren und den eigentlichen Aufwand für die Erstellung der Applikation bestimmt.

Der Gesamtaufwand für die Integration von COTS-Software ergibt sich aus der Summe der einzelnen Kostenquellen.

3.2.2 Putnam

Das Modell von Putnam [Putnam, 1978] basiert auf einer Modellierung des Software-Entwicklungsprozesses nach Norden/Rayleigh [Norden, 1960]. Dieser Ansatz wurde bereits im Rahmen der Grundlagen der Aufwandsschätzung in Abschnitt 3.1.3 beschrieben, daher soll an dieser Stelle nur die resultierende Manpower-Funktion analog zu Gleichung 3.5 nochmals angeschrieben werden, wobei K für den Gesamtaufwand in Mannjahren, t für die Zeit und a für einen Parameter stehen:

$$m(t) = 2\,K\,a\,t\,exp(-a\,t^2). \tag{3.15}$$

Durch die Untersuchung von 200 Projekten konnte dieser Verlauf bestätigt werden. Außerdem zeigte sich, daß der Gipfelpunkt t_d sehr nahe an dem Zeitpunkt liegt, zu dem das System operativ gesetzt wird. Daher wird im folgenden angenommen, daß t_d gleich der Entwicklungszeit ist.
Der Parameter a kann, wie auch in Gleichung 3.8 angeschrieben, durch t_d über die Beziehung

$$a = \frac{1}{2t_d^2} \tag{3.16}$$

ausgedrückt werden. Daher kann die Manpower-Funktion aus Gleichung 3.15 bei entsprechendem Einsetzen mit

$$m(t) = \left(\frac{K}{t_d^2}\right) t \, exp\left(\frac{-t^2}{2t_d^2}\right) \qquad (3.17)$$

angegeben werden. Wenn diese Rayleigh-Gleichung dividiert durch die Zeit t mittels Logarithmus linearisiert wird, ergibt sich

$$\ln\left(\frac{m(t)}{t}\right) = \ln\left(\frac{K}{t_d^2}\right) + \left(\frac{-1}{2t_d^2}\right) t^2. \qquad (3.18)$$

Dies stellt eine Gerade mit Steigung $-1/2t_d^2$ und Interzept $\ln(K/t_d^2)$ dar. Beim Auftragen empirischer Daten von 100 Software-Projekten hat sich gezeigt, daß das Argument des Interzepts eine Beziehung zu den betrachteten Projekten aufweist. Ein kleiner Wert von K/t_d^2 korrespondiert mit einfachen Systemen, und umgekehrt ein hoher Wert mit schwierigen Systemen. Daher wird der Schwierigkeitsgrad ('difficulty') eines Projektes mit

$$D = \frac{K}{t_d^2} \qquad (3.19)$$

definiert. Wenn jetzt die Änderung des Schwierigkeitsgrades D über dessen Gradienten, wobei $\hat{i}$ für den Einheitsvektor in Richtung t_d und $\hat{j}$ für den Einheitsvektor in Richtung K steht, mit

$$\text{grad } D = \frac{-2K}{t_d^3} \hat{i} + \frac{1}{t_d^2} \hat{j} \qquad (3.20)$$

betrachtet wird, zeigt sich, daß dieser beinahe vollständig in Richtung $-\hat{i}(-t_d)$ weist. Wenn also die Entwicklungszeit verkürzt wird, so steigt die Schwierigkeit des Projektes dramatisch an. Die Analyse der empirischen Daten zeigt einen sehr starken Einfluß dieser Komponente des Gradienten auf das Verhalten der Software-Entwicklung, und es kann gesehen werden, daß die Größenordnung dieser partiellen Ableitung von D nach t_d mit

$$C = \frac{K}{t_d^3} \qquad (3.21)$$

bei den betrachteten Projekten einen Wert von 8 für völlig neue Systeme mit vielen Interaktionen mit anderen Systemen, 15 für neue stand-alone Systeme, oder 27 für Systeme, die aus vorhandenen Komponenten erstellt

werden, annimmt. C wird auch als Manpower Build-up bezeichnet, damit die maximale Zufuhr an Mitarbeitern angegeben wird, wenn noch ein Fortschritt erzielt werden soll, und wird manchmal mit D_0 angeschrieben [Londeix, 1987]. Diese Werte können auch, je nach dem durchschnittlichen Fähigkeitsniveau der Entwickler und des Managements, zwischen einzelnen Organisationen leicht unterschiedlich sein [Putnam, 1978].
Eine Beziehung mit dem Umfang S der Software in NCSS wird über die Software-Gleichung mit

$$S = C_k \, K^{1/3} \, t_d^{4/3} \qquad (3.22)$$

hergestellt, wobei C_k ein Umgebungsfaktor ist, der den Stand der angewendeten Technologie ausdrückt (manchmal auch mit E angeschrieben [Londeix, 1987]). C, der Schwierigkeitsgradient oder Manpower Build-up gibt dabei die maximale Rate für den Zufuhr von Manpower an, bei dem noch ein Fortschritt erzielt wird, und stellt damit eine quantitative Beschreibung von Brooks's Law [Brooks, 1995] dar. Wenn der Umgebungsfaktor C_k zum Beispiel aus vergangenen Projekten bekannt ist, die Größe S der Software geschätzt wurde und der Typ, sowie damit der Schwierigkeitsgradient C gewählt wurde, kann damit eine Schätzung für Aufwand und Dauer des Projektes abgeleitet werden.

3.2.3 Function Point

Die Function Point-Methode wurde von Albrecht [Albrecht und Gaffney, 1983] entwickelt. Obwohl es sich hierbei eigentlich um eine Metrik zur Quantifizierung der Größe eines Software-Systems handelt, wird dieses Konzept aufgrund seines Stellenwerts im Rahmen der Aufwandsschätzung hier behandelt.

In einem ersten Schritt werden alle Komponenten des betrachteten Systems in eine von fünf Klassen eingeordnet und nach ihrer Komplexität mittels dreier Stufen gewichtet. Die Klassen sind dabei:

- externe Inputs,

- externe Outputs,

- logische interne Dateien,

- externe Schnittstellendateien und

- externe Abfragen.

Aus dieser Einordnung ergeben sich anhand einer Tabelle der jeweiligen Gewichte und entsprechender Summierung die Unadjusted Function Points (UFP). Durch den Einfluß von 14 Charakteristiken, die die Anforderungen an das System wie verteilte Verarbeitung oder hohe Transaktionsrate widerspiegeln und jeweils auf einer Skala von 0 bis 5 gewichtet werden, ergeben sich nach deren Aufsummierung zur Processing Complexity (PC), manchmal auch als Technical Complexity Factor (TCF) bezeichnet, durch die Formel

$$FP = UFP \times (0.65 + (0.01 \times PC)) \qquad (3.23)$$

die Function Points (FP). Dieser Wert stellt dann eine Metrik für den notwendigen Aufwand zur Erstellung des Software-Systems und damit seine Größe dar.

Die Korrelation zu SLOC (Source Lines of Code) sowie zu dem tatsächlichen Entwicklungsaufwand konnte empirisch bestätigt werden [Albrecht und Gaffney, 1983]. Daher lassen sich für verschiedene Sprachen Umrechungsfaktoren von einem Function Point in die jeweils im Durchschnitt zur Implementierung notwendige Anzahl von SLOC ableiten. Zur Schätzung des Aufwandes wird ein zwei-stufiges Verfahren vorgeschlagen, das zuerst ausgehend von einer Quantifizierung der Function Points eine Schätzung für die entsprechenden SLOC ableitet und dann aus diesen eine Aufwandsschätzung [Albrecht und Gaffney, 1983]. Dies entspricht auch der von Arifoglu [Arifoglu, 1993] vorgeschlagenen Methodologie, die als Methode zur Schätzung von Aufwand und Zeitdauer aufgrund der SLOC das COCOMO-Verfahren [Boehm, 1981] vorschlägt. Diese und weitere Methoden zur Aufwandsschätzung basierend auf Function Points werden in [Matson et al., 1994] anhand der Daten von 104 Projekten verglichen.

Die Vorteile von Function Points liegen in der frühzeitigen Quantifizierbarkeit im Entwicklungsprozeß und in der Möglichkeit zu einer von Sprache und Technologie unabhängigen Produktivitätsmessung. Zusätzlich wird das System vom Standpunkt der Benutzer aus betrachtet. Eine empirische Untersuchung durch Kemerer hat außerdem gezeigt, daß die Zuverlässigkeit der Schätzungen von Function Points zwischen verschiedenen Personen sehr hoch ist [Kemerer, 1993].

Symons [Symons, 1988] kritisiert an diesem Ansatz unter anderem die simplifizierende Einteilung aller Funktionen in drei Schwierigkeitsgrade, die Gewichte für die einzelnen Typen, die durch Befragungen bei IBM fixiert wurden, die geringe Bedeutung, die der internen Verarbeitungskomplexität beigemessen wird, sowie die Aufsummierung der Function Points, die vor allem im Unterschied von mehreren Systemen zu einem einzigen integrierten fragwürdige Ergebnisse zeigen kann. Außerdem scheint die Fixierung von 14

Einflußfaktoren nicht langfristig zufriedenstellend, und deren Gewichtung auf einer einheitlichen Skala nicht immer valide zu sein. Zusätzlich konnte auch Kemerer [Kemerer, 1987] in einer anderen empirischen Untersuchung wenig Unterschiede in den Ergebnissen durch die Verwendung dieses Technical Complexity Factors feststellen. Außerdem wurden in verschiedenen empirischen Studien Korrelationen zwischen den einzelnen Klassen festgestellt, was dazu führen könnte, daß bestimmte Aspekte eines Systems mehrfach gezählt werden. Lokan [Lokan, 1999] konnte in einer Untersuchung von 269 Projekten eine Korrelation zwischen externen Inputs und logischen internen Dateien feststellen, insbesondere bei Neuentwicklungen unter Verwendung von 4GLs. Externe Schnittstellendateien scheinen dagegen generell mit den anderen Klassen keine Korrelation aufzuweisen.

Symons schlägt daher eine Weiterentwicklung zur Mark II Function Point-Methode vor [Symons, 1988]. Die Formel für die Unadjusted Function Points wird hier mit

$$UFP = N_I W_I + N_E W_E + N_O W_O \qquad (3.24)$$

angegeben, wobei

- N_I dabei für die Anzahl aller Input-Datenelemente aufsummiert über alle Transaktionen,

- N_E für die Anzahl aller referenzierten Entitäten aller Transaktionen,

- N_O für die Summe alle Output-Datenelemente,

- und die jeweiligen W_I, W_E sowie W_O für die entsprechende Gewichtung stehen.

Die Gewichte wurden durch empirische Daten von 12 Projekten so kalibriert, daß das durchschnittliche Ergebnis der 8 kleineren Projekte gleich zur Anwendung der ursprünglichen Function Point-Methode nach Albrecht und Gaffney [Albrecht und Gaffney, 1983] war. Ein Vergleich der UFPs aller 12 Projekte zeigt, daß Mark II im Vergleich mit dem Vorgänger sensitiver auf Input- und Output-Datenelemente reagiert und bei größeren Systemen höhere Werte liefert. Es wird angenommen, daß dies aus dem höheren Stellenwert der internen Verarbeitungskomplexität resultiert. Der Technical Complexity Factor wurde bei Mark II um 6 weitere Faktoren ergänzt, wobei die empirischen Daten zeigen, daß unterschiedliche Gewichtungen der einzelnen Faktoren notwendig sind.

Eine weitere Variante der Function Point-Methode sind SPQR/20 Function Points, die nur eine Gewichtung der einzelnen Funktionen, nämlich die mittlere Stufe nach Albrecht, und als Faktoren nur die logische und die Datenkomplexität kennen. Ein Vergleich zur Methode von Albrecht findet sich in [Jeffery et al., 1993]. Maya et al. [Maya et al., 1996] erweitern die Function Point-Methode, um auch Schätzungen für kleine funktionale Verbesserungen an existierenden Software-Systemen ableiten zu können. Uemura et al. [Uemura et al., 1999] leiten einen Wert für die Unadjusted Function Points aus den Klassen- und Sequenzdiagrammen von UML (Unified Modeling Language) ab, und schaffen damit eine Verbindung zu objektorientiertem Design.

Eine Vorgehensweise zur Aufwandsschätzung von Software-Projekten, die Ähnlichkeiten zur Function Point-Methode aufweist, wurde (zeitlich früher) von Wolverton basierend auf Erfahrungen bei TRW vorgeschlagen [Wolverton, 1974]. In einem ersten Schritt werden dabei die im Rahmen des Designs angedachten Software-Routinen kategorisiert. Mögliche Klassen stellen dabei unter anderem Kontroll-, Input/Output-Routinen, Algorithmen oder Datenmanagement-Routinen dar. Danach wird für jede Routine eine Größen- sowie Komplexitätsschätzung abgegeben. Des weiteren werden die für die Erstellung der Software notwendigen Phasen sowie deren Aktivitäten identifiziert, und mit einer Schätzung für den jeweiligen Anteil am Gesamtaufwand versehen. In einem letzten Schritt werden terminliche Restriktionen, die sich zum Beispiel aus Kundenanforderungen ergeben, erfaßt. Diese Daten werden dann mit der historischen Datenbasis zu einer Schätzung kombiniert.

3.2.4 Nicht-algorithmische Verfahren

In diesem Abschnitt soll kurz auf neuere Entwicklungen und Ansätze im Bereich der nicht-algorithmischen ('machine learning') Methoden zur Aufwandsschätzung eingegangen werden. Es sind in der Literatur bisher vier verschiedene Ansätze festzustellen, und zwar die Verwendung von Neuronalen Netzen, von Entscheidungsbäumen ('decision trees'), von Case-based Reasoning und von Fuzzy Logic.

Srinivasan und Fisher [Srinivasan und Fisher, 1995] beschreiben einen Ansatz mit einem Neuronalen Netz unter Einsatz eines Backpropagation-Lernalgorithmus. Bei einem Test mit den Datensätzen von Boehm [Boehm, 1981] und Kemerer [Kemerer, 1987] weist dieser Ansatz gute Resultate auf. Es zeigt sich aber, daß die Ergebnisse sehr sensitiv auf Topologie-Entscheidungen wie die Anzahl der Layers sind. Zusätzlich muß bemerkt werden, daß dieser Ansatz wenig Erklärungswert liefern kann. Auch MacDonnel und Gray [MacDonnel und Gray, 1996] beschreiben ein Experiment mit anderen Projektdaten unter Verwendung eines ähnlichen Netzes, das ebenfalls gute Ergebnisse zeigt.

Bei einem anderen Ansatz wird aus den vorhandenen Daten ein Entscheidungsbaum ('decision tree') zur Klassifikation der Daten entlang der verschiedenen vorhandenen Dimensionen beziehungsweise Attributen aufgebaut. Da das Ziel in einer Vorhersage entlang einer Dimension, nämlich des Aufwandes besteht, stellt der entstehende Baum einen Regressionsbaum ('regression tree') dar, und an jedem Blatt sind die Aufwandsdaten der jeweils entsprechend klassifizierten Projekte gespeichert. Bei einem neuen Projekt wird dieser Baum entsprechend den Attributsausprägungen bis zu einem Blatt traversiert, und dessen Aufwandsdaten zu einer Schätzung herangezogen, im einfachsten Fall deren Mittelwert. Einen Vorteil stellt sicherlich die einfache Interpretation des sich ergebenden Baumes dar, ebenso wie eine mögliche Automatisierung, die Behandlung diskreter Variablen und eine begrenzte Inkludierung von Interdependenzen zwischen erklärenden Variablen. Nachteile sind in der Notwendigkeit einer guten Datenbasis zu sehen, da keine Vorhersagen außerhalb des vorhandenen Bereiches getroffen werden können, in der Behandlung, das heißt Intervallaufteilung von kontinuierlichen Variablen, und in der Annahme konstanter Varianzen für alle Werte der erklärenden Variablen. Dieser Ansatz wird unter anderem von Srinivasan und Fisher [Srinivasan und Fisher, 1995] beschrieben. In [Selby und Porter, 1988] und [Porter und Selby, 1990] werden Entscheidungs- beziehungsweise Klassifikationsbäume ('classification trees') zur Identifikation von Systemkomponenten mit hohem Risiko in den Bereichen Fehleranfälligkeit oder Entwicklungsaufwand eingesetzt. Dabei erfolgt eine Zuordnung nur in die Klassen hohes und geringes Risiko, es wird keine Zeitschätzung abgeleitet. Briand et al. [Briand et al., 1992] schlagen ein Verfahren vor, das sie als Optimized Set Reduction (OSR) bezeichnen und das Regressionsbäume mit einer statistischen Basis ergänzen soll. Es wird mittels des OSR-Algorithmus eine Reihe von Teilmengen der Datenbasis gebildet, die jeweils durch Bedingungen über die Attribute definiert sind, das heißt Prädikaten, die für alle Pattern-Vektoren in dieser Teilmenge erfüllt sind ('pattern recognition'). Diese können dann als Patterns bezeichnet und in Form einer Hierarchie dargestellt werden. Der Unterschied zu Entscheidungsbäumen besteht darin, daß die Teilmengen hier nicht exklusiv sind, und daß eine Teilmenge mehrere Vorgänger haben kann. Wenn für ein Projekt eine Voraussage getroffen werden soll, werden diese Patterns ausgewertet. Für jede passende extrahierte Teilmenge wird anhand der Verteilung ihrer Mitglieder eine Voraussage erstellt, und anschließend werden die resultierenden Voraussagen zu einem globalen Ergebnis verdichtet.

Shepperd und Schofield beschreiben einen Ansatz unter Verwendung von Case-based Reasoning, nämlich analogie-basierte Schätzung [Shepperd et al., 1996, Shepperd und Schofield, 1997]. Jeder erfaßte Fall wird dabei anhand der vorhandenen Information charakterisiert. Bei Auftreten eines neuen Problems müssen dann jene Fälle gefunden werden, die diesem ähnlich sind. Zur Bestimmung der Ähnlichkeit gibt es eine Reihe von Ansätzen, deren bekannteste Gruppe 'Nearest Neighbor' Algorithmen sind, zum Beispiel unter Verwendung von Distanzmaßen. Hierbei ist natürlich auf eine Standardisierung der Variablen und das ihnen zugeordnete Gewicht zu achten. Wenn ähnliche Fälle gefunden sind, kann aus deren bekanntem Aufwand eine Schätzung abgeleitet werden. Dazu ist zu definieren, wieviele Fälle inkludiert werden, zum Beispiel die n ähnlichsten, oder alle, die eine bestimmte Ähnlichkeitsschranke überschreiten, und wie deren Aufwandsdaten zu einer Schätzung für das neue Problem verdichtet werden. Eine Möglichkeit dazu stellt Mittelwertbildung dar, gewichtet mit dem Ähnlichkeitswert des entsprechenden Falls. Dieser Ansatz wurde unter dem Namen ANGEL (ANaloGy softwarE Tool) auch informationstechnisch als Prototyp realisiert. In einem Vergleich mit Regressionsmodellen anhand der Schätzung von ERP-Projekten konnte die hohe Qualität dieses Verfahrens jedoch nicht bestätigt werden [Myrtveit und Stensrud, 1999]. Auch in [Briand et al., 1999a] war die resultierende Vorhersagegenauigkeit geringer als bei Regressionsverfahren. Vicinanza et al. [Vicinanza et al., 1990] beschreiben ebenfalls ein System (Estor), das Schätzungen mittels Case-based Reasoning ableitet. Die vergangenen Projekte werden dabei anhand der Attribute der Function Point- [Albrecht und Gaffney, 1983] sowie der COCOMO-Methode [Boehm, 1981] charakterisiert ('case knowledge'). Die Auswahl des Vergleichsfalles aus dieser Datenbasis erfolgt über die Minimierung des Quadrats der Abweichungen in den Function Point Klassen wie beispielsweise externen Inputs zu den entsprechenden Ausprägungen des zu schätzenden Projektes ('case selection knowledge'). Um Anpassungen für unterschiedliche ('non-corresponding') Attributsausprägungen vorzunehmen, wird auf ein System von Produktionsregeln zurückgegriffen ('adjustment knowledge').

Ein Ansatz unter Verwendung von Fuzzy Logic wird von Gray und MacDonnel [Gray und MacDonnel, 1997a] beschrieben. Es wird angenommen, daß die unabhängigen Variablen eines Schätzungsmodells meistens schwierig zu quantifizieren sind, vor allem zu Beginn eines Projektes, daß es aber Projektleitern möglich ist, solche Systeme mit Fuzzy Variablen ausreichend genau und konsistent zu klassifizieren. Zusätzlich kann auf diese Weise die Unklarheit bezüglich verschiedener Definitionen einiger Attribute wie Komplexität umgangen werden. Außerdem muß auch das Ergebnis einer Schätzung nicht mehr in unrealistischer Weise auf zum Beispiel Mannmonate genau erfolgen, sondern kann ebenfalls durch Fuzzy Variablen ausgedrückt werden und damit einer falschen Genauigkeit vorbeugen. Als weiterer Vorteil wird die Transparenz des Modells genannt, da die Expertenregeln einfach zu überblicken und zu interpretieren sind. Probleme stellen in diesem Zusammenhang die Vorgehensweise bei der Extraktion der notwendigen Regeln von Experten oder aus vorhandenen Daten, sowie die fragliche Konsistenz in der Quantifizierung der Inputgrößen durch Projektleiter dar.

3.3 Validierung von Aufwandsschätzungsmodellen

3.3.1 Datengewinnung und Vorgehensweise

Die Validierung eines Vorhersagesystems, also in diesem Zusammenhang eines Modells zur Aufwandsschätzung von Software-Projekten, wird als der Prozeß definiert, mit dem in einer gegebenen Umgebung die Genauigkeit des Systems durch empirische Mittel, das heißt durch den Vergleich des Verhaltens des Modells mit bekannten Datenpunkten, festgestellt wird [Fenton, 1991].

Um diese Validierung vornehmen zu können, sind zum einen Daten notwendig, zum anderen müssen objektive Maßzahlen festgelegt werden, um die Leistung verschiedener Modelle vergleichbar zu machen. Auf beide Punkte soll im weiteren kurz eingegangen werden.

Bevor die Validierung durchgeführt werden kann, muß zuerst eine Datenbasis vorhanden sein, mit deren Projekten gearbeitet werden kann. Dies stellt oftmals ein großes Problem dar, da Aufzeichnungen über Software-Projekte kaum oder nicht im notwendigen Ausmaß zugänglich sind.

Eine Möglichkeit zur Gewinnung von Daten stellt die Verwendung von publizierten Datensätzen dar. Unter anderem sind die Projektdaten von CO-COMO [Boehm, 1981] mit 63 Fällen sowie der Untersuchung von Kemerer [Kemerer, 1987] mit 15 Fällen frei verfügbar und können auch aus dem Internet heruntergeladen werden. Das Problem mit diesem Ansatz stellt die kaum vorhandene Einheitlichkeit der Aufzeichnungen dar. Da diese Daten aus verschiedenen Quellen stammen und für unterschiedliche Zwecke aufgezeichnet wurden, sind die verfügbaren Informationen, also die Variablen für jeden Projektdatensatz, sehr inhomogen. Daher ist zum einen die Verwendbarkeit für das oder die zu untersuchenden Modelle aufgrund fehlender

Daten möglicherweise überhaupt nicht gegeben und zum anderen die Integration mehrerer solcher Datensätze schwierig bis unmöglich. Außerdem ist in jedem Fall zu hinterfragen, ob die Variablen, wenn sie vorhanden sind, nach derselben Definition erhoben wurden. Wie für die Metrik LOC in Abschnitt 2.2.1 dargestellt wurde, kann es in diesem Punkt zu erheblichen Differenzen kommen.

Die andere Möglichkeit zum Aufbau einer Datenbasis stellt die zielgerichtete Erhebung für das geplante Vorhaben dar, sei es die Validierung eines einzelnen oder der Vergleich verschiedener Modelle. Auch hier stellen sich aber verschiedene Probleme. Zum einen sind viele Organisationen nicht willens, die notwendigen Daten zur Verfügung zu stellen, zum anderen sind die Daten in den Organisationen möglicherweise nicht vorhanden, da die entsprechenden Aufzeichnungen über die notwendigen Variablen wie zum Beispiel Function Points nicht geführt werden. Diese beiden Problemgebiete spielen meist zusammen und führen dazu, daß entsprechende empirische Untersuchungen nur eine geringe Antworthäufigkeit aufweisen können. Bei solchen Untersuchungen ist natürlich wiederum darauf zu achten, daß für die erhobenen Variablen einheitliche Definitionen über alle beteiligten Organisationen eingehalten werden. Die Methoden zur Erhebung der notwendigen Daten inkludieren wie bei anderen empirischen Untersuchungen Experimente [Murphy *et al.*, 1999], Fallstudien [Murphy *et al.*, 1999], Beobachtungen [Seaman, 1999] oder Interviews [Seaman, 1999].

Sollte die Validierung von einer einzelnen Organisation durchgeführt werden, besitzt diese möglicherweise bereits eine eigene Datenbank über vergangene Projekte. Auch in diesem Fall kann sich aber das Problem stellen, daß die notwendigen Variablen für diese Projekte nicht erfaßt wurden. Die Nacherfassung ist oftmals mit großen Schwierigkeiten verbunden beziehungsweise unmöglich. Zudem ist die Anzahl der vorhandenen Datensätze häufig zu gering, um tatsächlich auf dieser Grundlage Aussagen treffen zu können.

Wenn schließlich eine sowohl nach Größe wie auch Inhalt ausreichende Datenbasis vorhanden ist, müssen weitere Überlegungen zum Vorgehen angestellt werden, da bei fast allen Modellen für die Kalibrierung und die Validierung Vorsorge getroffen werden muß. Eine Möglichkeit ist, die vorhandenen Projekte zufällig in zwei Gruppen zu teilen, eine für die Erstellung beziehungsweise Kalibrierung und eine ('holdout sample') zur Validierung [Srinivasan und Fisher, 1995, Maxwell *et al.*, 1999]. Eine andere Vorgehensweise stellt das jack-knifing dar, bei dem jeweils ein Fall aus der Datenbasis entfernt wird und unter Verwendung der verbleibenden anderen geschätzt wird [Shao und Tu, 1995, Shepperd und Schofield, 1997].

3.3.2 Kennzahlen

Als Maßzahlen für die Genauigkeit wurden in der Literatur mehrere Vorschläge gemacht. Bei der folgenden Darstellung wird jeweils der Ausdruck E für den tatsächlichen Aufwand eines Software-Projektes und $\hat{E}$ für den geschätzten Aufwand angeschrieben. Es sind n Projekte in der Datenbasis vorhanden.
Als Maßzahl für den linearen Zusammenhang wird von Conte et al. [Conte et al., 1986] R^2 vorgeschlagen und mit

$$R^2 = 1 - \frac{\sum_{i=1}^{n}(E_i - \hat{E}_i)^2}{\sum_{i=1}^{n}(E_i - \hat{E})^2} \qquad (3.25)$$

definiert. Dieser Wert kann zur Angabe darüber herangezogen werden, in welchem Ausmaß die Varianz der abhängigen Variablen durch die unabhängigen Variablen erklärt wird, oder ob die Verwendung weiterer unabhängiger Variablen im Modell eine große Verbesserung nach sich ziehen kann [Conte et al., 1986, Shepperd und Schofield, 1997].
Weitere Maßzahlen sind der relative Fehler RE ('relative error') sowie der durchschnittliche relative Fehler $\overline{RE}$ ('mean relative error') [Conte et al., 1986]. Der relative Fehler ist mit

$$RE = \frac{E - \hat{E}}{E} \qquad (3.26)$$

definiert und ist damit bei $\hat{E} > E$ negativ und in der Größe unbegrenzt, bei $\hat{E} < E$ positiv und im Bereich zwischen 0 und 1. Der durchschnittliche relative Fehler ist mit

$$\overline{RE} = \frac{1}{n}\sum_{i=1}^{n} RE_i \qquad (3.27)$$

definiert. Damit können aber starke Überschätzungen durch starke Unterschätzungen über mehrere Projekte hinweg ausgeglichen werden, was dieses Maß für den praktischen Einsatz ungeeignet macht.
Zur Lösung dieses Problems werden die Größe des relativen Fehlers MRE ('magnitude of relative error') mit

$$MRE = |RE| = \left|\frac{E - \hat{E}}{E}\right| \qquad (3.28)$$

und die durchschnittliche Größe des relativen Fehlers $\overline{MRE}$ oder $MMRE$ ('mean magnitude of relative error') mit

$$\overline{MRE} = \frac{1}{n}\sum_{i=1}^{n} MRE_i \qquad (3.29)$$

definiert [Conte et al., 1986]. Hier kann kein Ausgleich zwischen Über- und Unterschätzung stattfinden. Es gibt aber die Kritik, daß dieses Maß unbalanziert wäre und Überschätzungen mehr bestraft als Unterschätzungen [Shepperd und Schofield, 1997]. Daher wurde ein balanzierter Wert mit

$$\sum_{i=1}^{n} \left(\frac{|E - \hat{E}|}{min(E, \hat{E})} \right)_i \frac{100}{n} \qquad (3.30)$$

vorgeschlagen [Shepperd und Schofield, 1997]. Diesem Wert wurde aber der Vorwurf gemacht, daß er zwei unterschiedliche Maße kombiniert [Shepperd und Schofield, 1997].
Die nächste Maßzahl ist die Anzahl der Voraussagen auf einem gewissen Niveau l, bezeichnet mit $PRED(l)$ ('prediction at level l'), definiert mit

$$PRED(l) = \frac{k}{n} \qquad (3.31)$$

bei k Projekten mit $MRE \leq l$ in einer Datenbasis von insgesamt n Projekten. Ein Wert von $PRED(0.25) = 0.83$ würde daher aussagen, daß 83 Prozent der vorhergesagten Werte in einen Bereich von 25 Prozent der tatsächlichen Werte fallen [Conte et al., 1986]. Die anderen Werte können aber eine beliebig hohe Abweichung haben. Daher werden Modelle, die grundsätzlich gute Werte liefern, aber auch manchmal starke Fehler aufweisen können, durch die Verwendung dieser Maßzahl bevorzugt [Shepperd und Schofield, 1997].
Bei der Auswahl einer Maßzahl sind die angesprochenen Vor- und Nachteile zu beachten. Als häufigste Methode in der Literatur werden sowohl $PRED(l)$ als auch $\overline{MRE}$ verwendet.

Kapitel 4

Open Source Software-Entwicklung

4.1 Einleitung

Die Bedeutung von Open Source Software hat in den letzten Jahren stark zugenommen. Gerade der Aufstieg des Betriebssystems Linux hat die Aufmerksamkeit auf dieses Gebiet gelenkt, aber auch andere Vertreter dieses Modells wie der Apache Web Server, FreeBSD, die Programmiersprachen Perl und Tcl oder die Utilities des GNU Projekts wie der Editor Emacs oder der Compiler gcc stellen momentan wichtige Produkte in ihren jeweiligen Sparten dar. Wenn man diese Beispiele in Betracht zieht, kann nicht mehr bestritten werden, daß eine Open Source Entwicklung qualitativ hochwertige Ergebnisse erbringen kann. Sogar die Europäische Kommission hat einen Bericht zu den Möglichkeiten und Chancen von Free Software und Open Source erarbeiten lassen [Working Group on Libre Software, 2000]. Auch die akademische Beschäftigung mit diesem Thema hat inzwischen verstärkt eingesetzt, was neben dem Erscheinen einiger Bücher auch durch Special Sections in Journalen wie IEEE Software (January/February 1999) oder Communications of the ACM (April 1999) bestätigt wird. In dem elektronischen Journal First Monday[1] wird insbesondere den politischen und ökonomischen Implikationen dieses Modells zur Software-Entwicklung breiter Raum geboten.

Bevor nun eine quantitative Analyse eines solchen Projektes vorgenommen

---

[1] http://www.firstmonday.dk/

werden kann, muß eine allgemeine Darstellung dieses Gebiets erfolgen. Daher wird in einem ersten Schritt aus einer vor allem rechtlichen Perspektive definiert, was Open Source Software ist, und wie sich diese historisch entwickelt hat. Diese Sichtweise beschreibt das Konzept aber nicht vollständig, gerade das spezielle Vorgehen bei der Entwicklung stellt eines der wichtigsten Unterscheidungsmerkmale zu traditioneller Software dar. Deshalb wird anschließend auf die Anbahnung, Abwicklung und den Abschluß dieser Art von Projekten eingegangen. Die Darstellung endet mit einem kurzen Einstieg in die kommerzielle Verwertung von Open Source Software, wofür sich bereits einige Geschäftsmodelle herausgebildet haben, sowie in die Vor- und Nachteile des Einsatzes solcher Software für Anwender.

4.2 Begriffsdefinitionen

Der Begriff Open Source wird am besten über die Open Source Definition [Perens, 1999] geklärt. Die Open Source Definition stellt eine Aufzählung von Rechten dar, die eine Software-Lizenz dem Benutzer einräumen muß, um als Open Source zu gelten. Sie stellt damit selbst keine Lizenz dar, sondern eine Liste von Anforderungen an Lizenzen. Die folgenden Elemente stellen die wichtigsten dar, wobei für eine komplette Aufstellung mit einer Diskussion der einzelnen Punkte auf Perens [Perens, 1999] verwiesen sei:

Free Redistribution: Die Lizenz darf keiner Partei die Weitergabe oder den Verkauf der Software untersagen. Dafür dürfen keine Lizenzgebühren oder sonstige Abgaben erforderlich sein.

Source Code: Das Programm muß den Source Code umfassen, und die Weitergabe in dieser sowie kompilierter Form erlauben. Der Source Code darf dabei nicht absichtlich unkenntlich oder unverständlich gemacht werden.

Derived Works: Die Lizenz muß Modifikationen und Weiterentwicklungen erlauben, die unter denselben Bedingungen wie die originale Software weitergegeben werden können müssen.

Integrity of Author's Source Code: Die Lizenz darf eine Modifikation des Source Codes nur einschränken, wenn die Verbreitung von Patch-Files mit dem Source Code erlaubt ist, muß aber die Verbreitung von Software, die aus modifiziertem Code erstellt wurde, explizit erlauben. Es darf vorgeschrieben werden, daß modifizierte Werke einen anderen Namen oder eine neue Versionsnummer erhalten müssen. Damit soll eine klare Abgrenzung zwischen verschiedenen Autoren gewährleistet werden, sodaß nicht qualitativ minderwertige Modifikationen als Werk des Ursprungsautors wahrgenommen werden und dadurch dessen Ruf beeinträchtigen.

No Discrimination Against Persons, Groups or Fields of Endeavor: Die Lizenz darf nicht gegen Personen oder Personengruppen, sowie nicht gegen den Einsatz in bestimmten Tätigkeitsfeldern wie zum Beispiel der Genforschung diskriminieren.

Distribution of Licence: Die Lizenz muß für alle Personen gültig sein, an die das Programm weitergegeben wird, ohne daß diese eine bestimmte Tätigkeit durchführen müssen ('no signature required').

Licence Must Not Be Specific to a Product: Die Lizenz darf nicht daran gebunden sein, daß die Software Teil einer bestimmten Distribution ist.

Licence Must Not Contaminate Other Software: Die Lizenz darf keine Restriktionen für Software beinhalten, die mit der lizenzierten verteilt wird. So darf es zum Beispiel keine Anforderung sein, daß alle anderen Programme, die auf demselben Medium verteilt werden, auch Open Source Software sein müssen.

Lizenzen, die zum momentanen Zeitpunkt dieser Definition entsprechen, sind unter anderem die am weitesten verbreitete GNU GPL (General Public Licence), BSD (Berkeley Software Distribution) oder die Artistic Licence. Auf einige dieser sowie andere, die nicht in allen Punkten der angeführten Definition entsprechen, soll im Anschluß kurz eingegangen werden. Zuvor müssen jedoch einige andere Termini definiert werden, die ebenfalls in diesem Umfeld gebräuchlich sind.

Der Begriff Free Software wird weitestgehend synonym zu Open Source Software verwendet. Die vorgestellte Definition von Open Source wird von der Open Source Initiative verwendet, während die Free Software Foundation den Terminus Free Software benutzt. Dabei wird 'free' im Sinne von Freiheit, nicht Preis verstanden, weshalb auch der Begriff Libre Software in Verwendung ist. Die Freiheiten, die in der Definition der Free Software Foundation angesprochen werden ('run, copy, distribute, study, change and improve'), zeigen auch die Äquivalenz zur Open Source Definition.

Copylefted Software, ein Begriff, der als Gegensatz zum Coypright geprägt wurde, ist Free Software, bei der jede Weiterverbreitung oder Veränderung ebenfalls Free Software sein muß. Dies stellt somit eine Verschärfung im

Vergleich mit der Open Source Definition dar, die ein solches Vorgehen zwar ausdrücklich erlaubt, aber nicht erzwingt. Die GNU GPL ist ein Beispiel für eine entsprechende Lizenz.

Public Domain Software ist Software, bei der der Autor seine Copyright-Rechte aufgegeben hat. Im Gegensatz dazu existieren diese bei Open Source Software sehr wohl, aber eine Lizenz räumt dem Benutzer eben bestimmte Rechte ein. Damit kann Public Domain Software als persönliches Eigentum behandelt werden, und zum Beispiel neu lizenziert, verändert oder der Name des Autors entfernt werden. Der Begriff Freeware wird normalerweise für Software verwendet, die zwar weitergegeben, aber nicht modifiziert werden darf, und deren Source Code nicht verfügbar ist. Shareware darf weitergegeben werden, aber jeder, der eine Kopie kontinuierlich verwendet, muß entsprechende Lizenzgebühren abführen. Daher ist meistens der Source Code nicht verfügbar, und Modifikationen sind folglich ausgeschlossen.

Eine Gemeinsamkeit der im weiteren vorgestellten Lizenzen, die noch nicht angesprochen wurde, liegt in der Ablehnung von Haftung durch den Autor, die vor Schadensersatzforderungen schützen soll. Außerdem muß erwähnt werden, daß natürlich auch bei der Verwendung einer Open Source Lizenz wie der GNU GPL das Copyright beim Autor bleibt, der sein Werk nach Wunsch auch unter einer anderen Lizenz zusätzlich, möglicherweise gegen Bezahlung, vertreiben kann.

- GNU General Public Licence: Die GNU GPL ist die am weitesten verbreitete Lizenz und wird vom GNU Projekt verwendet und unterstützt. Daher sind neben den Utilities dieses Projekts wie Emacs oder dem Compiler gcc als bekanntester Vertreter Linux sowie unter anderem das GNOME-Projekt, das CVS Source-Code-Verwaltungssystem [Fogel, 1999] oder das Grafikprogramm GIMP unter dieser Lizenz erhältlich. Die GPL erfüllt die Voraussetzungen der Open Source Definition, erlaubt es jedoch nicht, Modifikationen zu privatisieren. Diese müssen ebenfalls unter GPL verteilt werden. Die Inkludierung einer Software unter dieser Lizenz in ein proprietäres Programm, also eines, das unter einer weniger 'freien' Lizenz steht, ist nicht erlaubt. Die GPL stellt damit ein Beispiel für eine Copyleft Lizenz dar.

- GNU Library General Public Licence: Die LGPL wurde geschaffen, um die Inkludierung von GPL-Programmen, normalerweise von Bibliotheken, woher auch der Name kommt, in proprietäre Systeme zu ermöglichen. Ein Beispiel ist die C-Bibliothek unter Linux, mit der proprietäre Programme erstellt werden dürfen.

- X, BSD und Apache: Diese Lizenzen erlauben fast alle Aktivitäten mit der jeweiligen Software, unter anderem die Privatisierung von Modifikationen. Diese Vorkehrung entstand aus der Geschichte der ersten Software unter diesen Lizenzen, die durch öffentliche Förderung der USA unterstützt und daher im gewissen Sinne von allen Steuerzahlern bezahlt wurden.

- Artistic Licence: Diese Lizenz wurde zuerst für die Programmiersprache Perl entwickelt, ist aber momentan in breiterer Verwendung. Grundsätzlich müssen Modifikationen ebenfalls frei sein, es gibt jedoch in dem ungenau formulierten Text einige Schlupflöcher. Unter anderem ist es möglich, aggregierte Distributionen, die Programme unter Artistic Licence und andere umfassen, zu verkaufen. Die Verbreitung dieser Lizenz ist momentan im Abnehmen.

- Netscape Public Licence (NPL) und Mozilla Public Licence (MPL): Die NPL wurde von Netscape entwickelt, als das Produkt Netscape Navigator unter dem Namen Mozilla Open Source wurde [Hamerly et al., 1999]. In dieser Lizenz sind bestimmte Vorrechte für das Unternehmen Netscape enthalten, das Modifikationen von anderen re-lizenzieren darf. Die Mozilla Public Licence enthält dieses Privileg nicht, dennoch erlauben beide Lizenzen die Privatisierung von Modifikationen. Alle Änderungen des Codes, der von Netscape entwickelt und freigegeben wurde, fallen unter NPL, völlig neue Entwicklungen können unter MPL stehen. Einige Unternehmen haben Variationen dieser Lizenzen für ihre Programme gewählt.

- Sun Community Source Licence: Die SCSL ist keine Open Source Lizenz im eigentlichen Sinn, obwohl einige Bestandteile dieses Konzepts von Sun Microsystems verwendet worden sind. Unter anderem müssen alle Modifikationen an das Unternehmen übermittelt werden, das über eine Weiterverbreitung entscheidet. Außerdem werden eigentlich zwei Lizenzen verwendet, eine für Forschung und interne Verwendung, bei der keine Gebühren anfallen, sowie eine andere für kommerzielle Nutzung, für die von Sun Microsystems eine Gebühr festgesetzt wird.

Wie diese Ausführungen zur rechtlichen Dimension von Open Source Software bereits andeuten, wird von den Proponenten dieser Bewegung von einem anderen Verständnis von Eigentum an Software ausgegangen, als es im kommerziellen Umfeld der Software-Entwicklung gebräuchlich ist. Von Eric S. Raymond wird als Besitzer eines Software-Projektes derjenige definiert, der, anerkannt von einem Großteil der Gemeinschaft, exklusiv dazu berechtigt ist, modifizierte Versionen zu verteilen [Raymond, 1999b]. Wie eine Person oder eine Personengruppe in diesen Besitz gelangen kann, wird im Abschnitt 4.4.1 über die Anbahnung von Open Source Projekten näher ausgeführt. Auf die angesprochene Gemeinschaft und deren Regeln, insbesondere die Motivation der Teilnehmer, wird ebenfalls im Rahmen der Darstellung der Software-Entwicklung in Abschnitt 4.4 eingegangen.

In einem anderen Artikel [Moglen, 1999] wird argumentiert, daß aufgrund der Schwierigkeit, Bitströme zu unterscheiden, die Behandlung solcher durch verschiedene legale Kategorien auf lange Sicht instabil ist. Außerdem wird gezeigt, daß die Annahme, ohne finanzielle Anreizsysteme durch intellektuelles Eigentum würde keine, oder zumindest keine qualitativ hochwertige Software entstehen, nicht richtig ist, wobei hier nochmals auf die Ausführungen zur Motivation im Open Source Bereich in Abschnitt 4.4 hingewiesen sei. Daher wird die Form des Anarchismus inklusive der Auflösung des intellektuellen Eigentums propagiert, auch weil durch die digitale Revolution einerseits die Grenzkosten von Software gegen Null gehen, andererseits die Kommunikations- und Kooperationskosten ebenfalls stark sinken.

Den Betrachtungsgegenstand für die folgende Arbeit stellt Open Source Software dar. Dabei ist die Definition der Open Source Definition [Perens, 1999] anzuwenden. Der Begriff Free Software wird als synonym verstanden, aber weiters nicht mehr verwendet, um Unklarheiten zu vermeiden. Die Unterscheidung, ob eine Software copylefted ist, wird nicht mehr näher betrachtet, und diese Gruppe wird ebenfalls in die Ausführungen unter dem Begriff Open Source inkludiert.

4.3 Historischer Abriss

In diesem Abschnitt soll zum besseren Verständnis dieser Bewegung eine kurze Zusammenfassung der historischen Entwicklung gegeben werden. Dabei stützen sich die Ausführungen vor allem auf [Raymond, 1999a], [Bollinger und Beckman, 1999] und [Working Group on Libre Software, 2000].

Der Beginn des Open Source Modells fällt zeitlich eigentlich mit dem Beginn der Computer-Ära zusammen. Die ersten Programme wurden mit Großrechnern von IBM und anderen Unternehmen ausgeliefert und waren in dem Sinne frei, daß der Source Code inkludiert war, und damit Modifikationen möglich waren. Diese Situation hielt bis zum Beginn der siebziger Jahre an, dann war 'geschlossene' Software lange Zeit vorherrschend.

Die Geschichte der modernen Open Source Bewegung ist eng mit der Entwicklung des Betriebssystems Unix verbunden [McKusick, 1999]. Dieses wurde bekanntermaßen in den Bell Labs aus dem Vorgänger Multics entwickelt. Nachdem in Folge des AT&T-Kartellrechtsprozesses das Unternehmen auf den Telekommunikationsbereich beschränkt war, wurde Unix für einen nominellen Betrag an Universitäten lizenziert, für hohe Summen an kommerzielle Nutzer. Koordinationsstelle für die universitäre Nutzung und Weiterentwicklung war dabei die Universität Berkeley. Anfang der achtziger Jahre kamen kommerzielle Unix-Versionen von Unternehmen wie IBM, HP und DEC auf den Markt, und auch AT&T durfte nach dem Verkauf einiger Unternehmen wieder im Software-Bereich tätig sein. Aus der Universität Berkeley ging das Unternehmen Sun Microsystems hervor. Damit war die weitgehende Freiheit der Unix-Lizenzierung zu Ende. Als Gegenbewegung gründete Richard Stallman das GNU Projekt (GNU's not Unix) und die Free Software Foundation, um ein freies Betriebssystem zu entwickeln [Stallman, 1999]. Auf der anderen Seite wurde mit Unterstützung der DARPA (Defense Advanced Research Projects Agency) an der Universität Berkeley Unix weiterentwickelt, was in dem sogenannten BSD Unix (Berkeley Software Distribution) mündete. Bis Ende der achtziger Jahre wurde auch dieses nur an Besitzer einer AT&T-Unix-Lizenz abgegeben, danach aber unter der BSD Licence, einer der ersten Open Source Lizenzen.

Während in den nächsten Jahren eine Reihe weiterer Open Source Projekte gegründet wurden, unter anderem der Apache Web Server oder die Programmiersprache Perl durch Larry Wall, rückte diese Bewegung durch die Gründung und Weiterentwicklung des Betriebssystems Linux für x386-Maschinen durch den finnischen Studenten Linus Torvalds in den Blickpunkt der Öffentlichkeit [Raymond, 1999c, Torvalds, 1999]. Erstmals wurde nahezu von Beginn an ein komplexes System in Form einer Open Source Entwicklung geführt. Der Aufstieg zu einem der momentan wichtigsten Betriebssysteme und die steigende Unterstützung auch durch kommerzielle Anbieter wie SAP oder Oracle soll hier nicht weiter ausgeführt werden. Um die Benutzung dieses Systems auch für Laien zu vereinfachen, wurden in weiterer Folge das GNOME- sowie das KDE-Projekt gegründet.

Der nächste Schritt, der große Aufmerksamkeit nach sich zog, wurde durch Netscape vorgenommen, als 1998 der Source Code des Produkts Netscape Navigator im Rahmen des Mozilla-Projektes freigegeben wurde [Hamerly et al., 1999]. Auch die SAP AG hat im Oktober 2000 erklärt, den Kernel des Datenbank-Managementsystems SAP DB unter die GNU General Public Licence zu stellen. Bereits seit Jänner 2000 wird die betriebswirtschaftliche Standardsoftware SAP R/3 offiziell für das Betriebssystem Linux angeboten. Die Gründe dafür sowie für die Unterstützung dieser Bewegung

durch weitere Unternehmen wie Corel und IBM oder auch die Entstehung eigener Firmen wie Red Hat werden im Rahmen von Abschnitt 4.5 über die kommerzielle Verwertung und entstehende Geschäftsmodelle erläutert.
Es muß auch erwähnt werden, daß zur Bildung einer entsprechenden Gemeinschaft, wie es für diese Bewegung notwendig ist, Mechanismen zur Kommunikation und Koordination zwingend erforderlich sind, deren Benutzung mit geringem Aufwand verbunden ist. Daher muß der Stellenwert des Internet, sowie bereits des ARPAnet als dessen Vorgänger, als Enabler für diese Entwicklung gesehen werden [Moon und Sproull, 2000].

4.4 Darstellung des Open Source Entwicklungsprozesses

Die Grundidee des Open Source Entwicklungsmodells besteht in der freiwilligen Zusammenarbeit einer großen Anzahl über die Welt verstreuter Entwickler und Tester. Am besten wird diese Art der Entwicklung durch einen Vergleich mit dem bisher vorherrschenden Modell der Software-Entwicklung beschrieben. In [Raymond, 1999b], einer Fallstudie der Entwicklung von fetchmail und dem wohl prägendsten Artikel für diese Bewegung, werden hierfür die Metaphern von Kathedrale und Bazar verwendet. Dabei steht eine Entwicklung nach dem Kathedral-Modell für die bisherigen Praktiken im Software-Projektmanagement, wie eine strikte, zentralisierte Kontrolle über das Design und den Source Code, eine klare Managementstruktur und feste Release-Daten. Lange Zeit wurden diese als Voraussetzung für die Erstellung komplexer Software-Systeme gesehen, die wie mittelalterliche Kathedralen von kleinen Gruppen in Isolation geplant und erbaut wurden.
Diesem Ansatz wird das Bazar-Modell einer Open Source Entwicklung gegenübergestellt, bei der eine große Anzahl von Beteiligten freiwillig kleinere Beiträge leistet. Damit handelt es sich um eine extrem dezentralisierte Entwicklung mit geringer Kontrolle über Weiterentwicklungen und schnellen Release-Zyklen. Ziel ist es dabei, vor allem das Testen, aber auch die Implementierung im sehr hohen Ausmaß zu parallelisieren und die Benutzer zu Mit-Entwicklern zu machen. Daher ist es notwendig, den Source Code inklusive aller Änderungen öffentlich zugänglich zu machen ('Release early, release often.' [Raymond, 1999b]). Dadurch sind schnelle Verbesserung und Erweiterungen möglich, und etwaige Fehler werden bald gefunden und behoben ('Given a large enough beta-tester and co-developer base, almost every problem will be characterized quickly and the fix obvious to someone.' [Raymond, 1999b]). Dieser Grundgedanke wird inzwischen auch

nach Linus Torvalds als 'Linus's Law' bezeichnet und kann etwas weniger formal auch mit 'Given enough eyeballs, all bugs are shallow.' formuliert werden [Raymond, 1999b]. Die Software-Entwicklung ist damit von einem evolutionären Typ wie zum Beispiel im Spiral-Modell von Boehm [Boehm, 1988], und zwar mit sehr kurzen Zykluszeiten, weshalb von Bollinger et al. [Bollinger et al., 1999] auch der Begriff 'microspirals' verwendet wird.

Im folgenden soll dieses Entwicklungsmodell näher beschrieben werden. Dazu wird zuerst auf die Projektanbahnung eingegangen, dann die Organisation des Projektablaufes selbst und schließlich auf den Abschluß solcher Projekte. Der wichtigste Teil wird vor allem die Projektabwicklung sein, wo auf weitere Grundsätze des Bazar-Modells sowie auf Organisations- und Kooperationsformen und entsprechende Technologien eingegangen wird. Hier wird auch die bisherige Kritik an diesem Entwicklungsmodell beschrieben, anhand derer ein Vergleich möglicher Vor- und Nachteile zum Kathedral-Modell kommerzieller Software-Entwicklung gezogen werden kann. Es muß aber angemerkt werden, daß das Open Source Entwicklungsmodell bisher nicht formell festgehalten wurde. Es entspricht daher zum momentanen Zeitpunkt eher einer Ansammlung einiger Regeln, und in keinster Weise einem klar definierten Prozeß. Damit läuft dieser Zustand eigentlich der Richtung des Software Process Improvement [Humphrey, 1989, Zahran, 1998] mit zum Beispiel der Entwicklung des Capability Maturity Model [Paulk et al., 1993] entgegen, die eine klare Definition, Messung und schrittweise Verbesserung des Software-Entwicklungsprozesses zur Steigerung von Qualität und Effizienz vertritt.

Davor ist aber noch ein wichtiger, wenn nicht entscheidender Punkt des Open Source Modells zu detaillieren, nämlich die Motivation der Beteiligten. Wie beschrieben wurde, hängt diese Form der Software-Entwicklung von den Beiträgen freiwilliger Teilnehmer ab, wobei diese nicht nur in Form von Source Code, sondern auch im Finden von Fehlern oder ähnlichem bestehen können. Daher ist zu klären, warum sich eine solche Gemeinschaft bildet, um ohne finanzielle Anreize einen Teil ihrer Zeit in die Entwicklung von Software zu investieren.

Neben der Lösung eines anstehenden Problems ist einer der am meisten genannten Erklärungsansätze der Wunsch der Beteiligten, Reputation zu erlangen. Um dies zu erläutern, benutzt Raymond den Begriff der Geschenkkultur für die Open Source Gemeinschaft [Raymond, 1999b]. Eine solche kann nur in einer Population entstehen, in der keine Knappheit an Überlebensgütern besteht. Kern einer solchen Kultur ist es, daß der soziale Status nicht über den Besitz einer Person bestimmt wird, sondern darüber, was diese abgibt. Dieses Modell kann in einigen Kulturen in fruchtbaren Zonen der Erde sowie in bestimmten Schichten unserer westlichen Gesellschaft wie zum Beispiel unter Superreichen beobachtet werden. Die einzige Art, hier unterschiedlichen Erfolg zu messen, besteht in der Reputation innerhalb dieser Gemeinschaft. Wie auch Linus Torvalds selbst sagt, ist dies aber nicht das einzige oder wichtigste Bestreben [Torvalds, 1998]. Auch die reine künstlerische Freude an der Erstellung von qualitativ hochwertiger Software spielt eine wichtige Rolle, womit Programmierung hier als immanentes Gut gesehen wird [Kuwabara, 2000]. Raymond beschreibt dies mit dem Handwerker-Modell, nach dem die Schaffung von Qualität und weiteren Möglichkeiten dazu den Beteiligten Nutzen bringt [Raymond, 1999b]. Da aber keine Knappheit vorliegt, liegt die einzige Möglichkeit zur Messung der geschaffenen Qualität wiederum in den Augen von anderen Mitgliedern dieser Gemeinschaft und folglich in der Reputation. Neben diesem primären Nutzen durch Reputation für die Beteiligten hat diese auch noch weitere positive Effekte. Sie kann helfen oder auch der einzige Weg sein, Aufmerksamkeit und Kooperation von anderen Mitgliedern zu erreichen, und sie kann, wenn die Kultur mit einer klassischen Tauschkultur in Kontakt ist, zu Statusgewinn dort führen. Im Fall der Open Source Gemeinschaft würde sich dies in gut bezahlten Konsulententätigkeiten oder ähnlichem für Proponenten dieser Bewegung ausdrücken (und hat dies auch bereits). Innerhalb einer solchen Kultur bilden sich Regeln heraus, welchen Beitrag ein Geschenk zur Reputation erzielt ('reputation game'). Diese sind für den Bereich Open Source von Raymond [Raymond, 1999b] zusammengefaßt worden, und umfassen unter anderem: Die Gründung eines erfolgreichen Projektes bringt mehr Reputation als die Mitarbeit bei einem anderen. Innovative Projekte (und die Mitarbeit an diesen) bringt mehr als inkrementelle Verbesserungen. Die Nutzenstiftung für die Gemeinschaft wirkt sich ebenfalls positiv aus. Diese Regeln haben natürlich Einfluß auf die Gründung von Projekten, auf die im Bereich der Projektanbahnung noch gesondert eingegangen wird. Die Aufnahme in wichtige Distributionen wie Red Hat, S.u.S.E. oder ähnliche zeigt ebenfalls höhere Reputation. Auch besonders langweilige, harte Beiträge wie Debuggen oder die Erstellung von Dokumentation werden hoch bewertet.

Diese Darstellung einer Geschenkkultur wird von Bezroukov kritisiert [Bezroukov, 1999a]. Er stellt diesem Ansatz ein Verständnis von Open Source Entwicklung als spezielle Form von angewandter Forschung gegenüber. Es wird argumentiert, daß gerade in den Bereichen der Motivation (die nicht aus finanziellen Gesichtspunkten erfolgt), der Belohnung (die nicht unbedigt für die Pioniere erfolgt), der Finanzierung, der Möglichkeit zu inkrementellen Fortschritten und der Teambildung große Analogien zwischen diesen Gebieten bestehen, und daher Erkenntnisse aus dem akademischen Umfeld auch für die Open Source Gemeinschaft anzuwenden sind. Gerade auch der Wettstreit um Reputation führt nicht immer zu einer Verbesserung der Gruppenleistung, sondern kann durch politisches Verhalten einiger Mitglieder zum Zwecke des Statusgewinns die Moral senken, wenn keine klaren Richtlinien vorgegeben sind [Bezroukov, 1999b].

Eine ökonomische Analyse wird von Ghosh vorgenommen [Ghosh, 1998]. Er modelliert das Internet als 'cooking-pot market', in dem ein konstanter Tauschhandel von Ideen und Reputation (oder Aufmerksamkeit) abläuft. Auch Torvalds nennt den Beitrag in einen solchen Markt als wichtigen Punkt, und spricht insbesondere die Multiplikatorfunktion eines solchen Projektes an, die sich spieltheoretisch in einem positiven Feedback-Zyklus ausdrückt [Torvalds, 1998]. Logischerweise sind damit in einem solchen kooperativen System Netzwerk-Effekte [Shapiro und Varian, 1998] gegeben. Diese werden aber nur durch die spezielle Kostenstruktur digitaler Güter mit Grenzkosten gegen Null ermöglicht. Damit ist es möglich, daß jeder eine (Original-)Kopie in den 'cooking-pot' beiträgt, aber viele Kopien von den Originalen aller Beteiligten aus dieser 'Klonmaschine' erhält. Da der Grenznutzen zusätzlicher Kopien eines einzigen Originales gegen Null geht, aber der Nutzen einzelner Kopien verschiedener Originale hoch ist, ist dieses ökonomische Modell langfristig stabil [Ghosh, 1998].

Ein ähnliches Modell wird auch von Raymond [Raymond, 1999b] dargestellt, der Open Source Entwicklung spieltheoretisch als inverse 'Tragedy of the Commons' modelliert, bei der der Wert der Software durch die Benutzung nicht fällt, sondern steigt. Außerdem besteht das Problem, einem kleinen Beitrag einen Marktwert zuzuordnen. Damit kann ein beliebiger Teilnehmer seine Arbeit entweder ohne Nutzen behalten oder als kooperative Strategie diese in den Pool beitragen, was andere dazu anregen könnte, auch etwas beizutragen. Free-Rider stellen in diesem Zusammenhang nur ein geringes Problem dar, da diese keine Kosten für die kooperativen Teilnehmer nach sich ziehen (ein reiner Benutzer einer Software erhöht den Kommunikations- und Kooperationsaufwand in einem Open Source Projekt nicht). Eine wichtige Rolle kommt dagegen den Friktionskosten politischer oder technischer Natur zu, die potentiell kooperierenden Teilnehmern diese Strategie zu teuer werden lassen. Um einen Grundstock an kooperativ spielenden Teilnehmern sicherzustellen, kann wiederum die Reputation als geld-ähnlicher Kompensationsmechanismus angenommen werden [Raymond, 1999b].

Hars und Ou [Hars und Ou, 2000] unterteilen die möglichen Quellen von

Motivation in intrinsische Motivation, persönliche Bedürfnisse und Erwartung über zukünftige Einnahmen. Unter den ersten Punkt fallen dabei Programmierer, die diese Tätigkeit als Hobby ansehen, sowie Altruisten, die Hilfe für andere Personen leisten wollen. Dabei wird angenommen, daß die zweite Gruppe sich besonders auf weit verbreitete Software sowie auf Funktionalitätsaspekte konzentriert. Der Zusammenhang zwischen Programmierleistung und Belohnung kann linear modelliert werden, während dem eine konvexe Kostenfunktion aufgrund physischen sowie mentalen Aufwandes und der Opportunitätskosten des Eintauschens von extrinsischer gegen intrinsische Belohnung gegenübersteht. Damit folgt aus diesem Modell ein Einsatz solcher Programmierer auf ihrem maximalen Nutzenniveau. Die Möglichkeit persönlicher Bedürfnisse nach der Funktionalität der Software als Motivationsquelle wird auch im folgenden Abschnitt 4.4.1 zum Beginn von Open Source Projekten angesprochen ('Every good work of software starts by scratching a developer's personal itch.' [Raymond, 1999b]). Unter Erwartungen über zukünftige Einnahmen werden die Möglichkeiten zur Kommerzialisierung von verwandten Produkten und Dienstleistungen, die Investition in das eigene Humankapital und die Werbewirkung für die persönlichen Fähigkeiten verstanden.

Es soll auch noch auf die Arbeit von Kuwabara verwiesen werden, in der er das Phänomen Linux in den Kontext komplexer adaptiver Systeme stellt [Kuwabara, 2000].

4.4.1 Projektanbahnung

Die Projektanbahnung oder -gründung im Open Source Bereich steht unter anderem mit dem Begriff des Besitzes eines solchen Projektes im Zusammenhang. Wie bereits angeführt wurde, wird dieser als die exklusive Berechtigung, anerkannt von zumindest einem Großteil der Gemeinschaft, verstanden, modifizierte Versionen zu verteilen [Raymond, 1999b]. In diesen Besitz kann eine Partei nun auf drei Arten gelangen: Durch die Gründung eines neues Projektes, die Übernahme von einem vorhergehenden Besitzer und die Übernahme eines verlassenen Projektes. Dieses Modell weist starke Analogien mit der anglo-amerikanischen Theorie der Inbesitznahme von Land, systematisiert von John Locke, auf [Raymond, 1999b].

Die Übernahme eines Projektes von einem Vorbesitzer und die Inbesitznahme eines nicht mehr betreuten Projektes werden im Rahmen des Projektabschlusses in Abschnitt 4.4.3 näher beschrieben. Daher soll hier auf die Gründung eines neues Projektes eingegangen werden. Im Bereich des Landrechts wird dies auch als 'homesteading' bezeichnet, weshalb sich der Begriff 'homesteading the noosphere' [Raymond, 1999b] herausgebildet hat ('noosphere' wird dabei als Raum aller möglichen Gedanken, als Territorium der Ideen verstanden).

Die 'klassische', ungeplante Gründung eines Open Source Projektes hat vor allem einen Grund, nämlich die Unzufriedenheit eines Entwicklers mit den vorhandenen Lösungen ('Every good work of software starts by scratching a developer's personal itch.' [Raymond, 1999b]). Oftmals wird dabei auch auf bereits existierenden Lösungen aufgesetzt ('Good programmers know what to write. Great programmers know what to rewrite (and reuse).' [Raymond, 1999b]). Beides war der Fall bei der Gründung von Linux durch Linus Torvalds, aufbauend auf Minix [Torvalds, 1998, Torvalds, 1999].

Um herauszufinden, welche Projekte nun tatsächlich für eine Gründung interessant erscheinen und auch eine Überlebensmöglichkeit haben, müssen die Erkenntnisse über die Motivation in Betracht gezogen werden. Wenn das Modell des 'reputation game' akzeptiert wird, so ergibt sich eine Tendenz, aufgrund der höheren Reputation an den momentanen Grenzen, um in der Metapher des Landrechtes zu bleiben, zu gründen ('functional gapfilling'). Damit wird eine gewisse Distanz zu Nachbarn erhalten, um nicht ein ähnliches Produkt zu entwickeln, was mit wenig Reputation sowie dem Problem verbunden wäre, mit einem eingesessenen Projekt konkurrieren zu müssen, aber auch nicht zu weit von allen anderen weg, um nicht an etwas zu arbeiten, das von niemandem gebraucht oder benutzt werden wird, was ebenfalls mit geringer Reputation verbunden wäre. Einige Projekte können sich im Zeitverlauf aufgrund großen Erfolgs zu Kategorie-Killern entwickeln, in deren Nähe sich niemand mehr anzusiedeln versucht, sondern stattdessen lieber daran mitarbeitet. Ein Beispiel wäre der programmierbare Editor Emacs. Damit kann auch die bisherige Entwicklung von Open Source Gründungen nachvollzogen werden, die sich von reinen Demos über Entwicklungs- und Internet-Tools zu Betriebssystemen gewandelt hat. Es wurde jeweils ein neuer Komplexitätsgrad in Angriff genommen, und so das 'Territorium' schrittweise erweitert. Da sich momentan auch Linux zu einem Kategorie-Killer zu entwickeln scheint, und die meisten Entwickler eher dort mitarbeiten als neue Betriebssystem-Projekte zu gründen, könnte der nächste Schritt möglicherweise in Richtung Applikationen gehen [Raymond, 1999b].

Auch von Verfechtern der Open Source Idee wird nicht in Abrede gestellt, daß dieses Entwicklungsmodell kaum für den Beginn einer neuen Entwicklung ohne jede Grundlage geeignet ist. Um die erwähnte Gemeinschaftsbildung zur schnellen iterativen Verbesserung zu ermöglichen, ist zumeist eine erste lauf- und testfähige Version nötig [Raymond, 1999b].

Bestes Beispiel ist wiederum Linux, bei dem eine erste Version des Kernels von Linus Torvalds geschrieben und dann öffentlich gemacht wurde [Torvalds, 1998, Moon und Sproull, 2000]. Wichtig erscheint es dabei vor allem, mit einem attraktiven grundlegenden Design ein plausibles Versprechen für potentielle Mit-Entwickler anbieten zu können, daß hier etwas beginnt, das sich zu einem gutes Produkt entwickeln kann. Was neben diesem psychologischen Faktor bei der Gründung eines Open Source Projekts in Betracht gezogen werden muß, sind technische Entscheidungen. Dabei hat es sich bei den meisten Projekten bisher als vorteilhaft erwiesen, wenn diese auf einer sehr stark modularen Architektur beruhen [O'Reilly, 1999, Fogel, 1999]. Dabei soll hier auch angemerkt werden, daß das weitgehende Fehlen eines Systemdesign und das mangelhafte Detaildesign als wichtige Kritikpunkte an diesem Entwicklungsmodell genannt werden [McConnell, 1999, Wilson, 1999], für eine ausführlichere Diskussion sei jedoch auf den folgenden Abschnitt 4.4.2 über die Projektabwicklung verwiesen. Damit können Erweiterungen vorgenommen werden, ohne Grundfunktionalitäten ändern zu müssen, und die potentielle Arbeitsteiligkeit wird erhöht. Außerdem sollte dann der Kommunikationsaufwand reduziert werden, womit das Eintreffen von Brooks's Law ('Adding manpower to a late project makes it later.' [Brooks, 1995]) zumindest hinausgeschoben werden kann. Zu einer weiteren Diskussion dieses für das Open Source Entwicklungsmodell entscheidenden Punktes sei nochmals auf Abschnitt 4.4.2 verwiesen. Erfolgreiche Beispiele für diese Strategie stellen die Programmiersprache Perl und wiederum Linux [Torvalds, 1999] dar.

Eine weitere Möglichkeit zur Gründung von Open Source Projekten besteht durch kommerzielle Unternehmen wie bei dem Mozilla-Projekt durch Netscape Communications [Hamerly et al., 1999]. Dieser Punkt und die entsprechenden Geschäftsmodelle werden unter dem Abschnitt 4.5 über die kommerzielle Verwertung abgehandelt. Außerdem haben sich als Koordinationsstellen bereits Marktplätze herausgebildet, die eine Zusammenführung von an einer Lösung interessierten Parteien und Programmierern, die eine Aufgabe suchen oder bereits etwas produziert haben, zum Ziel haben, und die somit zu Projektgründungen beitragen. Dabei werden oftmals auch finanzielle Anreize angeboten, teilweise in Form von Spenden an andere Open Source Projekte, alle Ergebnisse müssen aber als Open Source erstellt und zur Verfügung gestellt werden. Beispiele für solche Marktplätze sind der Free Software Bazaar[2], sourceXchange[3] und Cosource.com[4].

---

[2] http://visar.csustan.edu/bazaar/
[3] http://www.sourcexchange.com/
[4] http://www.cosource.com/

4.4.2 Projektabwicklung

Die eigentliche Projektabwicklung stellt den Kern des Open Source Modells dar. Die Grundidee einer dezentralen kooperativen Entwicklung unter Einbindung zahlreicher freiwilliger Tester und Mit-Entwickler wurde bereits dargestellt, hier soll dieses Vorgehensmodell nochmals detailliert, und auch die vorhandene Kritik dargestellt werden.

Wie bereits im vorangegangenen Abschnitt über die Projektanbahnung dargestellt wurde, geht die eigentliche Durchführung von einem vorhandenen Software-Artefakt aus. Dieses sollte in einem gewissen Umfang lauffähig und damit auch evaluier- und testbar sein, und dazu ein möglichst attraktives Design aufweisen. Den wichtigsten Schritt stellt dann eine Erweiterung der bisherigen Entwicklerbasis, die bis zu diesem Zeitpunkt möglicherweise auf den Gründer beschränkt war, um die Benutzer dar ('Treating your users as co-developers is your least-hassle route to rapid code improvement and effective debugging.' [Raymond, 1999b]). Um dies zu ermöglichen, ist für alle Beteiligten Zugriff auf den Source Code notwendig, daher muß dieser offengelegt werden und leicht zugänglich sein. Der große Vorteil dieser Einbindung möglichst vieler Personen liegt in der starken Parallelisierung gerade von Testen und Debuggen. Dem liegt das Grundverständnis zugrunde, daß eigentlich alle Programmfehler simpel sind, wenn genug Personen danach, und in weiterer Folge nach Lösungen dafür, suchen ('Given a large enough beta-tester and co-developer base, almost every problem will be characterized quickly and the fix obvious to someone.' [Raymond, 1999b]). Die dahinterliegende Annahme besteht darin, daß zumindest ein Mitglied in der Benutzerbasis dieses oder ein ähnliches Problem kennt und folglich schnell findet, während vielleicht ein anderes Mitglied eine Lösung schon aus einem anderen Kontext zur Hand hat. Zusätzlich wird eine Vielzahl von weiteren Funktionalitäten hinzugefügt, die vielleicht nicht nur für den Einzelnen, sondern auch für andere einen Nutzen stiften. Folglich stellt natürlich die Größe, oder potentielle Größe dieser Gemeinschaft einen entscheidenden Punkt für den Erfolg eines solchen Projektes dar [O'Reilly, 1999].

Um diesen Vorteil ausnutzen zu können, ist es notwendig, die Benutzer immer auf einem aktuellen Stand zu halten. Daher sind äußerst schnelle Release-Zyklen ein weiteres Kennzeichen dieser Art der Software-Entwicklung ('Release early, release often.' [Raymond, 1999b]). In den Anfängen von Linux wurde teilweise sogar täglich eine neue Version des Kernels veröffentlicht. Diese Strategie dient auch dazu, die Motivation der Mitglieder zu erhalten und zu fördern, indem die Ergebnisse ihrer Arbeit öffentlich gemacht werden und konstant ihre Aufmerksamkeit gefordert wird.

Damit eine Kooperation dieser Art möglich ist, sind entsprechende organisatorische und technische Vorkehrungen zu treffen. Organisatorisch müssen Regelungen zur Lösung auftretender Konflikte getroffen werden. Konflikte können dabei vor allem daraus entstehen, wer die endgültigen Entscheidungen zum Projekt trifft (vor allem im Bereich des Designs und der Inkludierung neuer Funktionalitäten), wer Anerkennung oder Tadel wofür erhält, und wie die Duplizierung von Entwicklungsaufwand oder die Gründung von neuen Versionen über andere Äste ('forking') verhindert werden [Raymond, 1999b]. Daher hat sich als einfachste Organisationsstruktur der sogenannter Owner/Maintainer [Raymond, 1999b] herausgebildet. Dabei ist der Besitzer des Projekts allein für alle Entscheidungen zuständig. Bei größeren Projekten erweist sich der anfallende Aufwand aber meist als zu groß für eine Einzelperson. Daher erfolgt oft ein Übergang zu einer Organisation, in der mehrere Entwickler unter einem Besitzer, einem wohlwollenden Diktator oder 'gatekeeper', tätig sind [Raymond, 1999b]. Der Besitzer gibt also einen Teil der Verantwortung und damit auch der anfallenden Reputation ab, um einen höheren Beitrag von den Mitgliedern zu erhalten. Dabei trifft er immer noch die letzten Entscheidungen, ist aber verpflichtet, für eine gerechte Aufteilung der Reputation zu sorgen. Wenn immer mehr Teilnehmer zu einem Projekt stossen, entwickeln sich meist zwei Klassen, normale Teilnehmer und Mit-Entwickler. Dabei übernehmen die Mit-Entwickler mit der Zeit zunehmend mehr Verantwortung für zum Beispiel ein größeres Sub-System oder eine andere Aufgabe wie die Erstellung der notwendigen Dokumentation, und zeichnen sich folglich durch einen hohen Einsatz über einen längeren Zeitraum aus. In ihrem Teil der Entwicklung erhalten sie dann vom Besitzer einen Großteil der Verantwortung übertragen ('authority follows responsibility'), sie werden zu Besitzern von Sub-Systemen, manchmal auch als 'trusted lieutenants' bezeichnet [Bezroukov, 1999b]. Deren Entscheidungen sind dann nur noch vom Diktator zu korrigieren, der aber meistens weitgehende Freiheiten einräumt und sich in allen wichtigen Angelegenheiten mit diesem inneren Kreis berät. Beispiele für eine solche Projektstruktur wären Linux oder Emacs. Als weitere Entwicklung wird das Modell des Diktators bei einigen Projekten gänzlich abgeschafft und dieser durch ein Komitee ersetzt. Eine weitere Möglichkeit wäre die Rotation der Diktatorposition innerhalb des inneren Kreises. Konflikte werden in solchen Organisationsformen entweder durch Abstimmungsverfahren oder auch dadurch gelöst, daß die Seniorität, also wer mehr in das Projekt investiert hat, entscheidet. Ein Beispiel für eine solche Projektstruktur ist das Apache-Projekt [Fielding, 1999]. Dieses Projekt war nie auf eine einzige Person zentriert (wie zum Beispiel Linux), da mehrere Gruppen den HTTP-

Dämon des National Center for Supercomputing Applications (NCSA), wo die Entwicklung nach dem Weggang des maßgeblichen Programmierers zum Erliegen gekommen war, separat weiterentwickelt hatten. Um ihre Ressourcen zu bündeln, fanden sich diese 1995 zusammen, und entwickelten ein Abstimmungssystem über E-Mail. Für jede Änderung im Code sind drei positive und das völlige Fehlen negativer Stimmen notwendig, für andere Entscheidungen eine Mehrheit von positiven Stimmen bei mindestens drei abgegebenen. Damit können auch kleinere Gruppen Entscheidungen treffen, ohne die Gesamtheit zu befragen. Dabei kann jeder, der von einem Mitglied der Gruppe vorgeschlagen und von keinem beeinsprucht wird, in die Gruppe aufgenommen werden und Stimmrecht erhalten. Normalerweise geschieht dies, nachdem substantielle Beiträge über einige Zeit geleistet wurden. Ein Mitglied der Apache Gruppe (unter diesen Bedingungen) ist übrigens IBM. Von der technischen Realisierung müssen einerseits diese organisatorischen Regelungen unterstützt und umgesetzt, andererseits die tatsächliche Arbeit erleichtert werden. Vor allem letzteres ist auch in dem Licht bedeutsam, daß hier die Friktionskosten für potentielle Mit-Entwickler festgelegt werden, die natürlich so gering wie möglich gehalten werden sollten, um eine große Gemeinschaft kooperierender Mitglieder zu schaffen (siehe auch Abschnitt 4.4 für einen spieltheoretischen Ansatz zur Motivation). Die wichtigsten Mechanismen zur Koordination und Kommunikation sollen daher kurz dargestellt werden.

- Das bedeutendste Medium stellen sicherlich Mailing- beziehungsweise Diskussionslisten dar. Dabei werden meist für jedes Projekt mehrere solche Listen zu unterschiedlichen Themen eingerichtet, um die Mitglieder nicht mit Information zu überlasten. Jeder kann diese Listen abonnieren und auch entsprechende Beiträge liefern (wobei hier aber ebenfalls gewisse informelle Regeln gelten). Die alten Beiträge zu diesen Listen werden normalerweise archiviert und über das World Wide Web zugänglich gemacht. Im Apache-Projekt werden Änderungen des Source Codes über eine bestimmte Liste verschickt und dann einer Abstimmung wie oben beschrieben unterzogen [Fielding, 1999]. Der große Vorteil dieses Mediums zur Kommunikation liegt in der schnellen Erreichbarkeit eines großen Feldes an Adressaten, die nicht alle persönlich bekannt sein müssen.

- Im Gegensatz dazu ist E-Mail (hier verstanden als nicht an eine Liste gerichtet) nur wenig verbreitet. Dieses Medium eignet sich nur zur Kommunikation zwischen einigen Mitgliedern, die sich untereinander (zumindest namentlich) kennen. E-Mail wird daher eher in informeller

Kommunikation zwischen wenigen Beteiligten eingesetzt, die nicht relevant für einen größeren Kreis ist. Beispiele wären die Koordination in kleineren Teilen des Source Codes, an dem nur ein sehr kleiner und fester Teil an Entwicklern arbeitet, oder die Entscheidungsfindung zu wichtigen Themen im inneren Zirkel des Projekts. Es darf aber nicht übersehen werden, daß die Beteiligung an einem Open Source Projekt auch zu privaten oder geschäftlichen Kontakten bezüglich anderer Themen zwischen einigen der Teilnehmern führen kann, die dann vornehmlich über dieses Medium abgewickelt werden.

- Ein entscheidender Punkt ist der Zugriff auf den Source Code. Durch ein entsprechendes Code-Verwaltungssystem sollten möglichst der schnelle Zugriff, die einfache Änderbarkeit, die Nachvollziehbarkeit und die Konsistenz gewährleistet werden. Ein Beispiel ist das Concurrent Versions System (CVS), das als zentrales Repository die gesamte Verwaltung des Source Codes übernimmt. Dabei werden Aufzeichnungen über bisherige Tätigkeiten protokolliert, ältere Versionen der Dateien sind zugänglich, die Änderungen können komfortabel verfolgt werden, und die Konsistenz wird gewährleistet [Fogel, 1999]. Damit wird einerseits der Verwaltungsaufwand reduziert, andererseits sind die Friktionskosten für die Beteiligten relativ gering. Inzwischen wurde auch (vom Mozilla-Projekt) unter dem Namen Bonsai ein Frontend für das World Wide Web für Abfragen an das CVS erstellt [Hamerly et al., 1999]. Unter anderem wird CVS vom Apache-Projekt [Fielding, 1999] und vom GNOME-Projekt eingesetzt.

- Eng mit der Verwaltung des Source Codes verbunden ist die Verwaltung von Bugs. Auch hierzu ist eine Reihe von Tools im Einsatz, wobei unter anderem das GNU Bug Tracking System (GNATS) zu nennen wäre.

- Eigentlich jedes Projekt bietet als zentrale Anlaufstelle eine Site im World Wide Web an. Hier werden als Services für interessierte Benutzer das Projekt mit seinen verdienten Mitgliedern vorgestellt, die Software zum Download angeboten und die Möglichkeiten zur Mitwirkung dargestellt. Für Mit-Entwickler werden zum Beispiel Archive der Mailing-Listen oder auch (falls vorhanden) Frontends zu Code- oder Bug-Verwaltungssystemen angeboten. Damit stellt die Web-Site des Projekts oftmals die erste und zentrale Anlaufstelle für das Projekt dar, mit dem dieses sich nach außen und auch für seine Mitglieder präsentiert.

Es zeigt sich an der Aufstellung dieser Technologien, daß das Internet hier eine entscheidende Rolle einnimmt. Ohne den Boom dieses Mediums wäre eine verteilte Entwicklung im Open Source Modell nicht möglich gewesen. Der große Erfolg von Linux dürfte auch zum Teil in dem Zusammenfallen des Projektbeginns mit dem rasanten Anstieg in der Verbreitung des Internet liegen [Raymond, 1999a]. Inzwischen haben sich auch bereits Services wie SourceForge[5] herausgebildet, die einen Teil oder alle diese Technologien für Open Source Projekte auf ihren Rechnern bereitstellen. SourceForge bietet zum Beispiel Mailing-Listen, Web-Server, CVS, Bug-Tracking, File- und FTP-Server an, und beherbergt momentan circa 6 000 Projekte.

Vixie [Vixie, 1999] stellt das Open Source Entwicklungsmodell aus Sicht des Software-Engineering dar. Dabei nennt er Marketing-Anforderungen, wobei vor allem die Feststellung der Kundenbedürfnisse gemeint ist, Systemdesign, Detaildesign, Implementierung, Integration, Feldtest und Support als generelle Elemente eines Software-Engineering Prozesses. Diese Elemente sieht er als in dieser Reihenfolge zu absolvieren, ein Rückschritt in eine vorige Phase ist aber auch möglich, wobei die nachfolgenden Schritte dann zu wiederholen sind. Jede Änderung an einem Artefakt dieses Prozesses wie Source Code oder Dokumentation ist einem Review zu unterziehen, als Möglichkeiten dazu werden Peer Review, Mentor/Management Review und interdisziplinäres Review genannt. Anhand dieser Prozeß-Elemente stellt Vixie dann eine typische Open Source Entwicklung dar [Vixie, 1999].

Marketing-Anforderungen: Die Benutzeranforderungen werden in einem Open Source Projekt dadurch beachtet und inkludiert, daß diese entweder über die entsprechenden Medien wie Mailing-Listen eingefordert, oder von dem Betreffenden direkt implementiert werden. Damit sind diese Anforderungen weder in einem Dokument formalisiert noch über den Zeitverlauf konstant. Außerdem tendieren folglich die Features, die für einen Entwickler einen hohen Stellenwert einnehmen, eher dazu realisiert zu werden. Das hat oftmals die geringe Beachtung einer allgemeinen Benutzerfreundlichkeit zur Folge, was auch bisher die Verbreitung von Linux im Privatbereich eher gehemmt hat, obwohl sich inzwischen die Projekte GNOME und KDE mit der Erstellung einer graphischen Benutzeroberfläche beschäftigen.

Systemdesign: Eigentlich existiert in einem Open Source Projekt kein formelles Systemdesign. Entweder es ist implizit vorhanden oder entwickelt sich langsam mit der Software. Damit stellt dieser Punkt sicher

---

[5] http://sourceforge.net/

die stärkste Abweichung von einem klassischen Software-Engineering Prozeß dar, und wird daher auch heftigst kritisiert. Auf diese und andere bestehende Kritik an dem Open Source Entwicklungsmodell wird im Anschluß eingegangen.

Detaildesign: Auch ein Detaildesign (und vor allem die Dokumentation desselben) ist oft in einem Open Source Projekt nicht zu finden. Gerade wenn ein Modul nicht zur Wiederverwendung oder Publikation gedacht ist, wird die Schnittstelle oftmals nicht ausreichend spezifiziert. Damit wird aber oft brauchbarer Code sinnlos versteckt. Wenn ein Detaildesign vorliegt, so ist dieses meist ein Nebenprodukt der Implementierung. Dies liegt auch darin begründet, daß in der Kultur der Open Source Gemeinschaft diese Tätigkeit als nicht sehr spannend oder interessant angesehen wird, gerade im Vergleich mit der eigentlichen Codierung.

Implementierung: Da die Motivation der Mitglieder in diesem Punkt als sehr hoch betrachtet werden kann, liegt hier eigentlich das Hauptaugenmerk. Gerade innovative Ansätze, unterschiedliche Programmierstile und ähnliches werden gerne ausprobiert. Der große Unterschied zu einer kommerziellen Entwicklung liegt sicher in den informellen Reviews durch andere Entwickler, vor allem wenn diese an der Software weitere Arbeiten vornehmen wollen.

Integration: In einem Open Source Projekt wird unter diesem Punkt meist das Erstellen einer download-fähigen Version mit einem entsprechenden makefile, das Schreiben einiger Manpages und eines README sowie die Ankündigung einer neuen Veröffentlichung auf diversen Mailing-Listen und der Web-Site verstanden. Außerdem wird die Lauffähigkeit auf verschiedenen Systemen getestet. Im Vergleich zu einem klassischen Software-Engineering Prozeß ist ein Mangel gerade an formellen systemweiten Tests mit entsprechenden Testplänen festzustellen. Schnelle Release-Zyklen, auch wenn neue Versionen noch mit Fehlern behaftet sind, sind jedoch gerade auch Teil dieses Entwicklungsmodells.

Feldtest: Der Feldtest ist bei einem Open Source Projekt als besonders umfangreich und intensiv zu bezeichnen. Eine große Anzahl von Benutzern und Mit-Entwicklern ist mit hoher Motivation (da sie nichts für eine möglicherweise fehlerbehaftete Version bezahlt haben) mit dem Testen beschäftigt, und kann Fehler durch den offenen Source Code direkt dort suchen, finden, und möglicherweise auch korrigieren.

Durch diese Parallelisierung des Testens in realer Umgebung und im Echt-Einsatz erreicht das Open Source Modell eine höhere Geschwindigkeit der Verbesserung als andere Entwicklungsmodelle.

Support: Der Support ist bei Open Source Projekten auf diverse Web-Seiten mit zum Beispiel archivierten Mailing-Listen oder Frequently Asked Questions (FAQs) beschränkt. Jeder weitergehende Support wird meist von kommerziellen Unternehmen angeboten (siehe auch Abschnitt 4.5 über entsprechende Geschäftsmodelle) und ist damit als fragmentiert zu bezeichnen [Browne, 1998]. Andererseits ist das Finden von Fehlern und die entsprechende Rückmeldung durch Benutzer ein wichtiger Teil des Open Source Entwicklungsmodells. Die Geschwindigkeit, mit der Fehler gefunden und behoben werden, kann als ein Teil des Supports verstanden werden, der damit in einer solchen Entwicklung relativ hoch ist.

Der Großteil der Kritik an dem Open Source Entwicklungsmodell wird auch aus dem Blickpunkt des Software-Engineering angebracht. Vixie [Vixie, 1999] selbst spricht vor allem das Fehlen von Systemdesign und das mangelhafte Detaildesign an. Gerade ersteres limitiert die Qualität eines Projektes seiner Meinung nach, während die Wiederverwendung von Code durch zweiteres eingeschränkt wird. Der Mangel an dokumentierter Anforderungsspezifikation und formeller Qualitätssicherung, der ebenfalls besteht, kann jedoch meist durch gute Programmierer und hilfreiche Benutzer kompensiert werden. Als weiterer Schwachpunkt wird das Fehlen einer Basis für eine Aufwandsschätzung aufgrund mangelhaften oder fehlenden Designs genannt.

Auch Wilson [Wilson, 1999] nennt den geringen Stellenwert des Designs, der allein schon aus dem Fehlen entsprechender Tools in der Open Source Gemeinschaft geschlossen werden kann, und die generell abschätzige Haltung gegenüber einem formellen Software-Engineering Prozeß als Hauptkritikpunkte an diesem Entwicklungsmodell. Er argumentiert, daß sehr gute Programmierer auch ohne explizites Design arbeiten können, andere aber nicht. Es wird jedoch eingeräumt, daß auch in der industriellen Software-Entwicklung Mängel in der Beachtung solcher Praktiken bestehen. Hier wird aber gerade oft der vorherrschende Zeitdruck, ein Produkt auf den Markt zu bringen, als Hindernis genannt, ein Problem, das in der Open Source Entwicklung keine Rolle spielen dürfte. Als Hauptgründe werden daher der geringe Status entsprechender Tätigkeiten in der Gemeinschaft im Vergleich zu reiner Codierung, der auch durch prominente Beispiele verstärkt wird, sowie die Tatsache genannt, daß solche Praktiken im akademischen Bereich,

der einen nicht zu übersehenden Einfluß auf die Ausbildung hat und viele Mit-Entwickler in Open Source Projekten stellt, eher hinderlich sind, da meist nur Prototypen für eine eventuelle Publikation erstellt werden.
McConnell [McConnell, 1999] spricht insbesondere die Tatsache an, daß das Finden und Korrigieren von Fehlern immer aufwendiger wird, je später im Entwicklungsprozeß diese gefunden werden. Daher fällt in einer Open Source Entwicklung, in der jeder Fehler ganz am Ende, also im Source Code, korrigiert wird, ein hoher Aufwand an, der aber durch die Aufteilung auf eine große Anzahl von Personen versteckt bleibt. Auch die starke Parallelisierung des Testens und Korrigierens von Fehlern erbringt zwar schnell und effektiv Ergebnisse, jedoch nicht effizient. Wenn die Aussage 'Given enough eyeballs, all bugs are shallow.' [Raymond, 1999b] akzeptiert wird, bleibt immer noch der Aufwand für alle Mit-Entwickler, die den Fehler suchen, für die er jedoch nicht einfach oder gar nicht zu finden ist. Dieser Argumentation stellen Bollinger et al. [Bollinger *et al.*, 1999] gegenüber, daß der hohe Aufwand zur Fehlerbehebung in späteren Phasen gerade durch geringe Modularisierung hervorgerufen wird. Durch die gewünschte Dezentralisierung wird aber in einer Open Source Entwicklung eine sehr starke Modularisierung notwendig, und wird daher in der Realität auch eher umgesetzt als in anderen Modellen. Außerdem trägt ein Verlust des Kontexts der damaligen Entwicklung zum Aufwand bei der Fehlerbehebung bei. Durch die schnellen Zyklen im Open Source Bereich geht dieser jedoch nicht verloren, was den Aufwand wiederum reduziert. Die Parallelisierung der Fehlersuche findet nach Bollinger et al. [Bollinger *et al.*, 1999] in der geschilderten Form nicht statt, da sich innerhalb der Gemeinschaft auf natürliche Weise eine Aufgabenteilung herausbildet. Der restliche verbleibende Wettstreit zwischen den Programmierern kann zusätzlich zu besonders innovativen und langfristigen Lösungen führen.
Eine der grundlegenden Voraussetzungen des Open Source Entwicklungsmodells wird von Bezroukov [Bezroukov, 1999b] in Frage gestellt. Dabei handelt es sich um die These, daß Brooks's Law ('Adding manpower to a late software project makes it later.' [Brooks, 1995]) in einer Open Source Entwicklung nicht zutrifft. Einfach formuliert sagt dieses Gesetz, daß der mit der Anzahl der Beteiligten quadratisch wachsende Kommunikationsaufwand[6] den linear wachsenden zusätzlichen Nutzen ab einem bestimmten Punkt übersteigt. Raymond argumentiert, daß gerade das Finden und Beheben von Fehlern stark parallelisierbar ist, da die unterschiedlichen Beteiligten nicht untereinander, sondern nur mit einem Koordinator, möglicherweise

---

[6]Dieser entsteht dadurch, daß bei n Beteiligten $n(n-1)/2$ Kommunikationspfade existieren.

sogar nur einem automatisierten Source-Code-Verwaltungssystem, kommunizieren müssen [Raymond, 1999b]. Damit würde es nur zu einem Kommunikationsaufwand in Form einer linearen Funktion der Beteiligten kommen. Durch die schnellen Release- und damit Feedback-Zyklen wird das Problem der Duplizierung von Arbeit gering gehalten [Raymond, 1999b]. Bezroukov stellt dem gegenüber, daß der Einsatz von Internet-Technologien allein den Kommunikationsaufwand nicht stärker reduzieren kann als zum Beispiel ein LAN, wenn auch ein weltweites Team Zugriff auf ein höheres Potential an Talent haben kann. Ein klares Ziel, selbst wenn dieses nur implizit in einer Spezifikation, einem voll funktionalen Prototyp oder einem Referenzprodukt vorhanden ist, ist als Organisationsprinzip zwingend notwendig. Nur in diesem Fall kann eine dezentrale Entwicklung einem Ziel folgen, während sonst zentralistische Elemente in den entsprechenden Führern vorhanden sein müssen und in vielen Open Source Projekten auch sind. Auf jeden Fall kann eine bestimmte Entwicklungsgeschwindigkeit in dieser Organisationsform nicht überschritten werden, und jeder dahingehende Versuch kann nur in autoritären Strukturen enden [Bezroukov, 1999a]. Auch die Parallelisierung gerade der Fehlersuche wird als Verschwendung wertvoller Ressourcen angegriffen. Die Tendenz, Fehler im Source Code zu bereinigen, läßt überdies viele Probleme im Architekturbereich unangetastet und verschleiert sie sogar zum Teil. Außerdem ist oftmals eine neue Implementierung von schlechtem Source Code aufgrund der hohen Wahrscheinlichkeit, neue Fehler einzuführen, effizienter als das Umschreiben [Bezroukov, 1999a].

Die strikte Unterscheidung in ein Kathedral- und ein Bazar-Modell scheint für Bezroukov ebenfalls nicht haltbar. Fast alle Projekte tragen sowohl Züge des einen wie auch des anderen Ansatzes, für einige Teile scheint dies auch notwendig. Gerade die Entwicklung des Kernels eines Betriebssystems ist möglicherweise zwingend in einer zentralistischen Weise abzuhandeln, während periphäre Teile dezentral entwickelt werden können [Bezroukov, 1999b]. Auch die Weiterentwicklung des Linux Kernels trägt zentralistische Züge, da jede Änderung zuerst zu oberen Mit-Entwicklern und dann zu Linus Torvalds persönlich gelangen muß, um akzeptiert zu werden. Bezroukov führt auch den Trend, daß erfolgreiche Projekte irgendwann ihre Konkurrenten absorbieren, indem sie deren Entwickler abziehen (wie im Fall von Linux und FreeBSD), als zentralistischen Zug in der Open Source Software-Evolution an [Bezroukov, 1999a]. Dies stellt eine pessimistische Sicht der Kategorie-Killer [Raymond, 1999b] dar, da die Gefahr einer Stagnation damit zunimmt.

Als Hemmnis wird außerdem das Problem des Verständnisses von Source Code angeführt [Bezroukov, 1999b]. Ohne entsprechende Dokumentation

oder Mitarbeit von Beginn an wird die Eintrittsbarriere ab einem bestimmten Zeitpunkt so hoch, daß der Code eigentlich als 'geschlossen' bezeichnet werden müßte [Bezroukov, 1999b]. Als Beispiel dafür kann das Y2K-Problem genannt werden, dessen Behebung trotz in den Unternehmen vorhandenem Source Code große Programmieranstrengungen gebraucht hat.
Politisches Verhalten, das Herausbilden von unfairen Status-Hierarchien, das Aufflammen von ideologischen Debatten und schließlich die wachsende Überlastung von Schlüsselpersonen eines erfolgreichen Projektes, gerade im Zusammenspiel mit einer regulären Arbeit, werden ebenfalls als Probleme des Open Source Entwicklungsmodells genannt [Bezroukov, 1999a, Bezroukov, 1999b].
Den Vorwurf eines mangelnden Managements der Software-Entwicklung spricht Raymond selbst an [Raymond, 1999b]. Dabei nennt er fünf Funktionen dieser Tätigkeit, und zwar die Definition inklusive der Sicherstellung der Einhaltung der Ziele, die Überwachung des Projektfortschritts, sodaß wichtige Details nicht übersehen werden, die Motivation der Beteiligten für uninteressante Tätigkeiten, die Organisation des Personaleinsatzes zur Produktivitätsmaximierung und die Sicherstellung von Ressourcen zur Fortführung des Projektes. Es wird dann argumentiert, daß diese Funktionen im Bereich einer Open Source Entwicklung ihren Stellenwert weitgehend verlieren. Die Sicherstellung von Ressourcen, die im kommerziellen Umfeld größtenteils in der Verteidigung gegenüber Konkurrenzprojekten besteht, ist aufgrund der Selbst-Selektion der Beteiligten nicht notwendig. Die einzige Knappheit besteht in der Aufmerksamkeit der Entwickler, die erhalten werden muß, soll ein Projekt nicht sterben, wobei dazu auch auf den folgenden Abschnitt 4.4.3 zum Abschluß von Open Source Projekten verwiesen wird. Um diese zu erhalten, ist es notwendig, daß sich die Entwickler selbst organisieren, um jene Tätigkeiten zu erledigen, die diese einerseits gerne, andererseits effektiv durchführen. Damit wäre auch der Punkt der Motivation für uninteressante Tätigkeiten angesprochen, der möglicherweise, obwohl die Kultur durch einige Normen entgegenzusteuern versucht, ein Problem darstellt. Dazu sei auch auf die Ausführungen zur Motivation von Open Source Enwicklern in Abschnitt 4.4 hingewiesen, wo dieser Punkt detailliert behandelt wird. Die Überwachung gerade der Erledigung wichtiger Details sollte aufgrund der äußerst vielfältigen dezentralisierten Testphase zumindest nicht mehr als eigene Funktion notwendig sein. Die Definition und die Sicherstellung der Einhaltung von Zielen erfolgt mehr oder weniger implizit im Verlauf der Projektgründung und in weiterer Folge durch den Projektleiter und den inneren Kreis.
Wie die Darstellung der bisherigen Diskussion über Vor- und Nachteile des

Open Source Entwicklungsmodells gezeigt hat, kann kein endgültiger Schluß gezogen werden. Dies liegt einerseits daran, daß dieses Entwicklungsmodell bisher nicht ausreichend spezifiziert worden ist, um eine solche Überprüfung zu ermöglichen. Andererseits fehlen bisher im weitesten Umfang bis auf wenige Untersuchungen [Dempsey et al., 1999, Mockus et al., 2000, Ghosh und Prakash, 2000, Hermann et al., 2000] quantitative Daten zu dieser Art der Software-Entwicklung, die Grundlage eines Vergleichs sein müßten. Daher gleitet jede entsprechende Diskussion zumindest ab einem gewissen Zeitpunkt in eine ideologische Debatte ab, in der sich die unterschiedlichen Meinungen gegenüberstehen. Die vorliegende Arbeit soll unter anderem dazu dienen, durch entsprechende Daten hier teilweise Abhilfe zu schaffen.

4.4.3 Projektabschluß

Der Abschluß eines Open Source Projektes ist meistens schwierig zu definieren. Im Gegensatz zum kommerziellen Umfeld, in dem ein klar festgelegtes Projektende zusammen mit der Zuteilung der Mitarbeiter zu anderen Aufgaben notwendig ist, kann aufgrund des offenen Source Codes und der entsprechenden Lizenzen eine beliebige Person oder Personengruppe unbeschränkt eine Software weiterentwickeln. Es ist damit eine Definitionsfrage, ob ein Open Source Projekt erst dann als abgeschlossen betrachtet werden kann, wenn weltweit niemand mehr mit der Entwicklung beschäftigt ist, selbst wenn niemand anderer davon Kenntnis hat. Wenn diese Festlegung übernommen wird, dann kann aufgrund der Unmöglichkeit, diese Tatsache festzustellen, kein Projekt jemals als beendet angesehen werden. Des weiteren kann jederzeit eine Weiterentwicklung wieder einsetzen, womit ein Projekt selbst mit obiger Definition maximal als ruhend bezeichnet werden könnte.

Im praktischen Einsatz ist eine solche strikte Festlegung daher kaum relevant, eine Entwicklung im Open Source Modell ist offensichtlich auch keine Garantie für den Erfolg eines Projektes. Bezroukov [Bezroukov, 1999a] nennt mehrere Gründe für das Sterben eines Projektes. Dazu gehört die Überlastung oder der Verlust des Maintainers, dem es damit nicht mehr möglich ist, eine neue Version zu erstellen, um den Prozeß in Gang zu halten. Eine weitere Möglichkeit besteht darin, daß das Projekt irgendwann in seinem Verlauf keine ausreichende Masse von Benutzern und Mit-Entwicklern mehr anziehen beziehungsweise erhalten kann, wie sie notwendig wäre, um die Entwicklung am Laufen zu halten [O'Reilly, 1999]. Es ist natürlich auch möglich, daß ein Projekt diese Masse nie erreicht, was auch für einige

Geschäftsmodelle, die in Abschnitt 4.5 beschrieben werden, einen wichtigen Punkt darstellt. Die Gründe für eine zu geringe Masse können in politischen Problemen zwischen den Entwicklern, schlechter Infrastruktur, restriktiven Lizenzen oder auch in anderen Projekten liegen, die mit größerer Attraktivität Benutzer abziehen (wie zum Beispiel der Kategorie-Killer Linux von FreeBSD). Die letzte Möglichkeit für das Ende eines Open Source Projektes besteht im potentiellen Auftauchen neuer, nicht vom Maintainer autorisierter Versionen (dem sogenannten 'forking'), die dann als neue Projekte separat weiterentwickelt werden. Der Grund kann meist in schwerwiegenden Meinungsverschiedenheiten bei grundlegenden Design-Entscheidungen oder in politischen Differenzen, beides in der Regel innerhalb des inneren Entwickler-Kreises, gesehen werden. Damit wird jedoch für alle Nachfolger- sowie das Ursprungsprojekt die verfügbare Benutzer- und Entwicklerbasis kleiner, was zum Ende einiger oder aller davon führen kann. Aus diesem Grund ist dieses Vorgehen innerhalb der Gemeinschaft auch als Problem bekannt und wird informell eher sanktioniert. Die Aufgabe eines Maintainers liegt daher unter anderem in der Vermeidung solcher Vorkommnisse und erfordert folglich politisches Geschick. Dazu sei auch auf die Bemerkungen zu Organisationsformen und Konflikten sowie zur Motivation in den vorangegangenen Abschnitten verwiesen.

Wie sich an diesen Erläuterungen zeigt, liegt das Problem von Open Source Projekten vor allem in dem Schwinden der Bereitschaft zur Mitarbeit, entweder durch den Maintainer oder die Gemeinschaft. Wie bereits in Abschnitt 4.4.1 zur Projektanbahnung dargestellt wurde, liegt daher auch eine Möglichkeit, in den Besitz eines Open Source Projektes zu kommen, darin, es von dem bisherigen Besitzer zu übernehmen. Wenn dieser aus irgendeinem Grund die Betreuung nicht mehr übernehmen kann oder will, so wird es als seine Pflicht angesehen, die Verantwortung weiterzugeben ('When you lose interest in a program, your last duty to it is to hand it off to a competent successor.' [Raymond, 1999b]). Bei dem Nachfolger wird es sich in den meisten Fällen um ein verdientes Mitglied der bisherigen Entwicklung handeln, das demzufolge auch meist von der Benutzerbasis akzeptiert wird. Wenn der Besitzer jedoch dieser Pflicht nicht nachkommt, so kann eine Person ein offensichtlich nicht betreutes Projekt auch durch Deklaration übernehmen [Raymond, 1999b]. Wenn von keiner Seite wie der Entwicklerbasis oder dem Vorbesitzer Widerspruch angemeldet wird, steht damit ein neuer Besitzer fest (es sei nochmals auf die Parallelen zur Theorie des Landrechts von John Locke hingewiesen). Es ist dann eine Definitionsfrage, ob in diesem Fall das Projekt als fortgeführt oder als beendet und neu gegründet anzusehen ist. Um diese Vorgehensweise zu erleichtern, gibt es inzwischen eine Web-Site names Unmaintained Free Software and Open Source Projects (UFO[7]), die eine Liste von nicht betreuten Projekten verwaltet, welche von interessierten Personen übernommen werden können.

4.5 Kommerzielle Verwertung und Bedeutung von Open Source Software

Die bisher in der Software-Industrie vorherrschenden Geschäftsmodelle sind zum Großteil auf proprietäre Produkte und ein Einkommen gestützt, das direkt in Beziehung zum Verkaufspreis pro Kopie dieses Produktes steht. Da aufgrund der Lizenzgestaltung ein solches Einkommen im Bereich von Open Source Software nicht zu erlangen ist, müssen Unternehmen, die auf diesem Gebiet tätig werden wollen, neue Geschäftsmodelle entwickeln. Diese sollen nun im folgenden vorgestellt werden.

Eine solche Verbindung von Open Source Entwicklung und kommerziellen Interessen wird von Ousterhout [Ousterhout, 1999] positiv gesehen. Es wird vor allem hervorgehoben, daß entsprechende Unternehmen die breite Akzeptanz gerade bei einem weiten Kreis von technisch nicht beschlagenen Benutzern sicherstellen und zusätzliche Ressourcen für die Entwicklung bereitstellen können. Dabei unterstellt Ousterhout einen typischen Kreislauf der kommerziellen Aktivitäten zu einer Open Source Software, der mit Büchern und Training beginnt, und sich dann über eigens zusammengestellte Versionen (Distributionen) und Support bis zu Entwicklungstools und kommerziellen Erweiterungen erstreckt.

Raymond [Raymond, 1999b] leitet seine Darstellung von Modellen zur Aufbringung von Mitteln für Open Source Projekte aus dem Wert von Software ab. Dieser wird in einen Nutzwert, also den ökonomischen Wert als Werkzeug und damit als Zwischenprodukt, und in einen Verkaufswert, also den Wert als Endprodukt, unterteilt. Raymond argumentiert weiters, daß die Abhängigkeit des Verkaufswertes einer Software von den Entwicklungs- oder Ersetzungskosten nicht der Realität entspricht. Dagegen hängt der Preis, den ein Kunde zu bezahlen bereit ist, von dem erwarteten zukünftigen Wert des Services durch den Verkäufer ab. Damit wäre der Software-Bereich weitestgehend als Service- und nicht als Produktionsindustrie zu sehen. Eine Folge dieser Vorstellung wäre, daß die momentane Preisstruktur mit einem hohen Kaufpreis und niedrigen Kosten für Support, die auch der tatsächlichen Kostenverteilung im Lebenszyklus mit ihrer sehr starken Gewichtung

---

[7] http://ufo.bero.org/

auf der Wartung und Erweiterung zuwiderläuft, zur Steigerung der Markteffizienz korrigiert werden sollte. Außerdem wird durch das momentane Anreizsystem eine geringe Beachtung des Support durch Unternehmen hervorgerufen, sowie auch die Tendenz, neue Versionen als separate Produkte zu verkaufen.

Wenn sich ein Unternehmen entscheidet, den Source Code einer Software nicht offenzulegen, so kann dies entweder geschehen, weil die Absicht besteht, diese zu verkaufen, oder um diese Konkurrenten nicht zugänglich zu machen und so einen Wettbewerbsvorteil zu sichern. Die Lösung des vorliegenden Problems wird durch die Offenlegung ja nicht beeinträchtigt. Ersteres stellt den Schutz des Verkaufswertes dar, während zweiteres unter gewissen Annahmen nicht rational ist. Wenn die Software offengelegt werden würde, würde ein schnellerer Verbesserungsprozeß durch Einbeziehung der Kunden im Open Source Entwicklungsmodell entstehen. Zusätzlich könnte aber auch ein Konkurrent die Software benutzen, ohne einen Beitrag zu den Entwicklungskosten geleistet zu haben. Wenn jetzt angenommen wird, daß die Vorteile aus der Verteilung der Arbeit für Weiterentwicklung und Wartung den Verlust von Wettbewerbsvorteilen übersteigen, so wäre die Offenlegung des Source Codes ein richtiger Schritt. Die bisherigen Entwicklungskosten dürfen in diese Rechnung nicht aufgenommen werden, da diese in jedem Fall als versenkt zu betrachten sind ('sunk costs' [Shapiro und Varian, 1998]). Die Vorteile einer solchen Anwendung des Open Source Modells für ein Unternehmen sind als tendenziell hoch einzuschätzen, wenn Zuverlässigkeit und Stabilität besonders kritisch sind, wenn die Korrektheit am besten (oder ausschließlich) durch unabhängiges Review feststellbar ist, wenn die Kunden einem Lock-in [Shapiro und Varian, 1998] besonders negativ gegenüberstehen, wenn Netzwerk-Effekte, also positive Netzwerk-Externalitäten [Shapiro und Varian, 1998], vorliegen und wenn Schlüsselmethoden allgemein bekannt sind [Raymond, 1999b].

Damit ergibt sich, daß durch die Offenlegung des Source Codes nur der Verkaufswert einer Software bedoht ist, nicht der Nutzwert. Wenn nun angenommen wird, daß letzterer bei einer Open Source Entwicklung effizienter gesteigert werden kann, so können Modelle konstruiert werden, die aufbauend auf dem Nutzwert die Finanzierung von Open Source Projekten sicherstellen. Raymond nennt für diese Kategorie zwei Beispiele [Raymond, 1999b]:

Cost-sharing: In diesem Modell wird ein Open Source Projekt von mehreren Mitgliedern finanziert, um eine Software zu entwickeln. Damit kann der Aufwand im Vergleich zu mehreren Parallel-Entwicklungen reduziert werden, und die Qualität kann durch die Einbeziehung einer weit größeren Benutzergruppe stärker und schneller gesteigert werden. Ein Beispiel wäre das Apache-Projekt, in dem unter anderem Mitglieder wie IBM mitwirken [Fielding, 1999].

Risk-spreading: Bei diesem Modell wird ein Open Source Ansatz dazu eingesetzt, um das Risiko gerade eines Entwicklungsendes zu verringern. Wenn eine Software als Open Source entwickelt oder weiterentwickelt wird, so besteht aufgrund der entstehenden Gemeinschaft, die durch Einkünftsströme von unterschiedlichen Parteien finanziert wird, nur eine geringe Wahrscheinlichkeit, daß dieses Projekt beendet oder durch eine Partei vom Markt genommen wird. Dieses Modell kann auch als Sicherung gegen den Verlust wichtiger Entwickler eingesetzt werden, da in diesem Fall oft die Software durch das Unternehmen nicht mehr gewartet würde, oder vielleicht auch nicht mehr gewartet werden könnte.

Diesen nutzwert-basierten Modellen stellt Raymond noch solche gegenüber, die auf indirektem Verkaufswert beruhen, aufgrund der Lizenzen ist die Möglichkeit zur Abschöpfung von direktem Verkaufswert auch kaum gegeben [Raymond, 1999b].

Loss-leader/Market positioner: Bei diesem Modell wird Open Source Software eingesetzt, um den Marktanteil für ein proprietäres Produkt zu erhöhen oder zumindest zu halten. Ein klassisches Beispiel wäre ein freier Client, um den Verkauf der Server-Software zu steigern. Dabei spielen natürlich eventuell vorhandene Netzwerk-Externalitäten eine bedeutende Rolle [Shapiro und Varian, 1998]. Das bekannteste Beispiel stellt die Freigabe des Netscape Navigator Browsers inklusive des Source Codes durch Netscape Communications im Jahr 1998 dar. Die Software wurde im Rahmen des Mozilla-Projektes unter einer eigens entwickelten Lizenz, die Netscape einige Sonder-Rechte einräumt (siehe dazu auch Abschnitt 4.2), zur Verfügung gestellt. Dabei mußten zuerst Absprachen mit mehreren Parteien getroffen werden, deren Module bisher integriert waren, sowie die proprietäre Sprache Java entfernt werden. Mozilla.org wurde als Maintainer gegründet und eingesetzt, wobei eine strikte Trennung zum Unternehmen Netscape angestrebt wurde. Trotzdem ist immer noch die Mehrzahl der Module unter der Betreuung von Netscape-Mitarbeitern [Hamerly *et al.*, 1999, Hecker, 1999]. Der Grund für diese Öffnung der Software lag dabei vor allem im Wettbewerb mit Microsoft und dessen Browser Internet Explorer, der einen stark steigenden Marktanteil aufwies. Damit hätte über kurz oder lang ein Monopol entstehen können, mit dem Microsoft auch die Entwicklung von HTML de facto kontrollieren hätte können, womit auch die Server-Software von Netscape nur mehr geringe Erfolgsaussichten gehabt hätte. Durch das Mozilla-Projekt sollte daher einerseits der Marktanteil von Microsoft geschmälert, andererseits die Entwicklungsgeschwindigkeit erhöht werden. Bezroukov [Bezroukov, 1999b] meint jedoch, daß trotz der hohen Aufmerksamkeit das Mozilla-Projekt kein geeignetes Beispiel für eine Open Source Entwicklung darstellt, da aufgrund der im Entwicklungsprozeß späten Freigabe es für Entwickler schwer sein könnte, sich einzubringen.

Widget frosting: Dieses Modell ist für Hardware-Hersteller gedacht, die auch entsprechende Treiber-Software für ihre Produkte erstellen und warten müssen. Da keine direkten Zahlungsströme durch diese fliessen, kann durch eine Öffnung auch kein Verlust entstehen. Dafür kann dadurch eine größere Entwicklergemeinschaft beteiligt werden, was neben Verbesserungen auch zu Portierungen auf andere Betriebssysteme führen kann. Als Zusatznutzen für Käufer der Hardware ist damit die Treiber-Software auch nach dem Ende des Lebenszyklus dieses Produkts weiter verfügbar. Dies kann auch zu einer stärkeren Kundenbindung führen.

Give away the recipe, open a restaurant: Bei diesem Modell soll die Open Source Software nicht eine bessere Marktposition für proprietäre Software schaffen (wie bei Loss-leader/Market positioner), sondern für Dienstleistungen. Dienstleistungen können dabei von der Zusammenstellung und dem Testen einer Betriebssystem-Distribution über Support bis hin zu Schulungen und Customizing reichen. Durch die Öffnung der Software kann der Markt für diese Dienstleistungen stark verbreitert werden. Ein Beispiel hierfür wäre unter anderem das Web-Tool Zope. Auch die Linux-Distributionen von Red Hat, S.u.S.E. und anderen fallen unter diese Mehrwert-Dienste, wobei in diesem Bereich gerade der Markenname eine große Bedeutung einnimmt [Young, 1999].

Accessorizing: Nach diesem Modell wird Zubehör für Open Source Software angeboten. Dies kann von Kaffeetassen bis zu Dokumentation reichen. Gerade der Verlag O'Reilly ist besonders im Open Source Bereich verankert, und unterstützt eine Reihe von Entwicklern, um weiterhin Referenzwerke über neue Entwicklungen herausgeben zu können.

Free the future, sell the present: In diesem Fall wird eine Software mit dem Source Code unter einer 'geschlossenen' Lizenz verkauft, jedoch mit der Auflage, nach Ablauf einer gewissen Frist offen zu werden. Damit ist für die Kunden die langfristige Weiterentwicklung gesichert und sie können so ein Lock-in vermeiden [Shapiro und Varian, 1998]. Außerdem wird zumindest ein Teil der Wartungskosten von dem Produzenten auf andere übertragen. Ein Beispiel für diese Vorgehensweise wäre das Produkt Ghostscript von Aladdin Enterprises.

Free the software, sell the brand: In diesem von Raymond spekulativ entwickelten Modell wird eine Software-Technologie offen zugänglich gemacht, der Produzent behält sich aber gewisse Test- und/oder Kompatibilitätskriterien vor, um Einkommen aus einer Zertifizierung zu erzielen.

Free the software, sell the content: Dieses Modell beruht auf einer freien Client-Software, und dem Verkauf des damit zugänglichen Inhalts. Auf diese Weise kann ebenfalls der Kreis der potentiellen Kunden für den Inhalt stark erweitert werden. Beispiele wären im Bereich Multimedia oder Wirtschaftsdatenbanken zu sehen.

Eine andere Einteilung von Geschäftsmodellen für die Open Source Entwicklung wird in [Working Group on Libre Software, 2000] beschrieben. Hier erfolgt eine Einteilung in extern finanzierte, intern oder einkommensfinanzierte, nicht finanzierte sowie für die interne Nutzung bestimmte Projekte.

Im Bereich der von externen Parteien finanzierten Projekte werden Gruppen oder Organisationen behandelt, die auf Initiative einer anderen Entität Open Source Software entwickeln. Normalerweise werden von diesem Sponsor dabei gewisse Richtlinien, die die Mittelverwendung oder auch die grobe Entwicklungsrichtung betreffen, vorgegeben. Es kann dabei zwischen einer Finanzierung durch öffentliche Einrichtungen, durch Unternehmen oder auf indirektem Weg unterschieden werden. Im ersten Fall erfolgt die Finanzierung ohne Berücksichtigung von möglichen späteren Zahlungsströmen durch Universitäten oder ähnliche Institutionen. Oftmals wird auf diese Weise gerade die Entwicklung technologischer Infrastruktur gefördert. Die Finanzierung durch Unternehmen erfolgt aus dem Gesichtspunkt heraus, daß eine bestimmte Software für das Unternehmen notwendig ist (daher auch 'needed improvement'), und ein Nutzen aus dem Open Source Modell gezogen werden soll. Ein Beispiel wäre die Weiterentwicklung des Wine Windows Emulators durch Macadamian Software im Auftrag von Corel. Bei einer indirekten Finanzierung wird ein Projekt von einem Unternehmen gefördert, das aus verwandten Produkten Einkommen bezieht. Beispiele wären unter anderem der Verlag O'Reilly, VA Linux Systems, ein Unternehmen, das mit Linux vorinstallierte Hardware-Systeme verkauft, oder auch Red Hat. Alle diese Unternehmen beschäftigen oder sponsern Open Source Entwickler.

Eine interne oder Einkommens-Finanzierung liegt dann vor, wenn eine Organisation Open Source Software entwickelt oder wartet, um Dienstleistungen oder Produkte zu verkaufen, die in Verbindung zu dieser Software stehen, oder um ihre Produktivität zu erhöhen. Auch in diesem Bereich existiert eine Reihe von Geschäftsmodellen. In einem ersten Modell ('best knowledge here without constraints') ist das Unternehmen als bezahlter Berater tätig, und nützt so einen Informationsvorsprung aus. Dabei können aber auch andere Unternehmen konkurrieren und möglicherweise ähnlich tiefes Wissen ansammeln. Deshalb besteht auch die Möglichkeit, zumindest Teile der Software als Black Box geheimzuhalten ('best knowledge here with constraints'), wobei dann aber oft eine Nachprogrammierung dieser Teile erfolgt. In einem verwandten Modell erstellt das Unternehmen Source Code und bietet dann Wartung und Beratung an ('best code here without constraints'). Durch die Entwicklung existiert ein bedeutender Vorsprung zu etwaigen Mitbewerbern. Beispiele dafür wären wiederum Zope von Digital Creations oder auch die Tools von Cygnus Solutions [Tiemann, 1999]. Wiederum ist eine Variante denkbar, in der versucht wird, diesen Vorsprung durch gewisse Einschränkungen länger zu halten ('best code here with constraints'). Weitere mögliche Geschäftsmodelle wären der Verkauf unter anderen Lizenzen für kommerzielle Zwecke ('special licenses') oder auch der Verkauf eines Markennamens wie auch in anderen Industrien ('brand selling'). Bestes Beispiel für letzteres wäre Red Hat im Linux-Bereich.

Wenn die Begeisterung und die freiwillige Mitarbeit durch die Benutzer ausreichend groß sind, kann eine Entwicklung auch ohne Finanzierung auskommen ('unfunded development'). Das bekannteste Beispiel ist sicherlich die Entwicklung des Linux-Kernels. Des weiteren gibt es noch die Möglichkeit, daß ein Unternehmen Open Source Entwicklung als effizientere Alternative für eine Software zum internen Gebrauch sieht. Dieses Produkt wird öffentlich gemacht, um von den Vorteilen dieses Modells zu profitieren, ohne daß zumindest zu Beginn eine ökonomische Verwertung der Ergebnisse in Betracht gezogen wird.

Thompson [Thompson, 1999] teilt die von ihm beschriebenen Geschäftsmodelle in drei Märkte auf. Im ersten, dem Forschungsmarkt, erfolgt die

Open Source Entwicklung vor allem durch Studenten und Mitarbeiter von Universitäten ohne finanzielle Anreize, sondern nur aus Übungs-, Eigenbeziehungsweise Forschungsbedarf. Im zweiten Markt, der Dienstleistungsindustrie, wird durch die Menge an Benutzern, die nicht alle selbst einen technischen Hintergrund haben, eine Reihe von Services nachgefragt. Hier teilt Thompson in Distributionen, technischen Support und Schulungen ein. Als nächster Schritt wird nach der Unterstützung existierender Software auf dem dritten Markt die Erstellung von neuen Anwendungen durch Anpassung (Customizing) betrieben. Dabei wird zwischen Hardware-Bündelung sowie fest angestellten und freiberuflichen Beratern unterschieden. Als weitere Geschäftsmodelle, die er jedoch nicht in diese Märkte einordnet, nennt Thompson noch Loss Leader und Open/Closed Mix.

Behlendorf [Behlendorf, 1999] beschäftigt sich insbesondere mit der Entscheidung von Unternehmen, Software für einen kommerziellen Zweck nach dem Open Source Modell zu entwickeln. Dabei geht er von dem Begriff der Plattform aus, unter dem er Protokolle, APIs und Betriebssystemkonventionen subsummiert. Eine Plattform definiert damit eine Software und erlaubt die Erstellung und Benutzung einer Software mit beziehungsweise auf Basis einer anderen. Geschäftsmodelle, die auf dem Besitz einer Plattform beruhen, können zwar für den Besitzer kurzfristig nutzenstiftend sein, sind aber für die Industrie insgesamt fortschrittshemmend. Daher stellt auch eine Implementierung einer Plattform beziehungsweise eines Standards als Open Source einen wichtigen Beitrag als Referenz und zur Kompatibilitätssicherung dar, wie zum Beispiel der Apache-Server für HTTP. Um eine Entscheidung bezüglich der Offenlegung einer Software zu treffen, muß analysiert werden, welcher Anteil des Einkommens durch den Besitz der Plattform, und welcher durch darauf basierende Mehrwert-Dienste wie Support, Schulung oder Customizing erzielt wird. Durch eine Offenlegung werden zwar der erste Teil weg- und gewisse Administrationskosten für Code-Bereinigung und Koordination anfallen, es kann jedoch durch eine größere Benutzergruppe das Einkommen durch Mehrwert-Dienste diesen Verlust wettmachen. Außerdem können Kosteneinsparungen im Bereich der Wartung und Weiterentwicklung schlagend werden. Zusätzlich besteht die Möglichkeit, nur Teile der Software entsprechend offen zu legen. Des weiteren muß natürlich eine entsprechende Lizenz gewählt werden, die mit den Geschäftszielen kompatibel ist (siehe auch Abschnitt 4.2 für einige Beispiele). Der entscheidende Faktor liegt jedoch in der Erreichbarkeit einer kritischen Masse von Benutzern und vor allem Mit-Entwicklern [Bezroukov, 1999a]. Dieser Punkt wird auch in [O'Reilly, 1999] besonders hervorgehoben. Die Offenlegung des Source Codes und die Weiterentwicklung nach dem Open Source Modell stellt keineswegs eine Garantie für ein erfolgreiches Projekt dar. Neben gewissen Vorbedingungen wie der entsprechend verständlichen Form des Codes ist die Anziehungskraft ein entscheidender Punkt. Software, die bisher nicht oder kaum von den Benutzern akzeptiert wurde, kann nicht durch die Offenlegung plötzlich zu einem weit verbreiteten Produkt werden. Für einige Unternehmen könnte sich daher eine Mischform zwischen traditionellem und Open Source Entwicklungsmodell, die in [O'Reilly, 1999] als 'gated open source community' bezeichnet wird, als ideal herausstellen. Dabei verbleibt ein größerer Teil der Kontrolle bei dem jeweiligen Unternehmen, für einen gewissen Kundenkreis ist der Source Code jedoch zugänglich. Eine andere Variante wäre die Ermöglichung von freien Weiterentwicklungen, aber eine unterschiedliche Lizenzierung für kommerzielle Verwendung. Dabei müssen die entsprechenden einschränkenden Maßnahmen gegen die notwendige Größe der Entwicklergemeinde abgewogen werden.

Die kommerzielle Bedeutung von Open Source Software hängt jedoch nicht ausschließlich von den Geschäftsmodellen der auf diesem Gebiet tätigen Unternehmen, sondern zu einem großen Teil von der Akzeptanz der erzielten Ergebnisse durch die Anwender ab. Praktisch alle der dargestellten Ansätze beruhen auf der möglichst breiten Verwendung der betreffenden Open Source Software. Daher ist zu analysieren, welche Charakteristiken den Gebrauch durch Privatpersonen und Unternehmen fördern oder hemmen. Diese sich aus dem Open Source Modell ergebenden besonderen Vor- und Nachteile für den Einsatz solcher Software sollen nun kurz dargestellt werden. Dabei wird hier allein der passive Einsatz betrachtet, das heißt ohne eventuelle Beteiligung an der Wartung und Weiterentwicklung.

Die ersten Vorteile ergeben sich naturgemäß aus dem Zugriff auf den Source Code und der Möglichkeit zu Modifikationen [Working Group on Libre Software, 2000]. Damit ist es dem Anwender möglich, die Software selbst an neue Gegebenheiten wie zum Beispiel neue Hardware anzupassen. Diese Tatsache erhöht in den meisten Fällen die Lebensdauer dieser Software stark [Working Group on Libre Software, 2000]. Außerdem ist es bei Vorliegen des Source Codes möglich, diesen selbst zu überprüfen und eventuelle Fehler zu beheben, was insbesondere bei einem hohen Stellenwert von Sicherheitsaspekten wichtig ist. Aus dem Recht, diese Modifikationen weitergeben zu können, resultiert die Möglichkeit, auf eine große Gemeinschaft von anderen Benutzern und deren Kompetenzen zugreifen zu können. Daher ist es nicht notwendig, jede Modifikation selbst durchzuführen, sondern es kann auch von den Tätigkeiten anderer profitiert werden. Ein weiteres Recht, das im Vergleich zu proprietärer Software einen Vorteil darstellt, besteht in dem beliebigen Einsatz der Software.

Damit wird es möglich, diese in anderen Projekten zu verwenden und einzusetzen. Dieser Vorteil ist gerade auch für Universitäten wichtig, die auf diese Weise ohne Lizenzgebühren mit neuen Projekten auf vorhandenem Wissen aufbauen können. Außerdem werden dadurch die Hürden für einen eventuellen späteren Markteintritt als Anbieter deutlich gesenkt.

Weitere Vorteile ergeben sich aus der Tatsache, daß keine Partei exklusive Rechte an der Software besitzt [Working Group on Libre Software, 2000]. Damit kann die Verwendung nicht von einer Seite eingeschränkt werden, zum Beispiel durch die Entscheidung, ein Produkt nicht mehr zu warten oder weiterzuentwickeln. Die Abhängigkeit von einem Anbieter ist daher auch nicht mehr gegeben, da die Entwickung jederzeit von einer oder mehreren anderen Parteien weitergeführt werden kann. Ein Lock-in kann dadurch effektiv vermieden werden [Shapiro und Varian, 1998]. Durch die Möglichkeit zu verschiedenen Versionen von unterschiedlichen Parteien, basierend auf einer Software (dem sogenannten 'forking'), kann es zu einem starken Wettbewerb kommen, gerade wenn diese Nachfolgeprojekte um eine begrenzte Entwicklergemeinde konkurrenzieren. Des weiteren wird über die Auslieferung einer Open Source Software nicht aufgrund von Druck des Marketing entschieden, sondern eher aufgrund von funktionalen und technischen Gesichtspunkten durch Mit-Entwickler, die auch gleichzeitig Benutzer sind. Damit wird tendenziell Software für den breiten Gebrauch auf einem höheren Qualitätsniveau zur Verfügung gestellt. Als weiterer Vorteil ergibt sich aus der Dezentralisierung, daß es sich bei einer Open Source Entwicklung um eine im Vergleich zu kommerzieller Entwicklung demokratischere Weise handelt, die Richtung der Entwicklung zu bestimmen, da jede Partei sich beteiligen oder zumindest äußern kann [Working Group on Libre Software, 2000].

Der Vorteil, der vielleicht am leichtesten im Zusammenhang mit Open Source Software auffällt, ist die Tatsache, daß keinerlei Lizenzgebühren oder sonstige Abgaben für die Verwendung zu entrichten sind. Dabei muß diese Tatsache jedoch genauer untersucht werden, und darf nicht kritiklos als Vorteil angesehen werden, da diese Kosten nur einen Teil der realen Kosten für Erwerb und Einsatz einer Software darstellen. Daher ist es notwendig, den Einfluß von Open Source auf die Gesamtheit dieser Kosten unter dem Gesichtspunkt der Total Cost of Ownership (TCO) zu betrachten. Dieser Ansatz trägt dem Umstand Rechnung, daß über die Lebenszeit einer Software in einer Organisation verschiedene Komponenten vom Erwerb, über die Einführung und Wartung bis hin zum Umstieg zu einer anderen Technologie ('switching costs' [Shapiro und Varian, 1998]) zu den Kosten beitragen. In [Working Group on Libre Software, 2000] werden diese Kosten in die Bereiche Informationssammlung, Beschaffung beziehungsweise Integration, Einführung, Training, Benutzung und Wartung sowie Beendigung beziehungsweise Umstieg auf eine neue Technologie eingeteilt. Bei der Informationsbeschaffung ist aufgrund der Dezentralisierung und des fehlenden Marketings [Browne, 1998] mit höherem Aufwand im Bereich von Open Source Software zu rechnen. Im Gegensatz dazu zeichnet sich meist die zu erhaltende Information durch eine höhere Objektivität im Vergleich zu kommerziellen Produkten aus. Die Beschaffung ist aufgrund der fehlenden Lizenzkosten beim Einsatz von Open Source Software sicherlich als günstiger anzusehen, wobei sich dieser Unterschied mit der Anzahl der Plattformen gerade für größere Organisationen stärker auswirkt. Die Einführung ist aufgrund der in vielen Fällen besseren Installationsroutinen proprietärer Software in diesem Bereich weniger aufwendig. Gerade im Fall von Linux wurden hier aber in letzter Zeit erfolgreiche Anstrengungen unternommen, die Situation zu verbessern. Zusätzlich weist Open Source Software meist, unter Einbeziehung der Möglichkeit von Änderungen im Source Code sicherlich, eine höhere Konfigurierbarkeit auf. Im Bereich der Schulung stellt die Offenheit des Source Codes einen gewissen Vorteil beim Verständnis einer Software dar, den aber nicht viele Anwender nutzen können, während von kommerziellen Anbietern umfangreiche Schulungsprogramme und Dokumentationen angeboten werden. Auch auf diesem Gebiet gibt es aber in letzter Zeit, wie auch einige der vorgestellten Geschäftsmodelle zeigen, Anstrengungen im Open Source Bereich. Die Kosten für den Einsatz und die Wartung stellen meist den größten Bestandteil der Gesamtkosten dar. Hier ist die Möglichkeit zu selbstständigen Verbesserungen im Source Code ein Vorteil, ebenso wie die Unabhängigkeit von einem einzelnen Hersteller und dessen Entscheidungen zu seiner Produktpalette. Des weiteren kann auf eine externe Entwicklergemeinde und deren Ergebnisse zugegriffen werden. Durch die ständige Weiterentwicklung und Portierung auf neue Plattformen ist die Lebensdauer von Open Source Software meist höher als von kommerzieller Software, was sich natürlich ebenfalls auf die TCO auswirkt. Es ist aber auch zu bemerken, daß sich diese Software oft durch hohe Komplexität auszeichnet, und daher für entsprechendes Wartungspersonal möglicherweise höhere Kosten anfallen. Im Bereich des Umstiegs auf eine neue Technologie wirkt sich die Offenheit des Source Codes und die Unterstützung von Standards in einer Verringerung der Switching Costs aus. Ein zusätzlicher Punkt, der in eine Behandlung der Total Cost of Ownership eingehen sollte, besteht in den Kosten der notwendigen Hardware und Infrastruktur. Hier sind jedoch nur geringe Unterschiede durch den Einsatz von Open Source Software zu erwarten, mit der Ausnahme, daß gerade der Linux-Bereich sich durch geringere Hardware-Anforderungen auszeichnet und daher die Nutzungsdauer der Hardware erheblich steigen kann. Abschließend ist noch zu bemerken, daß gerade für das Thema Betriebssysteme, insbesondere zum Vergleich von Linux und Windows NT, eine Reihe von Untersuchungen zur Total Cost of Ownership publiziert wurden. Diese sind aber aufgrund der jeweils dahinterstehenden Organisation sowie auch der äußerst unterschiedlichen Szenarien kaum vergleichbar, und die Ergebnisse sind auch alles andere als übereinstimmend und schlüssig.

Als letzter Vorteil ist zu nennen, daß, wenn die Verbreitung aufgrund der anderen Vorteile steigt, in einigen Bereichen allein durch diese gestiegene Verwendung ein Nutzen für den Einzelnen durch höhere Netzwerk-Externalitäten [Shapiro und Varian, 1998] entstehen kann.

Es werden auch mehrere mögliche Nachteile in Verbindung mit dem Einsatz von Open Source Software genannt. Einer davon besteht in der Unsicherheit, ob eine Entwicklung einsetzt oder fortgeführt wird [Working Group on Libre Software, 2000]. Wie bereits dargestellt wurde, hängt diese Tatsache von der Bereitschaft von Benutzern und Mit-Entwicklern ab, und ist damit zwangsläufig als unsicher zu betrachten. Folglich ergibt sich für potentielle Anwender das Problem, daß möglicherweise für eine gewählte Software keine Weiterentwicklung stattfinden wird, und diese damit von dem Anwender selbst getragen werden müßte. Ein wesentlicher Vorteil des Open Source Modells wäre in diesem Fall hinfällig. Die Unsicherheit bezüglich der Entwicklung eines Open Source Projektes besteht neben dieser fortgesetzten Verwendung auch bei der Auswahl, da für eine beliebige Software nur schwer festgestellt werden kann, ob diese in endlicher Zeit ein für den Einsatz notwendiges Stadium erreicht. Es darf auch nicht übersehen werden, daß in dem Spektrum an verfügbarer Open Source Software immer noch ein Schwerpunkt auf bestimmten Gebieten wie Entwicklungstools und ähnlichem zu finden ist, während andere Gebiete wie Anwendungen eher spärlich vertreten sind. Der Trend auch in diese Richtung scheint sich aber in letzter Zeit zu verstärken und wird in [Raymond, 1999b] auch als logische Entwicklung dargestellt. Damit verbunden ist auch das bereits im Rahmen der Kosten für die Informationsbeschaffung angesprochene Problem, ein für den vorliegenden Problemfall passendes Open Source Projekt ausfindig zu machen. Da weder Ressourcen für Marketing zur Verfügung stehen, noch eine zentrale Anlaufstelle existiert [Browne, 1998], können hier hohe Suchkosten, verbunden mit einer Unsicherheit über die Existenz des gesuchten Objekts entstehen. Es muß daher auch entschieden werden, wann ein solcher Suchvorgang abzubrechen ist. Als weiterer Nachteil könnten sich auch die inzwischen in einigen Staaten vorgesehenen Patente auf Algorithmen herausstellen, die möglicherweise zum Teil in

Open Source Software Verwendung finden, was als zusätzliches Problem auch schwer festzustellen ist [Working Group on Libre Software, 2000]. Außerdem wird oftmals der fragmentierte Support im Bereich von Open Source kritisiert [Browne, 1998]. Hier ist zwar aufgrund der Verfolgung entsprechender Geschäftsmodelle durch mehrere Unternehmen ein vorteilhafter Wettbewerb gegeben, es können jedoch im Bereich der Auswahl für einen Anwender höhere Transaktionskosten entstehen. Eine Diskussion über weitere Kostenaspekte wurde bereits im Rahmen der vorangegangenen Behandlung von möglichen Vorteilen dargestellt.

Eine abschließende Beurteilung der Vor- und Nachteile des Einsatzes von Open Source Software ist naturgemäß nicht möglich. Es muß aber angemerkt werden, daß im Rahmen eines modernen Informationsmanagements bei jeder Entscheidung bezüglich Software-Auswahl auch die Möglichkeit des Einsatzes solcher Software berücksichtigt werden sollte. Ob dieser in einem konkreten Fall vorteilhaft ist, muß anhand der vorliegenden Bedingungen entschieden werden.

Gewisse Auswirkungen auf die Software-Industrie insgesamt dürfen ebenfalls nicht übersehen werden. So wird durch die Open Source Bewegung der Wettbewerb in vielen Sparten verstärkt. Gerade in Bereichen, die bisher von der Dominanz eines Anbieters geprägt waren, kann dieser Lock-in durch entsprechende Open Source Projekte durchbrochen werden [Working Group on Libre Software, 2000]. Auch die Durchsetzung von Standards wird durch offene Referenzimplementierungen erleichtert, was wiederum den potentiellen Lock-in durch proprietäre Konventionen reduziert [Shapiro und Varian, 1998]. Als letzter Punkt kann offene und freie Software zu einer stärkeren Verbreitung von Informationstechnologie führen. Viele Parteien, die bisher aufgrund eines Mangels an Kapital keinen Zugang hatten, erreichen jetzt einfachen Zugriff auf Software sowie durch den zugänglichen Source Code auch auf die darunterliegende Technologie. Dieser Punkt ist gerade für weniger entwickelte Länder bedeutend, da diese so einerseits kostengünstig die Vorteile der Informationstechnologie erreichen können, andererseits aber auch Zugriff auf das entsprechende Knowhow erhalten und somit auch schneller selbst in der Entwicklung tätig werden können [Working Group on Libre Software, 2000]. Dieser Effekt kann für bestimmte Organisationen wegen deren ideologischer Haltung einen zusätzlichen Grund für den Einsatz von Open Source Software darstellen [Yee, 1999].

Kapitel 5

Analyse eines Open Source Projekts: GNOME

5.1 Ziele

Das Ziel dieser Analyse einer Open Source Entwicklung war die Sammlung quantitativer Daten, um Gemeinsamkeiten und Unterschiede zu einer kommerziellen Entwicklung festzustellen. Außerdem sollten soweit möglich die zur Anwendung verschiedener Verfahren der Aufwandsschätzung notwendigen Informationen gewonnen werden.

Da bisher ähnliche Untersuchungen über diese Art der Software-Entwicklung äußerst selten sind [Dempsey et al., 1999, McConnell, 1999, Mockus et al., 2000, Ghosh und Prakash, 2000], mußten auch sehr grundlegende Charakteristiken und Zusammenhänge untersucht werden. Die empirischen Untersuchungsobjekte sind damit vor allem in den beteiligten Personen und deren Beiträgen zu einem Projekt zu sehen. Auch die Entwicklung dieser Variablen im Zeitverlauf stellt einen wichtigen Unterscheidungsfaktor zu anderen Arten der Software-Entwicklung dar. Da es sich bei dem Open Source Entwicklungsmodell um eine stark kooperative Vorgehensweise handelt, sind auch Art und Ausmaß der Kommunikation und Koordination von besonderem Interesse.

5.2 Methodik

Eine Grundidee der vorliegenden Analyse einer Open Source Entwicklung war die Verwendung von öffentlich zugänglichen Datenquellen. Aufgrund der offenen Architektur, die zur Ermöglichung der Teilnahme einer größeren und verteilten Entwicklergemeinde für Open Source Projekte gewählt werden muß, stehen solche Quellen in Form der entsprechenden Koordinations- und Kooperationsmechanismen zur Verfügung. In diesem Abschnitt soll daher zuerst der Untersuchungsgegenstand, das GNOME-Projekt, kurz beschrieben, und dann die gewählte Vorgehensweise mit den entsprechenden Datenquellen dargestellt werden. Außerdem werden die im weiteren Verlauf der Analyse verwendeten Metriken definiert.

5.2.1 Untersuchungsgegenstand

Als Beispiel-Projekt für die Analyse einer Open Source Software-Entwicklung wurde das GNOME-Projekt[1] (GNU Network Object Model Environment) gewählt.
Der Ursprung des GNOME-Projektes liegt in dem Fehlen einer freien graphischen Benutzerschnittstelle (GUI) für Open Source Betriebssysteme, insbesondere für Linux. Diese Tatsache führte zur weit verbreiteten Meinung, daß diese Systeme nur für Experten und nicht für private Anwender verwendbar und damit geeignet seien. Dadurch wurde die Verbreitung entscheidend gehemmt. Um in diesem Punkt Abhilfe zu schaffen, wurde daher im Sommer 1997 offiziell das GNOME-Projekt gegründet und unter die GNU General Public Licence (GPL) gestellt. Zu diesem Zeitpunkt existierte bereits ein anderes Open Source Projekt, nämlich K Desktop Environment[2] (KDE), mit einer ähnlichen Zielrichtung (Desktop Environment, Application Development Framework und Office Application Suite). Wegen der Verwendung der Qt-Bibliothek von Troll Tech, die nicht unter einer 'reinen' Open Source Lizenz steht, wurde das KDE-Projekt jedoch von einigen Teilen der Gemeinschaft abgelehnt. Dieser teilweise heftig geführte Disput führte zur Gründung des GNOME-Projektes durch Miguel de Icaza, zu diesem Zeitpunkt Netzwerkadministrator an einer Universität in Mexico City. Miguel de Icaza, obwohl er inzwischen für das Start-up Helix Code tätig ist, deren Geschäftsfeld unter anderem in GNOME-Distributionen besteht, ist immer noch Koordinator des Projekts. Im März 1999 wurde dann die erste offizielle Version, Release 1.0, öffentlich zugänglich gemacht. Danach wur-

---
[1] http://www.gnome.org/
[2] http://www.kde.org/

den jeweils verbesserte Teile einzeln herausgebracht, bis dann im Oktober eine neue, vollständige Release ('October GNOME') erfolgte. Die momentan aktuelle Version trägt die Nummer 1.2 ('Bongo GNOME') und ist seit Mai 2000 erhältlich.
Das GNOME-Projekt hat seine Ziele im Laufe der Zeit erweitert, und umfaßt nun die folgenden Bereiche:

- Der GNOME Desktop stellt ein benutzerfreundliches graphisches User Interface inklusive einiger Applets wie zum Beispiel zur Konfiguration dar.

- Die GNOME Entwicklungsplattform beinhaltet eine Sammlung von Werkzeugen (zum Beispiel Glade Builder zum Prototypen und Erstellen von Benutzerschnittstellen), Bibliotheken (wie dem Toolkit GTK+ für User Interfaces) und Komponenten zur Anwendungsentwicklung unter Unix.

- GNOME Office besteht aus einer Reihe von Büro- und Produktivitätsapplikationen. Unter anderem sind das Bildbearbeitungsprogramm GIMP (GNU Image Manipulation Program), eine Textverarbeitung (AbiWord), eine Tabellenverarbeitung (Gnumeric) und ein persönlicher Informationsmanager (GNOME-PIM) enthalten. Im Juli 2000 wurde auch angekündigt, daß die Office Suite von Sun Microsystems, StarOffice, unter GPL gestellt und auf die GNOME-Plattform portiert werden soll.

Technologisch beruht GNOME auf einer strikt objekt-orientierten Architektur und benutzt eine selbsterstellte Implementierung von CORBA (Common Object Request Broker Architecture) unter dem Namen ORBit. Bonobo ist das Dokumentenmodell von GNOME und erlaubt die Einbindung von dokumenten-basierten Applikationen in andere. Damit ähnelt Bonobo in der Funktionalität OLE2 oder Active X von Microsoft. Außerdem wird die Erstellung von wiederverwendbaren Software-Komponenten unterstützt. Zum Datenaustausch wird weitestgehend XML (Extensible Markup Language) verwendet. Als Implementierungssprache ist C vorherrschend.
Das GNOME-Projekt stellt aus mehreren Gründen eine gute Wahl als Beispiel für das Open Source Entwicklungsmodell dar:

- Das GNOME-Projekt ist durch die zugrundeliegende Architektur ein Beispiel für eine moderne Software-Entwicklung.

- Die Entwicklung ist vollständig dokumentiert und auch die historischen Daten sind uneingeschränkt zugänglich. Das Source-Code-

Verwaltungssystem, das als zentrale Datenquelle verwendet wurde (siehe auch den folgenden Abschnitt), wurde vom Beginn des Projektes an eingesetzt.

- Es handelt sich um ein umfangreiches und vielfältiges Projekt.

- Das GNOME-Projekt ist attraktiv, in der Open Source Gemeinschaft anerkannt, und auch in den Medien entsprechend präsent.

5.2.2 Vorgehensweise

Bei der Analyse einer Software-Entwicklung steht zu Beginn die Frage nach den notwendigen und den verfügbaren Daten im Mittelpunkt. Oftmals ist es nicht möglich, die entsprechenden Daten zu erhalten, da diese zum Beispiel nicht existieren oder aus verschiedenen Gründen von der jeweiligen Organisation nicht zugänglich gemacht werden.

In Abschnitt 3.3.1 wurden bereits einige dieser Probleme sowie Möglichkeiten zur zielgerichteten Datenerhebung wie unter anderem auch Fallstudien, Experimente, Beobachtungen oder Interviews [Murphy et al., 1999, Seaman, 1999] angeführt. Diese Methoden haben jedoch mehrere Probleme [Cook et al., 1998]: Meistens ist der Einsatz mit großem Aufwand verbunden und beeinflußt außerdem oft den zu beobachtenden Ablauf, wodurch Ergebnisse verfälscht werden können. Ein weiteres Problem entsteht aus der Tatsache, daß entsprechende Methoden zu einem bestimmten Zeitpunkt, oder ab einem bestimmten Zeitpunkt angewandt werden. Damit kann die bisherige Geschichte des Projektes nicht in die Analyse miteinbezogen werden.

Im Gegensatz dazu existieren in vielen Organisationen bereits entsprechende Aufzeichnungen, die zur Datengewinnung eingesetzt werden können. Hierzu zählen unter anderem Source-Code- oder Bug-Verwaltungssysteme, Zeitaufzeichnungen und ähnliches. Die Auswertung der hier vorhandenen Daten beeinflußt damit den weiteren Ablauf des Entwicklungsprozesses nicht, ist auch meist kostengünstig und stellt eine objektive oder algorithmische Messung nach Conte et al. [Conte et al., 1986] dar. Außerdem sind in entsprechenden Systemen in den meisten Fällen historische Daten archiviert, sodaß auch die Entwicklung im Zeitverlauf untersucht werden kann [Cook et al., 1998, Kemerer und Slaughter, 1999].

Da im vorliegenden Fall die Analyse eines Open Source Projektes vorgenommen werden soll, wurde auf diesen Ansatz zurückgegriffen. Dies war möglich, da aufgrund der speziellen Projektabwicklung mehrere Datenquellen, die zur Koordination- und Kommunikation zwischen den Beteiligten eingesetzt werden, öffentlich zugänglich waren. In der Vorgehensweise erfolgte eine Orientierung an [Cook et al., 1998], wo die folgende Methodik vorgeschlagen wird:

1. Erlangung eines generellen Verständnisses für die Organisation, das Projekt und den Entwicklungsprozeß.

2. Identifikation möglicher Datenquellen.

3. Identifikation von Metriken zur Erfolgsmessung des Projekts und des Prozesses.

4. Identifikation von Metriken, die aus den Datenquellen gewonnen werden können.

5. Extraktion der Daten und Durchführung der Analyse.

6. Interpretation der Ergebnisse.

Als zentraler Punkt zur Gewinnung von Daten wurde das eingesetzte Source-Code-Verwaltungssystem identifiziert. In diesem Fall handelt es sich um das Produkt Concurrent Versions System[3] (CVS), das selbst eine Open Source Software unter der GNU General Public Licence ist. CVS stellt alle wichtigen Funktionalitäten eines Source-Code-Verwaltungssystems zur Verfügung und ist als Client-Server-Lösung implementiert. Damit ist es gerade für ein verteiltes und heterogenes Team gut einsetzbar, da die Software auf fast allen wichtigen Plattformen zur Verfügung steht. CVS unterstützt unter anderem auch ein Checkout durch mehrere Programmierer gleichzeitig ('unreserved') und ein Zusammenführen beim Checkin ('merging') [Fogel, 1999]. Inzwischen wurde durch das Mozilla-Projekt auch ein Frontend für das World Wide Web unter dem Namen Bonsai erstellt [Hamerly et al., 1999], mittels dem Abfragen an das CVS abgesetzt werden können. Dieses befindet sich ebenfalls beim GNOME-Projekt im Einsatz. Dieser Ansatz der Verwendung eines Source-Code-Verwaltungssystems als Datenquelle wurde bisher nur selten eingesetzt. In [Cook et al., 1998] wird eine explorative Analyse der Entwicklung einer Telekommunikationssoftware beschrieben. Kemerer und Slaughter [Kemerer und Slaughter, 1999] verwenden Daten aus den Änderungsprotokollen für die Untersuchung der Software-Evolution (dem dynamischen Verhalten von Systemen bei Wartung und Erweiterung über ihre Lebenszeit) an zwei Beispiel-Projekten. Ein Source-Code-Verwaltungssystem wird auch von [Atkins et al., 1999] zur

---

[3] http://cvshome.org/

Datengewinnung eingesetzt, um den Nutzen verschiedener Werkzeuge zur Software-Entwicklung abschätzen zu können. Dabei wird aus den Zeitaufzeichnungen der Mitarbeiter der Aufwand für jede Änderung geschätzt [Graves und Mockus, 1998]. In einem Ansatz, der ebenfalls auf vorhandenen Datenquellen, in zwar in diesem Fall dem Source Code selbst, beruht, wird die Architektur von Linux extrahiert [Bowman et al., 1999].

Drei Ansätze zur quantitativen Analyse von Open Source Software-Entwicklung sind ebenfalls in diesem Zusammenhang zu nennen. In [Mockus et al., 2000] wird ausgehend unter anderem von dem Source-Code-Verwaltungssystem das Apache-Projekt analysiert, während Ghosh und Prakash [Ghosh und Prakash, 2000] den Source Code insbesondere von Linux auf entsprechende Informationen zu den Beteiligten untersuchen. Die Beteiligung an der Entwicklung von Linux stellt auch den Hauptpunkt von Dempsey et al. [Dempsey et al., 1999] dar, wobei hier Meta-Daten (Linux Software Map Entries) über die entsprechenden Beiträge im MetaLab Linux Archive Verwendung finden. Die Ergebnisse dieser Untersuchungen werden im weiteren Verlauf der vorliegenden Arbeit an den entsprechenden Punkten zum Vergleich herangezogen.

Als weitere Datenquelle wurden die Mailing-Listen zum GNOME-Projekt identifiziert. Diese werden auch in [Mockus et al., 2000] zur Informationsgewinnung für die Analyse des Apache-Projekts eingesetzt. Eine Untersuchung zu den Möglichkeiten des Einsatz von Metriken, die aus Anzahl und Inhalt solcher Nachrichten gewonnen werden können ('communication metrics'), findet sich auch in [Dutoit und Bruegge, 1998]. Seaman und Basili analysieren unter anderem anhand von Daten aus Online-Newsgruppen, wie die Kommunikation in Code-Inspektionen durch die vorhandenen Organisationsstrukturen beeinflußt wird [Seaman und Basili, 1997].

Da eine Speicherung der gewonnenen Informationen aufgrund der leichteren Verwaltung und Auswertung in einer relationalen Datenbank gewählt wurde, wurde aufbauend auf den identifizierten Datenquellen ein Datenmodell eines Open Source Projektes erstellt (siehe Abbildung 5.1).

Zum besseren Verständnis dieses Datenmodells sowie der folgenden Ausführungen sind einige Anmerkungen notwendig: Es existieren sowohl Programmierer wie auch Poster. Erstere sind im Rahmen des Projektes tätig, indem sie den Source Code verändern, und diese Änderungen in das entsprechende Verwaltungssystem, im vorliegenden Fall CVS, einbringen. Auf der anderen Seite gibt es auch Poster, die durch das Erstellen von Beiträgen (Postings) zu den Mailing-Listen mitarbeiten. Dabei ist es möglich, daß eine reale Person beide Rollen ausfüllt, oder auch nur auf einer der beiden Arten tätig ist. Es ist anzunehmen, daß die Mehrzahl der Programmierer

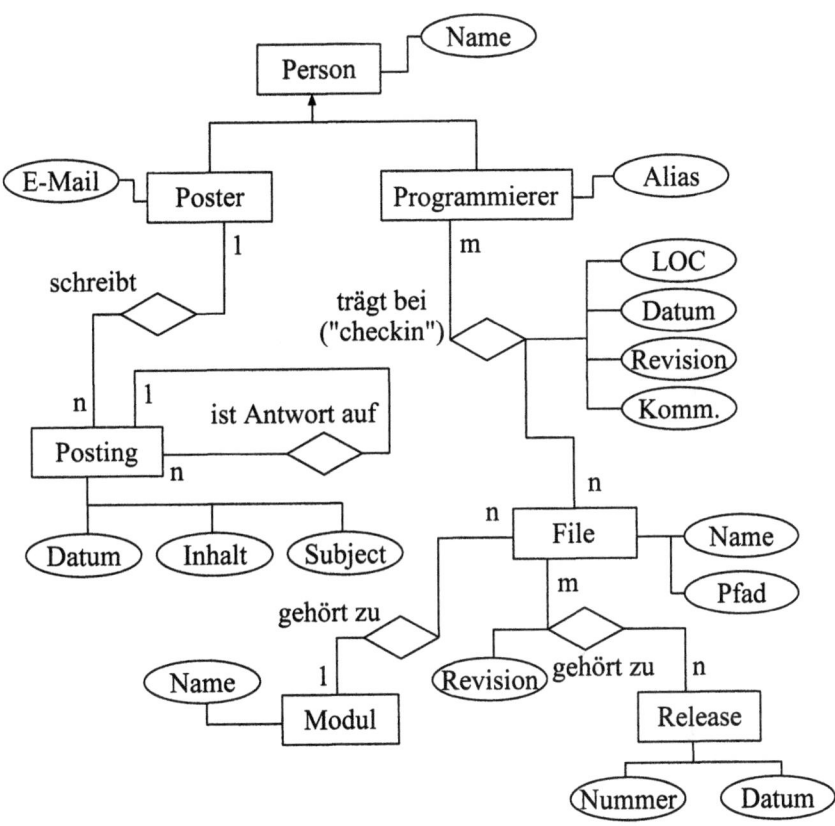

Abbildung 5.1: Datenmodell eines Open Source Projektes

auch Beiträge zu den Mailing-Listen abliefert, während eher Personen existieren, die sich zwar über Postings äußern, aber nicht selbst programmieren. Ein File stellt eine Datei im Rahmen des CVS dar. Dieses wird über seinen Namen und den entsprechenden Pfad in der Verzeichnisstruktur eindeutig identifiziert. Dabei ist die Angabe des Verzeichnispfades unerläßlich, da es in verschiedenen Verzeichnissen Dateien gleichen Namens (wie zum Beispiel 'makefile') geben kann. Jedes File gehört zusätzlich zu einem bestimmten Modul wie Gnumeric oder GIMP und kann in einer bestimmten Version in eine öffentlich gemachte Version des Projektes, ein Release, eingehen. Ein einzelner Beitrag eines Programmierers besteht in der Änderung genau eines solchen Files. Dies geschieht über das Einbringen einer neuen, geänderten Version dieser Datei in das Source-Code-Verwaltungssystem. Dieser Vorgang wird als Checkin bezeichnet. Ein File wird dabei zu einem bestimmten Zeitpunkt mit einer neuen Versionsnummer gespeichert. Dazu werden der Name des Programmierers, auf Wunsch ein Kommentar, sowie die Änderung in den Lines-of-Code (LOC) im Vergleich zur letzten Version archiviert. Dieses Tupel aus Programmierer, File (inklusive des Verzeichnispfades), Zeitpunkt, Versionsnummer, Änderung in den LOC und Kommentar kann im Fall des GNOME-Projektes über CVS beziehungsweise das Bonsai-Frontend abgefragt werden. Ein Posting ist eine separate Nachricht an eine der Mailing-Listen, und wird von genau einem Poster zu einem bestimmten Zeitpunkt abgeschickt. Jede Nachricht hat dabei neben einem Inhalt auch ein von Sender festzulegendes Subject, und kann sich auf eine andere, im Zeitverlauf frühere Nachricht beziehen und damit eine Antwort ('reply') darstellen.

Nach dem Abschluß dieser Analyse- und Planungsphase wurden die identifizierten Informationen von den Datenquellen bezogen. In einem ersten Schritt wurde das CVS über das Bonsai-Interface abgefragt. Jede der Anfragen betraf dabei einen Tag in der Geschichte des Archivs, angefangen bei den ersten Einträgen im Jänner 1997 bis zum September 1999. Dabei wurden die Anfragen über einen Zeitraum von vier Tagen verteilt, um die Last für den Server in Grenzen zu halten. Technisch wurde dies über ein Perl-Script realisiert, das Eingaben in das entsprechende Web-Formular simulierte. Die Rückgabe jeder Abfrage war damit eine HTML-Seite mit einer Liste aller Checkins innerhalb des jeweiligen Zeitraumes. Zu jedem Checkin waren dabei die oben dargestellten Informationen aufgeführt. Über ein weiteres Perl-Programm wurden diese HTML-Seiten danach bearbeitet und die relevanten Daten extrahiert. Diese wurden in einer relationalen Datenbank (der Open Source Software PostgreSQL[4] unter Linux) gespeichert. Der Auf-

---

[4]http://www.postgresql.org/

bau dieser Datenbank wurde aus dem vorgestellten Datenmodell abgeleitet. Dieselbe Vorgehensweise wurde zur Sammlung der Informationen bezüglich der Postings gewählt. Für die Identifikation von realen Personen und die Zusammenführung der Daten bezüglich Postings und Programmierleistung wurde ein zusätzliches Perl-Programm erstellt. Dieses versuchte über eine Reihe von Regeln ('regular expressions'), eine Übereinstimmung zwischen dem Alias, der von den Programmierern verwendet wird, und dem Namen beziehungsweise der E-Mail-Adresse aus den Postings zu finden. Eine dieser Regeln war zum Beispiel, daß ein Alias sich aus dem ersten Buchstaben des Vornamens und dem Nachnamen zusammensetzt ('Andrew Clausen' entspricht damit 'aclausen'). Für 175 Personen konnte dies erfolgreich und eindeutig abgeschlossen werden. Die Analyse selbst erfolgte durch die Formulierung der entsprechenden Abfragen an die Datenbank[5] in SQL und die Bearbeitung mittels eines Statistikpakets.

Ein Nachteil dieser vorgestellten Vorgehensweise besteht darin, daß ein wichtiger Punkt der Software-Entwicklung, nämlich der Zeitaufwand für die einzelnen Mitarbeiter, nicht erhoben werden kann. Die entsprechenden Daten sind im einem CVS-Repository wie auch anderen, ähnlichen Source-Code-Verwaltungssystemen nicht gespeichert. Dieser Nachteil kann behoben werden, wenn entsprechende Aufzeichnungen wie zum Beispiel Zeitblätter ebenfalls zur Verfügung stehen. Dieser Ansatz wird in [Graves und Mockus, 1998] und [Atkins *et al.*, 1999] verfolgt. Da sich Open Source Entwicklung aber gerade durch eine geringe bis nicht vorhandene organisatorische Einbindung der Beteiligten definiert, werden solche Aufzeichnungen nicht geführt. Folglich kann dieser Punkt nur durch eine direkte Befragung der beteiligten Programmierer behoben werden, wie sie auch von Hermann et al. unter Linux-Entwicklern durchgeführt wurde [Hermann *et al.*, 2000].

5.2.3 Definition der verwendeten Metriken

In diesem Abschnitt sollen alle in weiterer Folge verwendeten Metriken definiert werden. Es handelt sich dabei sowohl um Produkt- wie auch um Prozessmetriken (siehe auch Abschnitt 2.1). Für jede Metrik muß festgelegt werden, wie diese definiert ist, also wie deren Ausprägung festgestellt wird, und welche Eigenschaft beziehungsweise Eigenschaften eines oder mehrerer Untersuchungsobjekte gemessen werden sollen. Die Untersuchungsobjekte,

---

[5]Da einige dieser Abfragen auch einen zeitlichen Aspekt aufwiesen, wäre rückblickend möglicherweise der Einsatz einer temporalen Datenbank [Kaiser, 2000] vorteilhaft gewesen.

wie sie sich bereits aus dem vorangegangenen Abschnitt ergeben haben, sind das Gesamtprojekt, Teil-Projekte beziehungsweise Module wie zum Beispiel GIMP oder Gnumeric, die beteiligten Personen (sowohl Programmierer wie auch Poster), die Files, die Mailing-Listen und die einzelnen Checkins. Wie sich bereits aus der Darstellung der Vorgehensweise ergibt, wurden die Ausprägungen dieser Metriken anhand der identifizierten Datenquellen objektiv beziehungsweise algorithmisch festgestellt. Damit ist dieser Vorgang auch replizierbar.

Hinzugefügte und gelöschte Lines-of-Code: Die ersten Metriken beziehen sich auf Lines-of-Code (LOC) im Source Code des GNOME-Projektes. Für eine eingehende Diskussion der Metrik LOC sei auf Abschnitt 2.2.1 verwiesen. Wie bereits an dieser Stelle ausgeführt wurde, müssen bei der Verwendung dieser Metrik eine Reihe von Festlegungen getroffen werden. Im vorliegenden Fall wird die Definition aus dem Source-Code-Verwaltungssystem CVS übernommen, da dieses auch die entsprechenden Daten liefert. Unter einer Line-of-Code wird hier jede Zeile, ausgenommen Leerzeilen, verstanden. Daher sind alle anderen Arten von Programmzeilen wie zum Beispiel Kommentare oder Deklarationen in den vorliegenden Werten enthalten [Fogel, 1999]. Die nächste Festlegung betrifft Änderungen im Code. Nach der Definition des CVS wird jede Zeile, die geändert wurde, als eine gelöschte und eine hinzugefügte Zeile gewertet [Fogel, 1999]. Damit ergibt die Differenz dieser beiden Werte die Änderung in der Größe der entsprechenden Datei in dem betrachteten Zeitraum. Die sich auf diese Weise ergebenden Differenzen können über die Zeit summiert werden, um die Größe der Datei zu einem beliebigen Zeitpunkt bestimmen zu können. Gemessen werden anhand dieser Metrik die Größe sowie die Änderung in der Größe eines Files, eines Checkins, des Gesamt- sowie der Teil-Projekte und der Beitrag eines Programmierers. Dabei kann jeweils eine Betrachtung über den Zeitverlauf erfolgen. Wenn angenommen wird, daß eine Beziehung zwischen der Anzahl der LOC und dem angefallenen Aufwand besteht, so kann diese Metrik auch als Maßzahl für diesen verwendet werden. Insgesamt wurden in dem betrachteten Zeitraum 6 300 000 LOC zu dem GNOME-Projekt hinzugefügt, und 4 500 000 gelöscht. Damit ergibt sich eine Gesamtgröße von circa 1 800 000 LOC am Ende des Beobachtungszeitraums.

Anzahl von Checkins: Unter dieser Metrik wird die Anzahl des Auftretens des Ereignisses verstanden, daß ein Programmierer ein geändertes File in das CVS einbringt (siehe auch den vorangegangenen Abschnitt). Gemessen werden anhand dieser Metrik die Anzahl der Überarbeitungen eines Files, des Gesamt- sowie der Teil-Projekte und eines Programmierers. Dabei kann jeweils eine Betrachtung über den Zeitverlauf erfolgen. Es kann wiederum bei Unterstellung einer (positiven) Beziehung zum angefallenen Aufwand diese Metrik als entsprechender Platzhalter verwendet werden. Im betrachteten Zeitraum wurden insgesamt 220 000 Checkins getätigt.

Zeit eines Programmierers im Projekt: Die Zeit im Projekt wird für jeden Programmierer als der Zeitraum zwischen seinem ersten und seinem letzten Checkin definiert. Dieser Wert gibt damit eine obere Schranke für die tatsächliche Arbeitszeit an, da mit an Sicherheit grenzender Wahrscheinlichkeit nicht die gesamte Zeitspanne tatsächlich entsprechend genutzt worden ist. Nach dieser Definition wurden von allen Programmierern zusammen 74 000 Tage, oder rund 200 Jahre, im GNOME-Projekt verbracht. Da keine Daten über die tatsächlich geleistete Arbeitszeit der Programmierer vorliegt, zum Beispiel in Form von Zeitblättern wie sie in [Graves und Mockus, 1998] und [Atkins et al., 1999] Verwendung finden, kann diese nicht angegeben werden. Wenn die Resultate einer Umfrage unter 142 Linux-Entwicklern [Hermann et al., 2000] auch für die vorliegende Gruppe als repräsentativ akzeptiert werden, dann ergibt sich durch den entsprechenden Wert von 13.9 Stunden pro Woche Tätigkeit an dem Projekt ein geleisteter Aufwand von 954 Mannmonaten oder 79.5 Mannjahren für das GNOME-Projekt. Da die Ergebnisse dieser Umfrage auch in anderen Punkten mit den Merkmalen des GNOME-Projektes übereinstimmen, wie im Rahmen der folgenden Analyse gezeigt werden wird, scheint diese Annahme möglich.

Aktive Zeit eines Files: Analog zu einem Programmierer wird diese Zeit für jedes File als die Zeitspanne zwischen dem ersten und dem letzten Checkin definiert. Diese Metrik gibt damit eine obere Schranke für die Bearbeitungszeit eines Files an.

Anzahl aktiver Programmierer: Ein Programmierer wird als aktiv definiert, wenn er in dem betrachteten Zeitraum mindestens einen Checkin durchgeführt hat. Als Zeitraum wird in den folgenden Ausführungen, so keine andere Angabe erfolgt, ein Monat verwendet. Diese Metrik soll dazu dienen, die personelle Beteiligung an dem Gesamtprojekt und an den Teil-Projekten im Zeitverlauf zu charakterisieren.

Anzahl von Postings: Jede Nachricht an eine der Mailing-Listen des GNOME-Projekts wird als ein Posting gezählt (siehe auch den vorangegangenen Abschnitt). Anhand dieser Metrik soll das Ausmaß der Kommunikation innerhalb des Gesamtprojektes und einer Mailing-Liste, sowie die Beteiligung einer einzelnen Person an dieser Kommunikation gemessen werden. Dabei ist auch die Änderung dieser Werte im Zeitverlauf von Interesse. Die Gesamtanzahl aller Postings im betrachteten Zeitraum beträgt 19 909. Jedes Posting, das sich auf ein anderes, vorhergehendes Posting bezieht, wird als Antwort ('reply') definiert. Die Menge der Antworten stellt damit eine Untermenge der Menge der Postings dar, und es kann das Verhältnis zueinander als Anteil der Antworten an der Gesamtzahl von Postings verstanden werden.

5.3 Ergebnisse

In diesem Kapitel sollen die verschiedenen Ergebnisse der Untersuchung des GNOME-Projektes dargestellt werden. Dabei wurde versucht, eine möglichst logische Gliederung der einzelnen Punkte zu erreichen. Deshalb wird zuerst auf die beteiligten Personen und deren Beiträge in Form von Source Code und Postings eingegangen. Danach werden die Files des GNOME-Projektes anhand von Größe und Überarbeitungshäufigkeit näher betrachtet, und die Zusammenhänge zwischen Programmierern und einzelnen Files analysiert. Zum Abschluß wird die zeitliche Entwicklung vor allem im Umfang des Projekts, der Anzahl der beteiligten Personen und im Ausmaß der Kommunikation betrachtet.

5.3.1 Anzahl und Beiträge der beteiligten Personen

Wie bereits in Kapitel 4 dargestellt wurde, wird im Open Source Entwicklungsmodell eine breite Beteiligung von Personen angestrebt. Im Rahmen des GNOME-Projekts wurden insgesamt 301 unterschiedliche Programmierer festgestellt, die einen Beitrag in Form von Änderungen im Source Code geleistet haben. Wie im folgenden gezeigt werden wird, existieren dabei starke Unterschiede in der Größe dieses Beitrages zwischen den einzelnen Personen. Im Bereich der Mailing-Listen konnten 1 881 Personen identifiziert werden, die im betrachteten Zeitraum über Postings einen Beitrag zur Weiterentwicklung des Projekts geleistet haben.

Beiträge der Programmierer

Die Beiträge eines Programmierers können auf mehrere Arten gemessen werden. Im vorliegenden Fall kommen dazu die Anzahl der hinzugefügten LOC, die Anzahl der gelöschten LOC, die Anzahl der Checkins und die Zeit im Projekt in Frage. Daher sollen nun diese Punkte analysiert, und anschließend Beziehungen zwischen diesen Größen untersucht werden.
Der Durchschnittswert für die durch einen Programmierer hinzugefügten LOC beträgt 21 000 mit einer Standardabweichung von 67 000. Für die Anzahl der gelöschten LOC ergibt sich ein Durchschnitt von 15 000 mit 48 000 Standardabweichung. Die Maximalwerte betragen 931 000 beziehungsweise 621 000. Abbildung 5.2 zeigt das Histogramm für die hinzugefügten, Abbildung 5.3 für die gelöschten LOC je Programmierer.

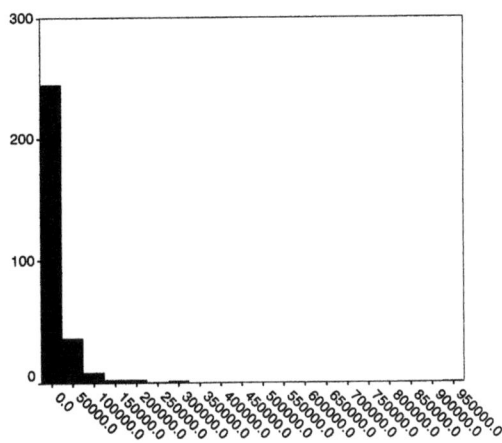

Abbildung 5.2: Histogramm der hinzugefügten LOC pro Programmierer

Wie bereits aus diesen Ergebnissen ersichtlich ist, sind die Unterschiede in den geleisteten Beiträgen sehr ausgeprägt. Es existiert sichtlich eine relativ kleine Gruppe, die hohe Beiträge erbringt, während die Mehrheit nur einen geringen Teil des Source Codes einbringt. Eine Umfrage unter 142 Linux-Kernel-Entwicklern ergab ein ähnliches Ergebnis mit einem durchschnittlichen Beitrag von 2 648 LOC mit einer Standardabweichung von 9 268 [Hermann et al., 2000]. Abbildung 5.4 zeigt das entsprechende Histogramm, das auf eine ähnliche Verteilung wie im GNOME-Projekt hinweist. Die zusätzlich abgefragte Anzahl der eingereichten Patches zum Kernel erbrachte dasselbe Bild [Hermann et al., 2000].

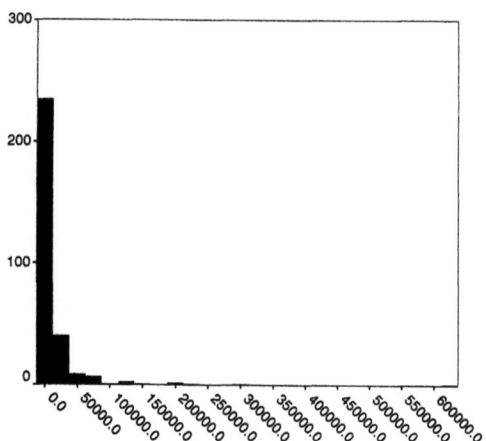

Abbildung 5.3: Histogramm der gelöschten LOC pro Programmierer

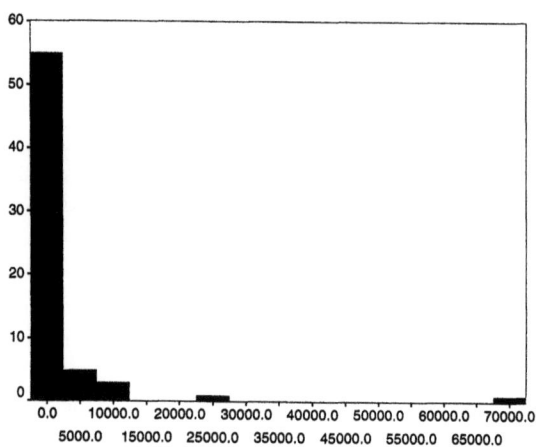

Abbildung 5.4: Histogramm der LOC pro Linux-Kernel-Programmierer nach Hermann et al. [Hermann *et al.*, 2000]

Die Analyse des Apache-Projekts hat ebenfalls ergeben, daß unter den insgesamt knapp 400 Programmierern eine Kerngruppe existiert. Es zeigt sich, daß die 15 Programmierer mit den höchsten Beiträgen für 88 Prozent der hinzugefügten LOC verantwortlich sind [Mockus et al., 2000]. Auf diesen Ergebnissen aufbauend wurde die Hypothese formuliert, daß in Open Source Projekten grundsätzlich ein solcher innerer Kreis von 10 bis 15 Personen besteht, die für ungefähr 80 Prozent des Codes verantwortlich sind, während eine um eine Größenordnung höhere Anzahl von Personen Defekte im Code behebt und eine nochmals um eine Größenordnung höhere Anzahl Probleme meldet [Mockus et al., 2000].

Ghosh und Prakash [Ghosh und Prakash, 2000] haben bei einer Untersuchung des Source Codes vor allem von Linux in der Distribution von Red Hat und des Inhalts von freshmeat (insgesamt 1.04 Gigabyte Source Code) 12 700 verschiedene Programmierer identifiziert. Dabei hat sich gezeigt, daß das oberste Dezil für 72 Prozent und das zweite Dezil für knapp 9 Prozent des Codes verantwortlich ist [Ghosh und Prakash, 2000]. Damit ist hier die Kerngruppe als größer zu betrachten als im Apache-Projekt, was auch daran liegen mag, daß eine Untersuchung über mehrere separate Projekte vorgenommen wurde.

Zum Vergleich zeigt Abbildung 5.5 die kumulierte Verteilung der Beiträge zum GNOME-Projekt. Hier ist die Existenz einer relativ kleinen Minderheit, die die Mehrzahl des Codes erstellt, ebenfalls zu sehen, diese Kerngruppe ist aber größer als im Apache-Projekt. Im Gegensatz zur Hypothese von Mockus et al. [Mockus et al., 2000] sind die 15 Programmierer mit den höchsten Beiträgen nur für 52 Prozent der hinzugefügten LOC verantwortlich. Um die Grenze von 80 Prozent zu überschreiten, sind die obersten 52 Programmierer notwendig, für 90 Prozent die obersten 83. Die Verteilung entspricht damit im stärkeren Maß den Ergebnissen von [Ghosh und Prakash, 2000], das oberste Dezil trägt 68 Prozent, und das zweite Dezil 15 Prozent zum gesamten Source Code bei.

Es kann daher geschlossen werden, daß innerhalb eines Open Source Projektes ein innerer Kreis von Programmierern existiert, der für einen Großteil des Source Codes verantwortlich ist. Diese Verteilung der Leistung zwischen den Entwicklern ist damit, wie auch in [Mockus et al., 2000] anhand von fünf kommerziellen Projekten von gleicher Größenordnung wie das betrachtete Apache-Projekt gezeigt wird, ein Kennzeichen des Open Source Entwicklungsmodells. Die Größe der Kerngruppe scheint sich zwischen einzelnen Projekten zu unterscheiden, sich aber im Bereich von circa fünf bis knapp zwanzig Prozent der gesamten Programmierer zu bewegen. Damit bleibt die Zahl dieser Personen einigermaßen gering und erlaubt folglich

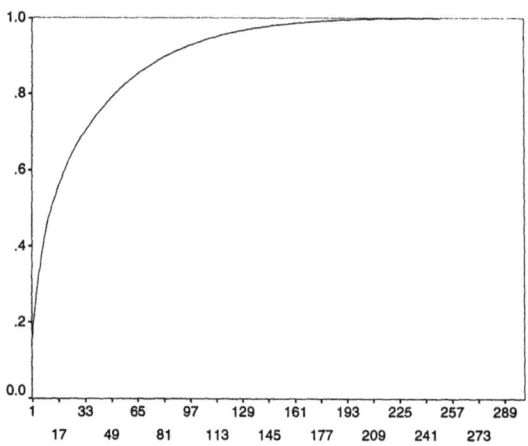

Abbildung 5.5: Prozentueller Anteil jedes Programmierers am Gesamtcode (Programmierer geordnet nach deren Anteil)

noch eine relativ einfache Koordination und Kommunikation.
Diese Form der Arbeitsverteilung weist daher Gemeinsamkeiten mit der von Mills [Mills, 1971] vorgeschlagenen Chief Programmer Team Organisation [Baker, 1972, Brooks, 1995] auf. In dieser Organisation wird jeder Teil eines größeren Projekts von einem Team bearbeitet, das einem Chirurgenteam nachempfunden ist. Die zentrale Person stellt der Chief Programmer dar, der weitgehend alleine für Spezifikation, Design und Codierung verantwortlich ist. Diese Person wird von einer Reihe weiterer Mitglieder des Teams unterstützt, so zum Beispiel von einem Administrator, einem Verantwortlichen für die Dokumentation, einem Tester oder einem Bibliothekar für alle Aufzeichnungen inklusive des Source Codes. Auch in einem Open Source Projekt scheint eine geringe Anzahl solcher Chief Programmmer vorhanden zu sein, während eine weit höhere Anzahl von Personen vor allem unterstützende Aufgaben wahrnimmt.
Zur Verteilung der Programmierer auf verschiedene Projekte hat sich bei der Analyse von 4 500 Linux Software Map-Einträgen[6] gezeigt, daß ein Großteil, nämlich circa 2 200 der 2 400 Autoren, ein oder zwei Beiträge aufweisen konnte [Dempsey et al., 1999]. Nur ein sehr geringer Anteil von 13 Programmierern produzierte mehr als 10 Beiträge und niemand mehr als 30

---

[6]Dabei handelt es sich um Metadaten für einzelne Projekte unterschiedlicher Größe.

verschiedene. Auch in [Ghosh und Prakash, 2000] zeigt sich, daß die überwiegende Mehrzahl der Autoren, und zwar 11 500 von insgesamt 12 700, nur bei einem oder zwei Projekten mitwirkt. Daraus kann gesehen werden, daß grundsätzlich eine sehr breite Entwicklerbasis für Open Source Software gegeben ist, jedoch die überwiegende Mehrzahl der Programmierer nur bei einer sehr kleinen Anzahl von Projekten mitarbeitet.
Als weiterer Indikator für den Beitrag eines Programmierers kann die Anzahl der Checkins verwendet werden. Hier zeigt sich ein Mittelwert von 731 mit einer Standardabweichung von 1 857. Das Maximum liegt bei 23 000 Checkins. Abbildung 5.6 zeigt das entsprechende Histogramm, das eine ähnliche Verteilung wie für die LOC darstellt.

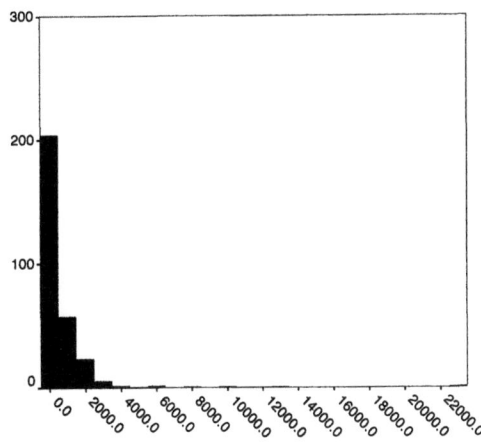

Abbildung 5.6: Histogramm der Checkins pro Programmierer

Die Zeit eines Programmierers bei dem Projekt hat einen Mittelwert von 246 Tagen, eine Standardabweichung von 213 und ein Maximum von 993 Tagen (siehe Abbildung 5.7 für das Histogramm). Im Vergleich zu den Daten der LOC und der Checkins zeigt sich hier ein deutlich geringerer Unterschied zwischen den einzelnen Personen. Dieser Zusammenhang wird im folgenden noch näher untersucht. In der Umfrage von Hermann et al. [Hermann et al., 2000] gaben die befragten Linux-Kernel-Entwickler eine Zeitspanne von 17.2 Monaten mit Standardabweichung von 22.3 Monaten an, durch die unterschiedliche Laufzeit der Projekte kann jedoch kein Vergleich durchgeführt werden.
Als weitere Kenngrößen für das Verhalten eines Programmieres wurden die

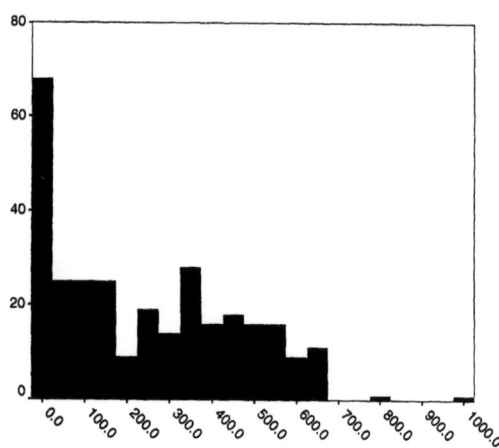

Abbildung 5.7: Histogramm der Zeit jedes Programmierers bei dem Projekt

hinzugefügten LOC pro Checkin (Mittelwert von 28 LOC, Standardabweichung 38 und Maximum 287), die gelöschten LOC pro Checkin (Mittelwert von 20, Standardabweichung 35 und Maximum 238), sowie die Produktivität in hinzugefügten LOC pro Stunde berechnet. Bei letzterem Wert wurde der Mittelwert der Arbeitszeit pro Woche mit 13.9 Stunden aus [Hermann et al., 2000] verwendet. Damit ergab sich ein Mittelwert von 54 LOC pro Stunde mit einer Standardabweichung von 166. Dieser Wert scheint jedoch auch deshalb so hoch zu sein, weil hier der Wert für die hinzugefügten LOC verwendet wird, der eine hohe Anzahl von Überarbeitungen inkludiert. In weiterer Folge werden Beziehungen zwischen den einzelnen Variablen untersucht. Dazu wird zuerst der Zusammenhang zwischen hinzugefügten und gelöschten LOC betrachtet. Hier zeigt sich (siehe auch Abbildung 5.8) eine sehr hohe Korrelation von 0.985 nach Pearson. Da jede Zeile Source Code, die geändert wird, als eine gelöschte und eine hinzugefügte gezählt wird, ist dieses Ergebnis nicht überraschend und weist auf einen hohen Anteil von Überarbeitungen hin, was auch durch die Resultate von Dempsey et al. [Dempsey et al., 1999] bestätigt wird. Da diese Auswertung sich auf die einzelnen Programmierer bezieht, kann weiters festgestellt werden, daß Programmierer, die viele LOC beitragen, auch viele löschen, es also in diesem Bereich keine ausgeprägte Arbeitsteilung gibt. Außerdem ist dies ein Hinweis darauf, daß die meisten Programmierer Überarbeitungen an ihrem eigenen Source Code selbst durchführen.

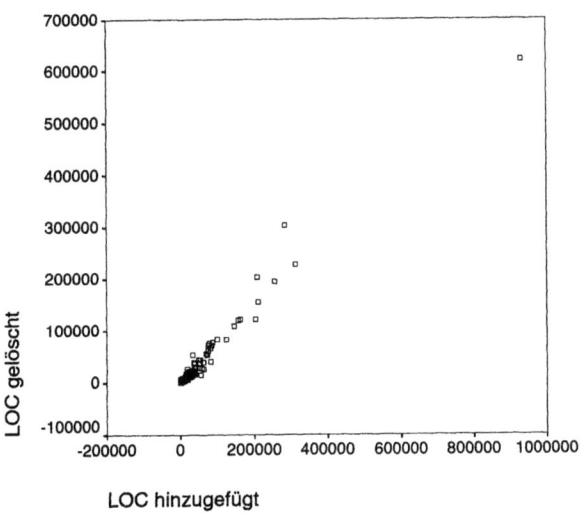

Abbildung 5.8: Hinzugefügte und gelöschte LOC für jeden Programmierer

In einem nächsten Schritt wurde die Beziehung zwischen den hinzugefügten LOC und der Anzahl der Checkins untersucht (siehe Abbildung 5.9). Dabei zeigt sich abermals eine hohe Korrelation von 0.894, Programmierer, die viele LOC beitragen, verwenden dazu also auch mehr Checkins. Da die Korrelation zwischen der Gesamtzahl der hinzugefügten LOC und den hinzugefügten LOC pro Checkin nur 0.166 beträgt, kann geschlossen werden, daß aktivere Programmierer keine größeren Checkins verwenden, und damit in dieser Hinsicht kein Unterschied im Programmierstil zwischen den einzelnen Personen besteht.

Zwischen der Zeit bei dem Projekt und der Gesamtzahl der hinzugefügten LOC zeigt sich nur eine relativ geringe Korrelation von 0.349 (siehe Abbildung 5.10). Es kann daher nicht gesagt werden, daß die Programmierer, die länger im Projekt sind, auch einen wesentlich höheren Beitrag (zumindest in Form von LOC) leisten. Die Zeit im Projekt stellt damit keinen geeigneten Indikator für den Output dar. Bei Linux-Kernel-Entwicklern zeigt sich ebenfalls eine niedrige Korrelation von 0.405 [Hermann et al., 2000]. Dieser Punkt dürfte daher einen weiteren Unterschied zu kommerzieller Software-Entwicklung darstellen, da hier allein aufgrund der Vollzeit-Beschäftigung der Beteiligten ein stärkerer Zusammenhang zwischen der Zeit im Projekt und dem Output anzunehmen ist.

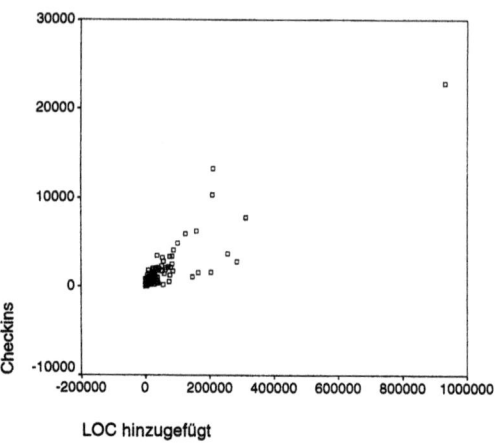

Abbildung 5.9: Hinzugefügte LOC und Checkins für jeden Programmierer

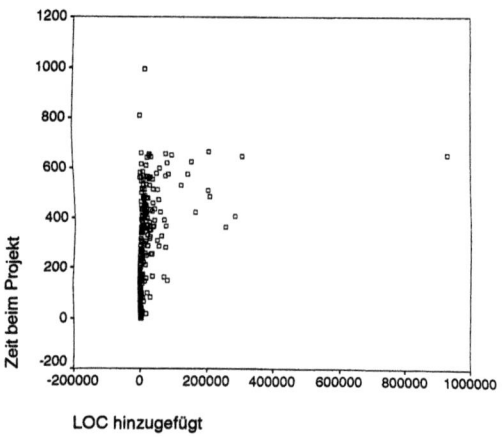

Abbildung 5.10: Hinzugefügte LOC und Zeit beim Projekt für jeden Programmierer

Für zusätzliche Daten zu den Programmierern im Bereich Linux, wie zum Beispiel deren Herkunft, sei auf [Dempsey et al., 1999] und [Hermann et al., 2000] verwiesen.

Beiträge in den Mailing-Listen

Von den insgesamt 19 909 Postings zu den Mailing-Listen des GNOME-Projektes waren 6 903 als Antworten ('replies') zu definieren. Die 1 881 verschiedenen Poster weisen einen Durchschnitt von 10.6 Beiträgen mit einer Standardabweichung von 43 auf. Der durchschnittlichen Anteil an Antworten betrug im Mittel 0.535 pro Person.
Für die 175 Programmierer, die identifiziert werden konnten (siehe Abschnitt 5.2.2 zur Vorgehensweise), wurden diese Werte nochmals separat analysiert, um zu überprüfen, ob diese einen höheren Anteil an der Kommunikation haben. Diese Gruppe zeichnet für insgesamt 7 455 der Beiträge verantwortlich, einen Anteil von über 34 Prozent am gesamten Aufkommen. Auch die durchschnittliche Anzahl ist mit 43 Beiträgen pro Person höher als für die Gesamtpopulation. Dies kann auch über einen Mann-Whitney U-Test (Signifikanzniveau von 0.01) nachgewiesen werden. Damit kann geschlossen werden, daß die Programmierer sich aktiver an der Kommunikation zu einem Open Source Projekt beteiligen als die anderen Beteiligten. Der Anteil der Anworten war dabei jedoch mit einem Mittelwert von 0.445 geringer als der Gesamtdurchschnitt, was ebenfalls durch einen Mann-Whitney U-Test auf Signifikanzniveau 0.01 gezeigt werden kann. Es wurde zusätzlich für die Gruppe der identifizierten Programmierer die Beziehung zwischen der Anzahl der hinzugefügten LOC als Maßzahl für die Programmierleistung und der Anzahl der Postings als Maßzahl für die Beteiligung an der Kommunikation untersucht (siehe Abbildung 5.11). Dabei zeigt sich eine hohe Korrelation von 0.691, aktivere Programmierer beteiligen sich also im noch stärkeren Ausmaß an der Kommunikation. Dies ist möglicherweise auch zur Koordination notwendig. Zusätzlich werden gerade diese Personen über wichtige Spezialkenntnisse verfügen, die sie an andere weitergeben.

Cluster-Analyse

Um einen besseren Überblick über die Population der Programmierer zu erhalten und mögliche Gruppen zu identifizieren wurde eine Cluster-Analyse durchgeführt. In einem ersten Schritt wurde dabei allein die Gesamtanzahl der hinzugefügten LOC als Variable in das Modell inkludiert. Als Ziel wurden fünf Cluster angegeben. Tabelle 5.1 stellt das Ergebnis dar.

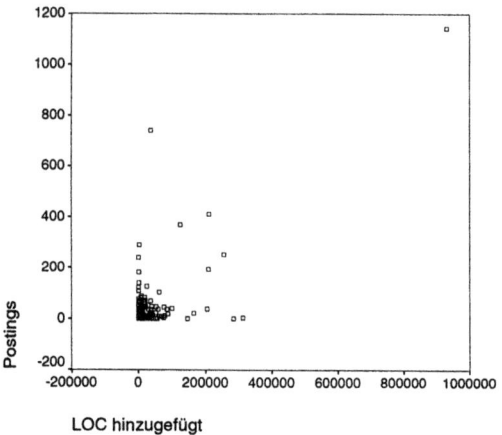

Abbildung 5.11: Hinzugefügte LOC und Postings für jeden identifizierten Programmierer

Cluster	Anzahl Programmierer	Zentrum (hinzugefügte LOC)
1	1	931 000
2	3	284 000
3	7	174 000
4	41	50 000
5	249	5 000

Tabelle 5.1: Cluster-Analyse der Programmierer basierend auf hinzugefügten LOC

Es zeigt sich das bereits bekannte Ergebnis, daß eine kleine Kerngruppe existiert, die sich durch einen besonders hohen Output auszeichnet. Die Größe der ersten drei Cluster weist jedoch möglicherweise auf das Vorhandensein eines besonders kleinen innersten Kreises in Form von 11 Personen hin, die sich nochmals in ihrer Leistung von der Kerngruppe von 52 Personen (die auch für 80 Prozent der Gesamtleistung verantwortlich sind) abheben. Diese Anzahl würde auch der von Mockus et al. [Mockus et al., 2000] hypothetisch angenommenen Größe von 10 bis 15 Personen entsprechen. Diese sind jedoch im GNOME-Projekt nicht für 80, sondern nur für 48 Prozent der insgesamten LOC verantwortlich. Wenn die Anzahl der Cluster auf drei verringert wird, erfolgt jeweils eine Zusammenlegung der Cluster Zwei und Drei beziehungsweise Vier und Fünf, was die Existenz dieses innersten Kreises von 11 Personen nochmals unterstützt. Möglicherweise bildet sich eine Gruppe dieser Größenordnung heraus, wenn die Kerngruppe, die für den Großteil des Codes verantwortlich ist, wie beim GNOME-Projekt zu groß wird und somit die Koordination erschwert wird.

Die Hereinnahme von weiteren Variablen in das Modell zeigte keine wesentliche Änderung in den Ergebnissen. Tabelle 5.2 stellt als Beispiel das Ergebnis für fünf Cluster bei der Verwendung von hinzugefügten LOC, Anzahl der Checkins und Zeit im Projekt dar.

Cluster	Anzahl Programmierer	Zentrum (LOC)	Zentrum (Checkins)	Zentrum (Zeit)
1	1	931 000	22 845	655
2	3	284 000	4 753	474
3	7	174 000	5 707	546
4	41	50 000	1 746	435
5	249	5 000	287	202

Tabelle 5.2: Cluster-Analyse der Programmierer basierend auf hinzugefügten LOC, Anzahl der Checkins und Zeit im Projekt

Wie bereits die bisherigen Auswertungen gezeigt haben, sind die Unterschiede in der Zeit beim Projekt um einiges geringer als jene in den LOC und Checkins, die zur Messung der Leistung herangezogen werden. Zwischen den Clustern Zwei und Drei ist eine leichte Abweichung von der sonstigen Tendenz zu sehen, da hier die Werte der hinzugefügten LOC abnehmen, jedoch die Checkins und die Zeit im Projekt zunehmen. Da es sich aber nur um geringe Unterschiede handelt, scheint dieses Ergebnis kein Charakteristikum der Population oder des Open Source Entwicklungsmodells darzustellen.

Die Existenz der bereits besprochenen Kerngruppe ist dagegen als wesentliches Kennzeichen bei jeder durchgeführten Auswertung von Metriken zur Beitragsmessung deutlich feststellbar.

5.3.2 Files des Projektes

Insgesamt wurden seit dem Start des GNOME-Projekts 38 634 verschiedene Files erstellt beziehungsweise bearbeitet. Dabei können naturgemäß starke Unterschiede in den Charakteristiken zwischen diesen Dateien festgestellt werden. Ein File kann über mehrere der vorgestellten Metriken beschrieben werden, unter anderem durch die LOC als Metrik für die Größe und die Änderungen in der Größe. Des weiteren kann die Überarbeitungshäufigkeit durch die Anzahl der Checkins ausgedrückt werden. Eine entsprechend hoher Wert stellt damit auch ein Indiz für hohe Komplexität einer Datei dar, da solche Dateien eher fehlerbehaftet sind und damit überarbeitet werden müssen. Es kann aber aus den vorhandenen Daten nicht festgestellt werden, welcher Anteil der Checkins sich auf die Behebung solcher Fehler, und welcher Anteil sich auf Erweiterungen und Verbesserungen bezieht. Zuerst soll daher im folgenden auf diese Charakteristiken der Files und dann auf die Zusammenhänge zwischen den einzelnen Variablen eingegangen werden. Schließlich sollen noch die Beziehungen zwischen den Programmierern und einzelnen Dateien analysiert werden.

Die zu einem bestimmten File hinzugefügten LOC weisen einen Mittelwert von 163 mit einer Standardabweichung von 1 136 auf. Das Maximum beträgt 60 000 LOC (siehe Abbildung 5.12). Für die gelöschten LOC ergeben sich ein Mittelwert von 116, eine Standardabweichung von 984 und ein Maximum von ebenfalls 60 000 (siehe Abbildung 5.13). Die durchschnittliche Größe einer Datei zum Abschluß des Beobachtungszeitraumes liegt damit bei 46 LOC. Es zeigt sich, daß die überwiegende Mehrzahl der Files relativ klein ist. Dies kann ein Hinweis auf eine starke Modularisierung innerhalb des Projektes sein, was auch, wie bereits erwähnt, bei einer Open Source Entwicklung zur Reduktion des Koordinationsaufwandes zwischen den Beteiligten notwendig erscheint.

Die Anzahl der Checkins, die für ein einzelnes File durchgeführt wurden, beträgt im Mittel 6. Die Standardabweichung liegt bei 18 und das Maximum bei 1 583 (siehe Abbildung 5.14). Im Durchschnitt wurden mit einem einzelnen Checkin 15 LOC zu einer Datei hinzugefügt und 11 gelöscht. Auch hier zeigt sich, daß die Mehrzahl der Files nur relativ selten überarbeitet wird.

Die aktive Zeit eines Files, also der Zeitraum zwischen dem ersten und dem

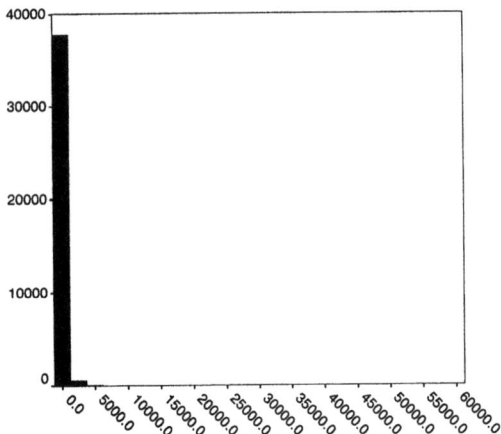

Abbildung 5.12: Histogramm der hinzugefügten LOC pro File

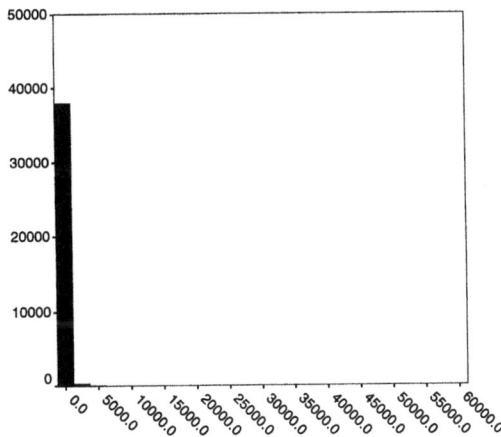

Abbildung 5.13: Histogramm der gelöschten LOC pro File

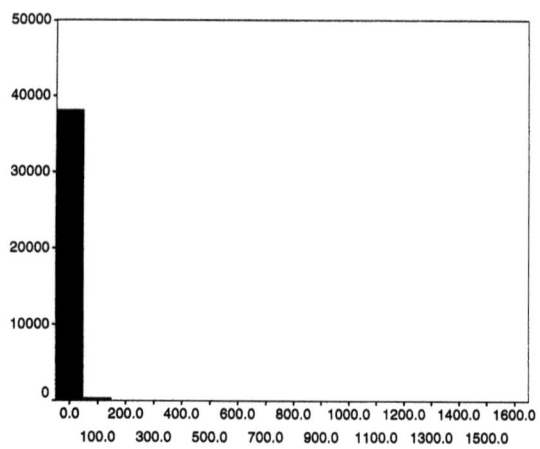

Abbildung 5.14: Histogramm der Checkins pro File

letzten Checkin, weist einen Mittelwert von 95 Tagen mit einer Standardabweichung von 152 und einem Maximum von 971 auf (siehe Abbildung 5.15). Wiederum zeigen sich wie bei den Programmierern in diesem Punkt geringere Unterschiede als bei den bisher untersuchten Metriken.

Die Zusammenhänge zwischen den einzelnen Merkmalen wurden analog zur Vorgehensweise bei den Programmierern untersucht (siehe Abbildung 5.16, 5.17 und 5.18).

Die Korrelation zwischen den für ein File hinzugefügten und gelöschten LOC weist einen Wert von 0.933 auf (siehe Abbildung 5.16). Dieser Wert ist damit ähnlich wie für die Auswertung bezogen auf einzelne Programmierer. Wiederum kann dies also als Hinweis für eine hohe Änderungsrate im Code gesehen werden. Des weiteren zeigt sich, daß die beiden Metriken weitgehend sowohl in der Größe einer Datei wie auch in der Leistung eines Entwicklers dasselbe messen und daher beide verwendet werden können.

Zwischen der Gesamtanzahl der zu einem File hinzugefügten LOC und der Anzahl der Checkins dieses Files besteht nur eine schwache Beziehung (siehe Abbildung 5.17). Die Korrelation weist einen Wert von 0.341 auf. Damit kann, wenn die Anzahl der Checkins als Platzhalter für die Komplexität verwendet wird, nur ein geringer Zusammenhang mit der Größe einer Datei festgestellt werden. Dies würde damit im Widerspruch zu den Ergebnissen von Li und Cheung [Li und Cheung, 1987] stehen, wo ein solcher Zusammenhang gezeigt wurde. Auch in [Banker et al., 1993] wurde eine Beziehung

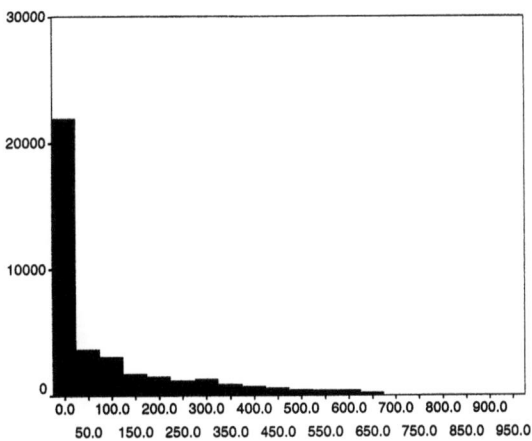

Abbildung 5.15: Histogramm der aktiven Zeit für jedes File

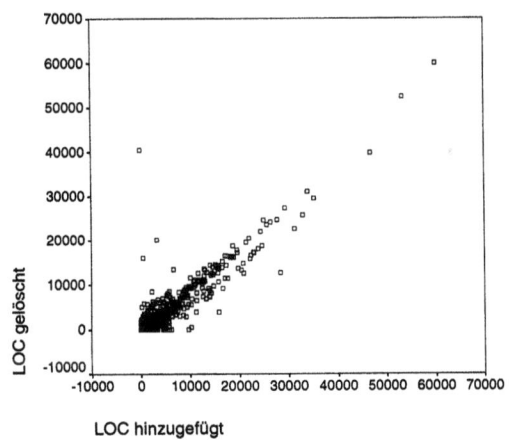

Abbildung 5.16: Hinzugefügte und gelöschte LOC für jedes File

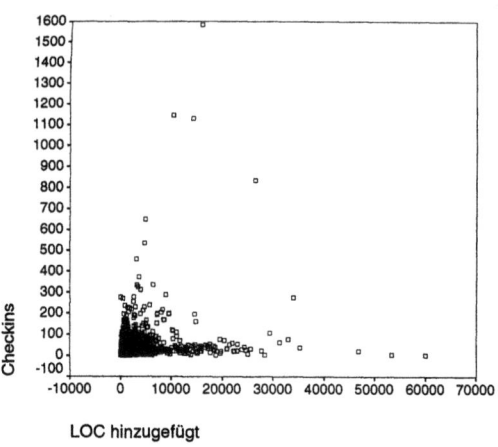

Abbildung 5.17: Hinzugefügte LOC und Checkins für jedes File

zwischen der Größe und dem Wartungsaufwand nachgewiesen.
Im Gegensatz dazu existiert zwischen den insgesamt und den durchschnittlich bei einem einzelnen Checkin zu einem File hinzugefügten LOC eine stärkere Beziehung (Korrelationskoeffizient von 0.602). Folglich scheint die Tendenz zu bestehen, größere Dateien unter Verwendung von umfangreicheren Checkins zu überarbeiten.
Wie für die einzelnen Programmierer zeigt sich auch im Bereich der Files nur ein sehr schwacher Zusammenhang mit einem Korrelationskoeffizienten von 0.196 zwischen dem Zeitraum vom ersten bis zum letzten Checkin und der Gesamtanzahl der hinzugefügten LOC (siehe Abbildung 5.18). Diese Zeitspanne stellt daher keinen geeigneten Indikator für die Größe einer Datei dar. Dieses Ergebnis ist konsistent mit der Erkenntnis, daß größere Files mit größeren Checkins bearbeitet werden, weshalb die Zeitdauer dafür bei Annahme weitgehend konstanter Intervalle von Checkins nicht unbedingt höher sein muß. Die entsprechende Korrelation zwischen der aktiven Zeit und der Anzahl der Checkins liegt jedoch mit 0.365 nicht in einem Bereich, der diese Annahme eindeutig bestätigen würde.
Zur Identifikation möglicher Gruppen von Files wurde wiederum eine Cluster-Analyse durchgeführt. In einem ersten Schritt wurde nur die Gesamtanzahl der hinzugefügten LOC als Variable verwendet. Es wurden fünf Cluster gebildet. Wie Tabelle 5.3 zeigt, existiert eine relativ kleine Gruppe von circa 700 Files, deren insgesamt hinzugefügte LOC sich im Bereich von

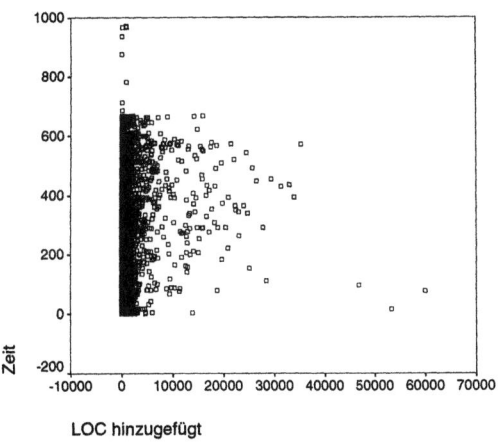

Abbildung 5.18: Hinzugefügte LOC und aktive Zeit für jedes File

mehreren Tausenden bewegen. Der kumulierte Anteil dieser Dateien an den zum Projekt insgesamt hinzugefügten LOC beträgt damit ungefähr 62 Prozent. Es kann daher auch angenommen werden, daß ein erheblicher Teil des Aufwandes im Rahmen der Erstellung dieser Files anfällt.

Cluster	Anzahl Files	Zentrum (hinzugefügte LOC)
1	3	53 400
2	31	23 700
3	106	12 000
4	585	3 000
5	37 909	62

Tabelle 5.3: Cluster-Analyse der Files basierend auf hinzugefügten LOC

Wenn die Überarbeitungshäufigkeit in Form der Anzahl der Checkins in das Modell inkludiert wird, ergibt sich das in Tabelle 5.4 dargestellte Ergebnis. Dabei fallen neben der sehr geringen Anzahl von Checkins bei Cluster Eins, was möglicherweise auf eine weitgehend automatische Generierung dieser Dateien hinweist, auch die hohen Werte bei den Custern Zwei bis Vier auf, die jedoch nicht durchgehend im Verhältnis zu den hinzugefügten LOC abnehmen. Auch dieses Ergebnis weist damit auf die Existenz einer kleinen

Gruppe von großen und oft überarbeiteten Files hin. In der weiteren Analyse soll überprüft werden, ob möglicherweise gerade diese Dateien von der Gruppe der stärker aktiven Programmierer, die sich aufgrund ihrer geringen Zahl auch besser koordinieren können, gemeinsam bearbeitet werden, während die weniger aktiven Entwickler weitgehend selbstständig für die Erstellung der kleineren Files zuständig sind.

Cluster	Anzahl Files	Zentrum (hinzugefügte LOC)	Zentrum (Checkins)
1	3	53 400	9.0
2	31	23 700	70.5
3	106	12 000	84.1
4	585	3 000	45.8
5	37 909	62	4.8

Tabelle 5.4: Cluster-Analyse der Files basierend auf hinzugefügten LOC und Checkins

Die erste diesbezügliche Auswertung zeigt, daß im Durchschnitt 1.8 unterschiedliche Programmierer (Standardabweichung von 2.2) zusammen an einer Datei arbeiten, das heißt mindestens einen Checkin durchführen. Dieser Wert scheint ziemlich niedrig und weist damit auf eine hohe Arbeitsteiligkeit innerhalb des Projektes hin. Diese zieht sich jedoch anscheinend nicht bis auf die Ebene eines einzelnen Files hinunter. Für eine solche Zusammenarbeit dürfte auch der Abstimmungsaufwand sehr hoch sein, was eine Arbeitsteilung auf höheren Ebenen nötig macht. Die große Anzahl kleinerer Dateien, die bereits festgestellt wurde, stellt ein zusätzliches Anzeichen für eine solche Modularisierung dar, die ein Zusammenarbeiten auf File-Ebene möglichst unnötig machen soll. Die Korrelation zwischen der Größe einer Datei, gemessen in der Gesamtanzahl der hinzugefügten LOC, und der Anzahl der daran arbeitenden Programmierer ist mit 0.247 als gering anzusehen. Trotzdem zeigt sich bei einem Clustering (siehe Tabelle 5.5), daß die größeren Dateien von mehr Personen bearbeitet werden, doch deren Zahl bleibt im Vergleich zur Größe relativ niedrig.

Jeder Programmierer führt im Durchschnitt für jede Datei, an der er arbeitet, 3.1 Checkins durch, fügt 90 LOC hinzu (mit einer Standardabweichung von 658 und einem Maximum von 60 000) und löscht 64 (Standardabweichung 595 und Maximum 60 000). Die Anzahl der Files, die von einem Programmierer insgesamt bearbeitet werden, weist einen Mittelwert von 233.6 mit Standardabweichung 500.7 auf. Die Verteilung in der Population ent-

Cluster	Anzahl Files	Zentrum (hinzugefügte LOC)	Zentrum (Programmierer)
1	3	53 400	1.0
2	31	23 700	6.7
3	106	12 000	8.1
4	585	3 000	5.9
5	37 909	62	1.7

Tabelle 5.5: Cluster-Analyse der Files basierend auf hinzugefügten LOC und Anzahl der bearbeitenden Programmierer

spricht den bisher bereits analysierten Metriken zur Messung des Beitrags (siehe auch Abbildung 5.19). Die Tatsache, daß aktivere Programmierer an mehr Files arbeiten, unterstreicht dies zusätzlich, denn die Gesamtzahl der hinzugefügten LOC weist eine Korrelation von 0.814 zu diesem Wert auf. Dies zeigt sich auch an einer Cluster-Analyse unter Einbeziehung dieser Variable (siehe Tabelle 5.6).

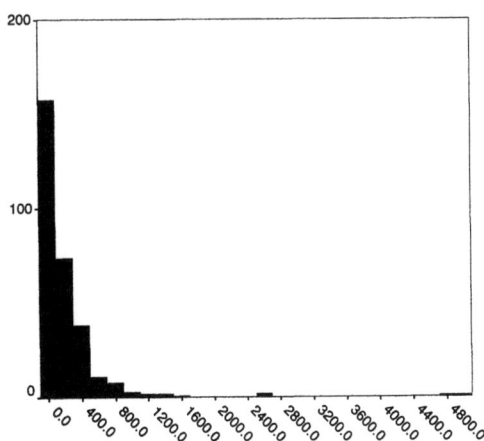

Abbildung 5.19: Histogramm der bearbeiteten Files pro Programmierer

Wenn zusätzlich zur Gesamtleistung der Programmierer die Größe der bearbeiteten Files in Betracht gezogen wird, zeigt sich der bereits vermutete Zusammenhang, wenn auch nicht in besonders hohem Ausmaß. Aktivere Programmierer, wobei hier diejenigen der ersten vier Cluster, also die

Cluster	Anzahl Programmierer	Zentrum (LOC)	Zentrum (Files)
1	1	931 000	4 878
2	3	284 000	1 553
3	7	174 000	1 682
4	41	50 000	494
5	249	5 000	116

Tabelle 5.6: Cluster-Analyse der Programmierer basierend auf hinzugefügten LOC und Anzahl der bearbeiteten Files

Kerngruppe, verstanden werden, arbeiten eher an den wenigen großen Dateien. Die Korrelation zwischen den insgesamt zu den jeweiligen Files hinzugefügten LOC und der Gesamtanzahl der LOC der bearbeitenden Programmierer weist einen Wert von 0.022 auf. Wenn die Zugehörigkeit zu Clustern betrachtet wird, so ergibt sich eine Korrelation von 0.034[7]. Obwohl diese Korrelationen niedrig sind, zeigt ein entsprechender Chi-Quadrat-Test doch einen hochsignifikanten Zusammenhang zwischen den Clustern der Programmierer und der bearbeiteten Files. Wenn zusätzlich noch die Anzahl der jeweils von einem Programmierer zu einem File hinzugefügten LOC betrachtet wird, so wird das Ergebnis noch stärker, und zeigt deutlich, daß der Großteil der Leistung der aktiveren Programmierer im Rahmen von größeren Dateien erfolgt, im Gegensatz zu den wenig aktiven Programmierern, die die Mehrzahl ihrer LOC zu kleinen Dateien hinzufügen (siehe auch Tabelle 5.7).

Cluster Prog.	Cluster 1 (Files)	Cluster 2 (Files)	Cluster 3 (Files)	Cluster 4 (Files)	Cluster 5 (Files)
1	0.0	18.6	35.7	23.1	22.6
2	5.5	18.2	24.6	30.5	21.2
3	0.0	13.9	26.1	25.1	34.8
4	5.5	9.1	15.5	32.2	37.7
5	0.0	4.1	7.4	27.2	61.3

Tabelle 5.7: Prozentueller Anteil jedes Clusters von Files an den insgesamt hinzugefügten LOC jedes Clusters von Programmierern

---

[7]Berechnet nach Spearman, da es sich um ordinalskalierte Variablen handelt.

Die Herkunft der insgesamten LOC der Files einzelner Cluster nach den Clustern der Programmierer ergibt dasselbe Bild, das heißt, es zeigt sich, daß bei großen Files ein höherer Anteil von aktiveren Programmierern kommt, während dieser bei kleineren Dateien von weniger aktiven Entwicklern beigesteuert wird. Wenn diese Erkenntnisse mit dem bereits dargestellten Zusammenhang kombiniert werden, daß an größeren Files mehr Personen arbeiten, sich diese Anzahl aber immer noch in relativ niedrigen Bereichen von circa 6 bis 8 Personen bewegt, so ergeben sich insgesamt starke Indizien für das Zutreffen des bereits dargestellten Bildes: Es gibt eine geringe Anzahl von als groß zu klassifizierenden Files, an denen verstärkt jeweils einige der weit aktiveren Programmierer arbeiten, sowie eine Reihe kleinerer Files, die von den weniger aktiven Entwicklern weitgehend selbstständig beigetragen werden. Möglicherweise liegt der Grund für diese Tendenz in den Problemen der Zusammenarbeit an einem einzigen File begründet, die nur innerhalb der kleinen und überschaubaren Kerngruppe von Programmierern möglich ist. Es kann aber nicht gesagt werden, daß aktive Entwickler ausschließlich an großen Dateien arbeiten, was sicher in vielen Fällen klar software-technisch begründet werden kann.

5.3.3 Entwicklung des Projektes über die Zeit

In diesem Abschnitt sollen alle Ergebnisse dargestellt werden, die sich mit den Änderungen wichtiger Variablen des GNOME-Projektes im Zeitverlauf befassen.

Entwicklung des Gesamtprojektes

In einem ersten Schritt wird die Entwicklung des GNOME-Projektes in seiner Gesamtheit untersucht. Dabei kann diese Entwicklung vor allem anhand der erbrachten Leistung, der Größe, sowie der Änderung in der Größe charakterisiert werden. Des weiteren ist die Anzahl der im Zeitverlauf beteiligten Programmierer von Interesse, diese wird jedoch im Anschluß in einem eigenen Abschnitt behandelt.
Die erbrachte Leistung wird, wie auch bisher, über die Anzahl der hinzugefügten LOC charakterisiert. Abbildung 5.20 stellt daher für jedes Monat die Gesamtanzahl der von allen Programmierern hinzugefügten LOC dar. Die Änderung in der Größe des GNOME-Projektes ergibt sich durch Subtraktion der Anzahl der gelöschten LOC von diesen hinzugefügten LOC in jedem Monat. Diese Änderung wird in Abbildung 5.21 für jedes Monat dargestellt. Durch Kumulierung über den Zeitverlauf erhält man den Verlauf der Größe des Projektes in LOC wie in Abbildung 5.22 abgebildet.

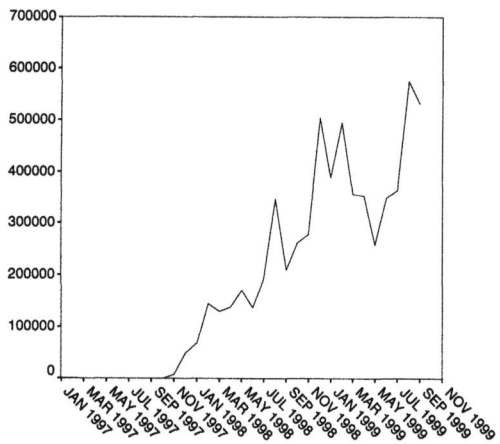

Abbildung 5.20: Hinzugefügte LOC für jedes Monat

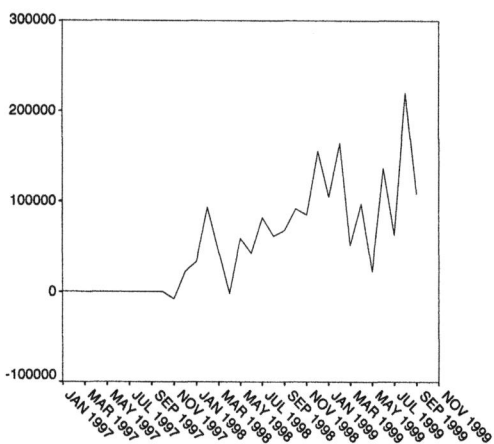

Abbildung 5.21: Änderung in den LOC für jedes Monat

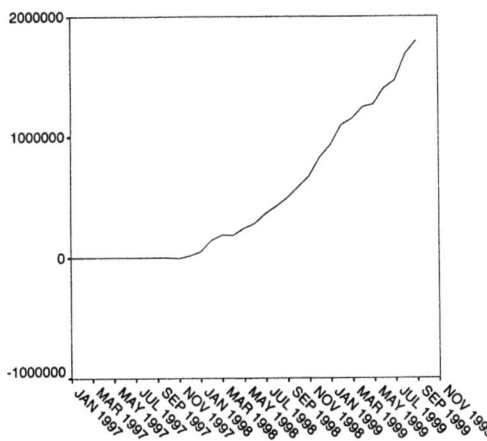

Abbildung 5.22: Größe des GNOME-Projektes für jedes Monat (in LOC)

Dabei zeigt sich deutlich, daß ein stetiges Wachstum in der Größe des GNOME-Projektes seit Ende 1997, also knapp nach der offiziellen Gründung, vorliegt. Auch die jedes Monat erbrachte Gesamtleistung in hinzugefügten LOC steigt über die Zeit eindeutig an. Wenn Annahmen über den typischen Projektverlauf, wie sie auch in Abschnitt 3.1.3 dargestellt wurden, akzeptiert werden, dann sollte durch die Ausschöpfung des Problemraumes gegen Ende eines Projektes eine Verringerung der sinnvoll eingesetzten Mitarbeiter und damit der erbrachten Leistung eintreten [Norden, 1960, Putnam, 1978, Parr, 1980]. Dies müßte sich in den vorliegenden Analysen in einem Sinken der hinzugefügten LOC und damit auch der Änderung in der Größe sowie einer Stabilisierung der Größe selbst ausdrücken. Die in Abbildung 5.22 dargestellte Kurve sollte demzufolge eine Verflachung an ihrem Ende zeigen. Da dies nicht eintritt, kann momentan ein Ende des GNOME-Projektes nicht wahrgenommen werden.

Entwicklung von Teil-Projekten

In einem nächsten Schritt wurde für die unterschiedlichen Module aus denen das Projekt besteht ebenfalls der Fortschritt über die Zeit analysiert. Dabei stellt ein Modul die Zusammenfassung mehrerer Files dar. Wenn für die Definition der Module die Verzeichnisse des CVS-Repositories herangezogen werden, besteht das GNOME-Projekt aus einigen hundert solchen Einheiten. Dabei ist aber leicht zu sehen, daß viele dieser Module sich auf sachlich stark zusammenhängende Teile des Projektes beziehen, so zum Beispiel die Verzeichnisse 'gimp-data-min', 'gimp-freetype', 'gimp-plugin-template', 'gimp' und ähnliche auf das Bildbearbeitungsprogramm GIMP (GNU Image Manipulation Program). Eine solche Zusammenfassung von Verzeichnissen auf eine Reihe von Sub-Projekten, wie sie teilweise auch in der Beschreibung des GNOME-Projektes in Abschnitt 5.2.1 angesprochen wurden, erscheint daher für eine Auswertung logischer und wird auch in Folge verwendet. Das Ziel dieser Analyse war, festzustellen, ob das bereits dargestellte Wachstum in der Größe des Gesamtprojektes auf eine Reihe von Sub-Projekten zurückzuführen ist, die sich möglicherweise in unterschiedlichen Phasen ihrer Entwicklung befinden. Es besteht die Möglichkeit, daß sich das GNOME-Projekt aus einer Reihe solcher Teile zusammensetzt, die zu unterschiedlichen Zeitpunkten gestartet wurden, und auch in unterschiedlichen Geschwindigkeiten fortschreiten. Damit könnte das Wachstum des Gesamtprojektes zu verschiedenen Zeitpunkten von der Programmierung an jeweils anderen Teilen maßgeblich getragen werden beziehungsweise getragen worden sein. Die Entwicklung über die Zeit wird daher in den Abbildungen 5.23 bis 5.27 für einige ausgewählte Beispiele anhand der jeweiligen Größe dargestellt. Dabei wird wiederum eine Stabilisierung der Größe, also eine Verflachung der gezeigten Kurve, als Hinweis auf ein Ende des jeweiligen Teil-Projektes genommen [Norden, 1960, Putnam, 1978, Parr, 1980].

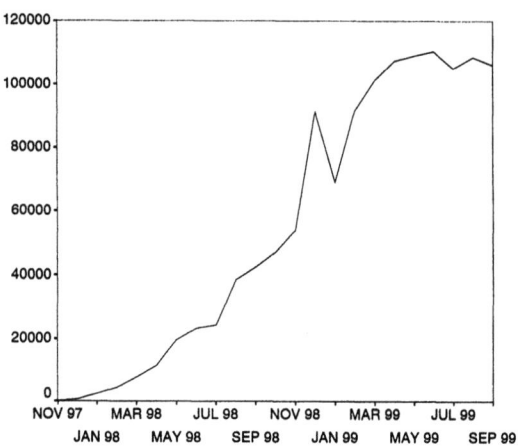

Abbildung 5.23: Größe von Gnome-core für jedes Monat (in LOC)

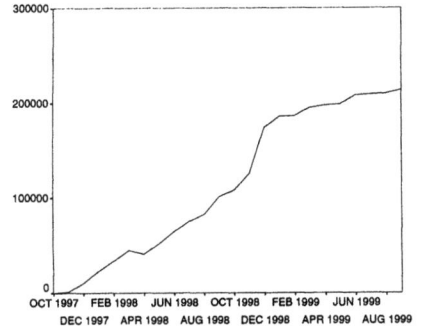

Abbildung 5.24: Größe von GTK für jedes Monat (in LOC)

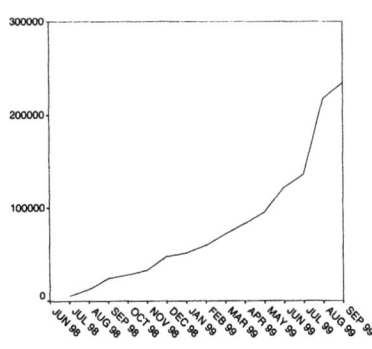

Abbildung 5.26: Größe von Gnumeric für jedes Monat (in LOC)

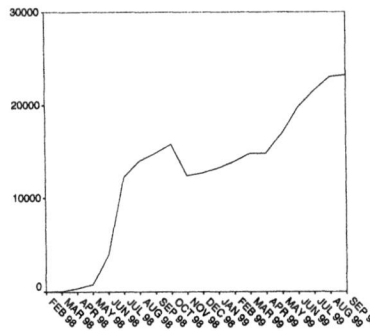

Abbildung 5.25: Größe von ORBit für jedes Monat (in LOC)

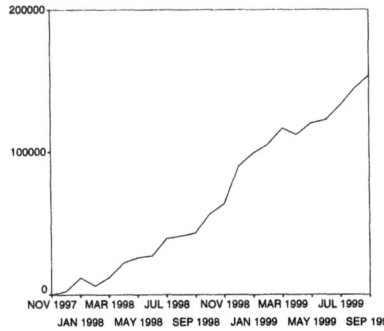

Abbildung 5.27: Größe von GIMP für jedes Monat (in LOC)

Wie sich zeigt, scheinen sich tatsächlich einige der Sub-Projekte in unterschiedlichen Phasen ihres Lebenszyklus zu befinden. Dabei ist aber natürlich anzumerken, daß hier kein klassisches Wasserfall-Modell unterstellt wird, sondern vielmehr ein Spiral-Modell [Boehm, 1988], insbesondere mit sehr kurzen Zykluszeiten, wie sie für Open Source Software-Entwicklung als typisch genannt wurden [Bollinger et al., 1999]. Zum Beispiel Gnome-core, GTK und ORBit (Abbildung 5.23, 5.24 beziehungsweise 5.25) scheinen bereits in eine sehr späte Phase eingetreten zu sein. Im Gegensatz dazu ist ein Hinweis darauf bei den Applikationen Gnumeric und GIMP (Abbildung 5.26 beziehungsweise 5.27) keineswegs festzustellen. Es zeigt sich auch, daß das Sub-Projekt Gnumeric erst zu einem späteren Zeitpunkt als die anderen gestartet wurde. Dabei sind diese Ergebnisse auch insoweit erklärbar, als gerade die Teile Gnome-core, GTK und ORBit in gewisser Weise Basis-Technologien für die weitere Entwicklung darstellen, die bereits in einem fortgeschritteneren Stadium sein müssen, um die Durchführung anderer Sub-Projekte zu erlauben. Daher ist eine gewisse Sequenzialisierung software-technisch vorgegeben und notwendig.

Diese Ergebnisse scheinen damit die aufgestellte Vermutung zu bestätigen, daß sich das GNOME-Projekt aus mehreren Sub-Projekten in unterschiedlichen Phasen ihres Lebenszyklus zusammensetzt. Dies kann auch eine Folge der bereits angesprochenen und aufgrund des Abstimmungsaufwandes notwendigen Modularisierung sein, und damit nicht nur für diese Open Source Entwicklung zutreffen. Andererseits ist aber auch zu sagen, daß gerade das GNOME-Projekt ein sehr vielfältiges Projekt darstellt, wie in Abschnitt 5.2.1 beschrieben wurde, was diese Tendenz möglicherweise noch zusätzlich verstärkt hat.

Entwicklung der Anzahl der Programmierer

Einer der wichtigsten Punkte im Zusammenhang mit einer Software-Entwicklung im Open Source Modell besteht in der Mitwirkung eines breiten Personenkreises. Implizit darin enthalten ist die Annahme, daß eine höhere Anzahl von Beteiligten auch für einen höheren Output sowie eine höhere Qualität durch ein verstärktes Peer Review verantwortlich ist. Die erste Annahme kann auch, wie noch gezeigt werden wird, bestätigt werden.

Für das GNOME-Projekt wurde die Anzahl der aktiven Programmierer für jedes Monat untersucht (siehe Abbildung 5.28). Dabei zeigt sich vor allem ein sehr starker Anstieg zwischen November 1997, also knapp nach der offiziellen Gründung, und dem Ende des Jahres 1998. Während des Jahres 1999 bleibt die Anzahl der Entwickler dann relativ konstant. Außerdem fällt auf, daß in einem Monat maximal 141 Programmierer aktiv waren. Dies stellt nur knapp die Hälfte der insgesamt über den betrachteten Zeitraum tätigen Entwickler dar, was auf sehr starke Schwankungen in der Beteiligung der mitwirkenden Personen über die Zeit schließen läßt, gerade da die Unterschiede in der gesamten Zeit beim Projekt, wie gezeigt wurde, gering waren.

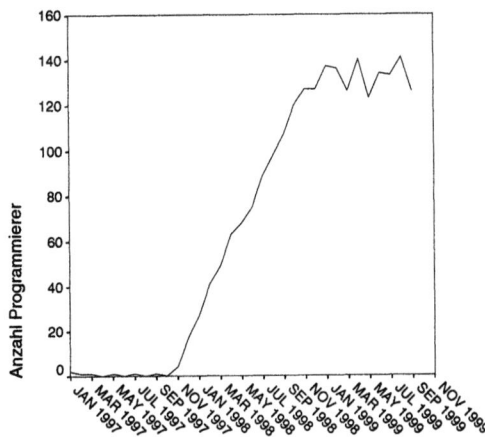

Abbildung 5.28: Entwicklung der Anzahl aktiver Programmierer

Für diesen beobachteten Verlauf kann es mehrere Erklärungen geben, wobei auf Grundlage der vorhandenen Daten keine endgültige Aussage getroffen werden kann, welche davon tatsächlich zutreffen. Die erste mögliche Ursache liegt sicherlich in den Arbeiten zur Modellierung eines Entwicklungsprojektes. Es wird angenommen, daß die Anzahl der sinnvoll eingesetzten Personen sich proportional zur Menge der zur Lösung anstehenden Probleme verhält, und damit ein bestimmter Verlauf vorgegeben ist [Norden, 1960, Putnam, 1978, Parr, 1980]. Andererseits wäre es auch möglich, daß ab einer gewissen Anzahl von Personen auch in Open Source Projekten Brooks's Law [Brooks, 1995] eintritt, und eine höhere Anzahl von Entwicklern nicht parallel arbeiten kann. Für eine weitere Diskussion dieses Themas sei auf Abschnitt 4.4.2 verwiesen. Diese Tatsache könnte auch auf die eingesetzte Technologie zur Koordination und Kommunikation zurückzuführen sein, die für eine größere Menge von Beteiligten nicht mehr ausreicht. Die letzte mögliche Erklärung besteht in der zu erlangenden Reputation, die einen Eintritt in ein Projekt eher zu Beginn der Entwicklung sinnvoll erscheinen läßt, da hier sowohl die resultierende Reputation in jedem Fall höher ist, als auch die Möglichkeiten zum Erreichen einer einflußreicheren Position innerhalb des Projektes größer sind (siehe auch Abschnitt 4.4 für Ausführungen zur Motivation von Open Source Entwicklern).

Wie bereits angesprochen wurde, konnte ein sehr starker Zusammenhang mit einer Korrelation von 0.932 zwischen der Anzahl der aktiven Programmierer und der erbrachten Leistung in Form der Summe der innerhalb des betrachteten Monats hinzugefügten LOC gefunden werden (siehe Abbildung 5.29). Damit zeigt dieser Wert eine hohe Eignung für die Voraussage der in einem Open Source Projekt erbrachten Leistung. Da zwischen den einzelnen Programmierern große Unterschiede bestehen, wie bereits dargestellt wurde, ist diese hohe Korrelation weiters ein Hinweis darauf, daß der Anteil der Kerngruppe von Entwicklern an den innerhalb eines Monats aktiven Programmierern relativ konstant bleibt, da sonst die Leistung in einigen Monaten trotz einer hohen Anzahl von Beteiligten bedeutend niedriger sein müßte. Es erscheint auch logisch, daß sich gerade die Mitglieder der Kerngruppe durch eine höhere Konstanz in ihrer Beteiligung auszeichnen. In jedem Fall zeigt sich, daß aufgrund dieses Zusammenhanges die Anziehung einer möglichst breiten Basis an Entwicklern für ein Open Source Projekt einen sehr hohen Stellenwert einnehmen muß.

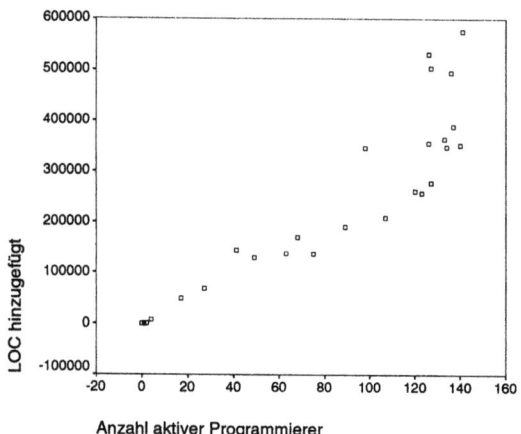

Abbildung 5.29: Aktive Programmierer und hinzugefügte LOC für jedes Monat

Entwicklung der Produktivität

Um zu überprüfen, ob, wie allgemein angenommen wird, die Produktivität der beteiligten Entwickler aufgrund des erhöhten Kommunikationsaufwandes sinkt, wenn eine höhere Anzahl von Personen mitwirkt [Conte et al., 1986, Brooks, 1995], wurde die Entwicklung der Produktivität im GNOME-Projekt über den Zeitverlauf betrachtet. Die Produktivität wurde dabei für jedes Monat als die durchschnittliche Anzahl der von jedem aktiven Programmierer hinzugefügten LOC definiert. Wie Abbildung 5.30 zeigt, ist insbesondere in der Zeit des starken Anstiegs der beteiligten Programmierer im Verlauf des Jahres 1998 kein Sinken der Produktivität zu verzeichnen.

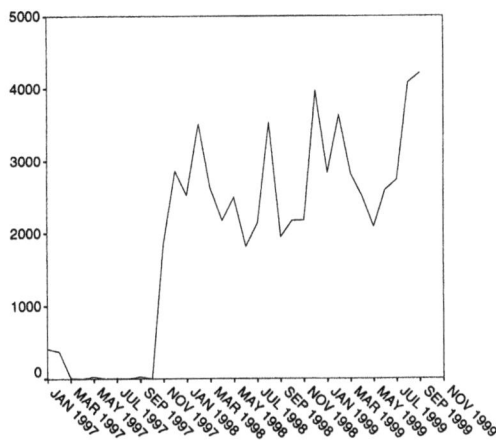

Abbildung 5.30: Entwicklung der Produktivität

Es zeigt sich sogar ein stark positiver Zusammenhang mit einem Korrelationskoeffizienten von 0.779 zwischen der Anzahl der aktiven Programmierer und der Produktivität. Damit wird eine Grundannahme des Open Source Entwicklungsmodells, nämlich daß Brooks's Law [Brooks, 1995] nicht, oder zumindest später eintritt, bestätigt. Auf der anderen Seite wurde bereits der Verlauf der Anzahl der beteiligten Entwickler dargestellt, der gegen Ende ein relativ stabiles Plateau aufweist. Möglicherweise ist diese Tatsache darauf zurückzuführen, daß der Kommunikationsaufwand oberhalb dieser Grenze stark ansteigen würde, jedoch weitere Personen aus diesem Grunde dem Projekt erst gar nicht beitreten oder dieses bald wieder verlassen. Daraus könnte die Vermutung resultieren, daß Open Source Projekte, die ja ohne zentrales Management fortschreiten, sich automatisch auf einer Ebene des Personalstandes einpendeln, der noch eine hohe Produktivität ermöglicht. Für den darüber hinaus vorhandenen positiven Zusammenhang könnte ein durch mehr Entwickler stärkerer Wettbewerb um Reputation innerhalb des Projektes eine Erklärung darstellen. Folglich sind somit in der vorliegenden Open Source Entwicklung eher Economies denn Diseconomies of Scale [Banker und Kemerer, 1989] feststellbar.

Entwicklung der Beiträge einzelner Programmierer

Ebenfalls untersucht wurde die Entwicklung der Beiträge für einzelne Programmierer, um möglicherweise vorhandene Saisonalitäten oder andere Regelmäßigkeiten aufzuzeigen. Dabei ergaben sich jedoch keine deutlichen Muster irgendwelcher Art, die die Aktivität der Entwickler über die Zeit charakterisieren würden. Es zeigt sich nur, daß Mitglieder der aktiveren Kerngruppe von Entwicklern, also der Cluster Eins bis Vier, ein früheres Eintrittsdatum aufweisen. Dies kann auch durch einen Mann-Whitney U-Test auf einem Signifikanzniveau von 0.01 bestätigt werden. Damit scheint die Vermutung, daß die Kerngruppe eines Open Source Projektes sich zu Beginn konstituiert, wenn die Eintrittsbarrieren vor allem durch die Komplexität des Codes noch gering sind [Bezroukov, 1999b], bestätigt. Ein weiterer möglicher Grund für diese Tatsache liegt wiederum in den größeren Möglichkeiten zum Reputationsgewinn am Anfang eines Projektes begründet.

Entwicklung in den Mailing-Listen

Um einen Eindruck von der Entwicklung der Kommunikation innerhalb des GNOME-Projektes zu erhalten, wurde für jedes Monat im Beobachtungszeitraum die Anzahl der getätigten Postings untersucht (siehe Abbildung 5.31).

Es zeigt sich, daß die Aktivität auf den Mailing-Listen insbesondere im Verlauf des Jahres 1998 stark ist. Diese erhöhte Aktivität fällt damit zeitlich mit dem Anstieg in der Anzahl der aktiven Programmierer zusammen (siehe Abbildung 5.28). Eine Erklärung dafür wäre sicherlich die Notwendigkeit, neu eintretende Entwickler über Architektur, Abläufe und Organisation des Projektes zu unterrichten. Dieser Effekt stellt auch die Ursache für Brooks's Law dar [Brooks, 1995, Abdel-Hamid und Madnick, 1991]. Daher wurde der Zusammenhang zwischen der Anzahl der Postings eines Monats und der Änderung in der Anzahl der aktiven Programmierer im Vergleich zum Vormonat untersucht (siehe Abbildung 5.32).

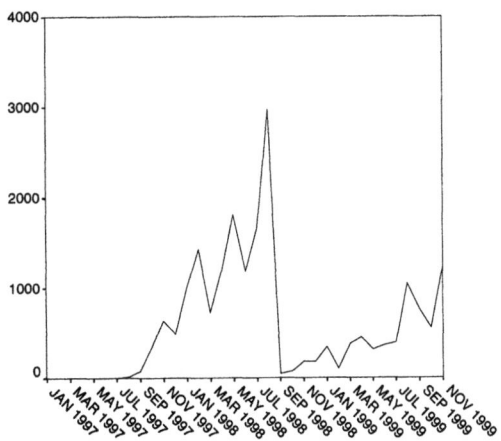

Abbildung 5.31: Postings für jedes Monat

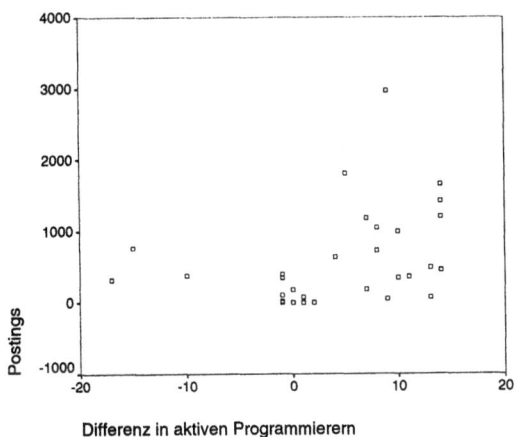

Abbildung 5.32: Änderung in den aktiven Programmierern und Postings für jedes Monat

Dabei zeigt sich tatsächlich ein signifikanter positiver Zusammenhang mit einem Korrelationskoeffizienten von 0.366, was die Annahme, eine erhöhte Aktivität sei auf neue Programmierer zurückzuführen, zumindest teilweise bestätigt. Nach dem Eintritt scheint dann die Notwendigkeit zur Interaktion und Koordination über Mailing-Listen geringer zu sein. Möglicherweise wird nach einer Eingliederung in das Projekt aber auch ein Teil der Kommunikation mit den anderen im selben Bereich tätigen Entwicklern über andere Kanäle wie E-Mail abgewickelt.

Außerdem wurde überprüft, wie sich der Zusammenhang zwischen der Aktivität auf den Mailing-Listen und der Programmierleistung gemessen in der Gesamtzahl der hinzugefügten LOC darstellt. Daher wurden die Anzahl der Postings und der insgesamt hinzugefügten LOC für jedes Monat gegenübergestellt (siehe Abbildung 5.33). Dabei zeigt sich ein eher schwacher positiver Zusammenhang von 0.227, der die Verwendbarkeit der getätigten Postings als Indikator für den Entwicklungsfortschritt gering erscheinen läßt.

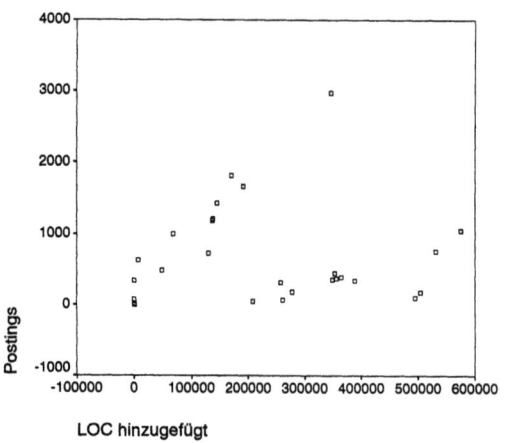

Abbildung 5.33: Hinzugefügte LOC und Postings für jedes Monat

5.4 Zusammenfassung

Die bisher festgestellten Kennzeichen einer Software-Entwicklung im Open Source Modell sollen hier nochmals zusammenfassend dargestellt und diskutiert werden.

Das erste Merkmal scheint die Größe sowie die Struktur der Programmierergemeinschaft zu sein. Obwohl eine hohe Anzahl von Personen aktiv durch Änderungen am Source Code an der Entwicklung mitwirkt, existiert eine im Vergleich zur Gesamtanzahl kleine Kerngruppe von Entwicklern. Wenn als Grenze für diese Kerngruppe die Erbringung von 80 Prozent der Gesamtleistung in LOC angenommen wird, dann scheint die Größe der Gruppe zwischen fünf und knapp zwanzig Prozent zu liegen. Es gibt aber Indizien, daß, wenn diese Größe sich wie beim GNOME-Projekt im oberen Bereich bewegt und daher in absoluten Zahlen möglicherweise noch zu Koordinationsproblemen führen kann, ein noch kleinerer innerster Kreis von circa 10 bis 15 Personen existiert. Neben der Kerngruppe gibt es eine wesentlich größere Anzahl von Personen, die Code einbringen, dies jedoch im geringeren Ausmaß. Diese Anzahl dürfte um eine Größenordnung über der Kerngruppe liegen. Es sind daher Ähnlichkeiten zur Chief Programmer Team Organisation [Mills, 1971, Baker, 1972, Brooks, 1995] festzustellen, die mehrere Teams mit jeweils einem Chief Programmer, der weitestgehend alleine für Design und Codierung verantwortlich ist, und einer Reihe von unterstützenden Personen vorschlägt. Damit existiert eine äußerst ungleiche Verteilung der Beiträge zwischen den Programmierern, die auch als ein Hauptunterschied zu einer kommerziellen Software-Entwicklung zu sehen ist. Zusätzlich erweist sich die Zeit, die zwischen der ersten und der letzten Erbringung einer Leistung für das Projekt liegt, nicht als geeigneter Indikator für die Gesamtleistung eines Programmierers. Dies stellt ebenfalls einen Unterschied zu einer kommerziellen Entwicklung dar.

Eine nochmals weitaus größere Anzahl von Personen beteiligt sich durch die Meldung von Fehlern sowie sonstigen Postings an der Entwicklung. Diese würden daher im Rahmen einer Chief Programmer Team Organisation weitere Zulieferer darstellen. Die Größe dieser Gruppe dürfte wiederum um eine Größenordnung über der Zahl der Programmierer liegen. Diese damit im Vergleich zu einer kommerziellen Entwicklung bei weitem höhere Gesamtanzahl von Beteiligten, nicht nur Programmierern, wie sie in einer Open Source Software-Entwicklung angestrebt wird und auch quantitativ nachgewiesen werden kann, bildet damit ein weiteres Kennzeichen dieses Modells. Dabei hat sich gezeigt, daß diejenigen Personen, die auch als Programmierer tätig sind, eine intensivere Beteiligung an der Kommunikation aufweisen als andere Mitwirkende. Innerhalb dieser Gruppe kann zusätzlich gezeigt werden, daß aktivere Programmierer sich nochmals von ihren Kollegen durch ein höheres Aufkommen an Beiträgen zu den Mailing-Listen unterscheiden.

Die Entwicklung der aktiven Programmierer weist knapp nach der offiziellen Gründung des Projektes einen steilen Anstieg auf, verbleibt dann jedoch über einen längeren Zeitraum auf einem Niveau, das nur knapp der Hälfte der insgesamt beteiligten Entwickler entspricht. Dafür können vor allem die Erschöpfung des Problemraumes, aber auch die mögliche Überlastung der Koordinations- und Kooperationsmechanismen oder der zu hohe resultierende Aufwand für diese Tätigkeiten eine Erklärung bieten. Dabei fällt auf, daß gerade die Kerngruppe von Programmierern signifikant früher in das Projekt eintritt als die anderen Beteiligten. Eine Erklärung dafür könnte in den geringeren Zutrittsbarrieren aufgrund der niedrigeren Komplexität von Code und Architektur, oder auch in den besseren Möglichkeiten zur Erlangung von Reputation zu Projektbeginn liegen. Bei einer Analyse des Aktivität auf den Mailing-Listen kann weiters festgestellt werden, daß ein Anstieg in den aktiven Programmierern zu einer stärkeren Nutzung dieses Mediums führt. Hier bietet die Notwendigkeit zum Einlernen neuer Entwickler eine Erklärung an. Dieser Punkt kann damit auch als Gemeinsamkeit zu einer kommerziellen Software-Entwicklung gesehen werden.

Eine Grundannahme des Open Source Entwicklungsmodells, nämlich daß eine höhere Anzahl von beteiligten Programmierern zu einer höheren Leistung, die in diesem Zusammenhang in einer höheren Produktion von LOC gemessen wird, führt, konnte bestätigt werden. Des weiteren konnte auch die damit zusammenhängende Annahme, daß Brooks's Law [Brooks, 1995] nicht oder später als in kommerziellen Entwicklungen eintritt und somit die Produktivität durch eine höhere Anzahl von Beteiligten nicht in demselben Ausmaß sinkt, bestätigt werden. Möglicherweise erfolgt eine automatische Anpassung des Personalstandes, um diesem Effekt zu entgehen, was auch den dargestellten Verlauf mit einem lange vorhaltenden Plateau erklären könnte. Zusätzlich erlaubt die Gründung neuer Teil-Projekte den Einsatz einer höheren Anzahl von Personen, da mehr Möglichkeiten zu parallelen Arbeiten eröffnet werden.

Insgesamt zeigen sich in der Code-Basis sehr viele Überarbeitungen, wobei aber auffallend wenige Programmierer an einem File zusammenarbeiten. Obwohl an größeren Dateien tendenziell mehr Personen arbeiten, hält sich auch deren Anzahl in Relation zur Größe in Grenzen. Bei gleichzeitiger Betrachtung der Leistung einzelner Programmierer fällt die Tendenz von aktiveren Programmierern auf, an einer höheren Anzahl verschiedener Files zu arbeiten. Dabei zeigt sich auch, daß gerade diese Gruppe von Entwicklern im stärkeren Maß im Rahmen der größeren Dateien tätig ist. Möglicherweise kann innerhalb dieser kleinen Gruppe eher eine koordinierte Zusammenarbeit an einem File erfolgen, während die weniger aktiven Programmierer weitgehend selbstständig für die kleineren Dateien verantwortlich zeichnen.

Es gibt Hinweise darauf, daß sich das betrachtete GNOME-Projekt aus einer Reihe von Sub-Projekten zusammensetzt, die zu unterschiedlichen Zeitpunkten gestartet sind, und teilweise in unterschiedlichen Geschwindigkeiten fortschreiten. Damit befinden sich diese zum Teil in anderen Phasen ihres Lebenszyklus. Das fortschreitende Wachstum in der Größe des Gesamtprojektes wird daher über den Beobachtungszeitraum von Aktivitäten in jeweils anderen Teilbereichen getragen. Diese Tendenz ist sicherlich zum Teil durch die in einem Open Source Projekt notwendige rigorose Modularisierung begründbar, kann aber auch auf software-technische Interdependenzen zurückgeführt werden. Die Tatsache, daß es sich bei dem GNOME-Projekt um ein äußerst vielfältiges Projekt handelt, hat diese Entwicklung möglicherweise noch zusätzlich verstärkt.

Abschließend kann festgestellt werden, daß anhand der vorgestellten Methodik die eingehende Analyse eines Open Source Software-Projektes, aber auch potentiell eines kommerziellen Projektes, tatsächlich durchgeführt werden kann. Auf der Grundlage der vorliegenden Daten konnten eine Reihe von Charakteristiken einer Entwicklung im Open Source Modell festgestellt und herausgearbeitet werden, die hier dokumentiert wurden. Damit bietet die beschriebene Vorgehensweise eine Möglichkeit zur bislang über weite Strecken fehlenden quantitativen Beschäftigung mit dem Phänomen Open Source.

Kapitel 6

Aufwandsschätzung in Open Source Projekten

6.1 Einleitung

Durch die wachsende Bedeutung von Open Source Software wird auch eine Aufwandsschätzung für entsprechende Projekte immer wichtiger. Dabei kann eine Reihe von Parteien festgestellt werden, für die eine solche Schätzung aus verschiedenen Gründen von großem Nutzen, wenn nicht als Grundlage für die Entscheidungsfindung sogar notwendig wäre. Diese sollen nun kurz dargestellt werden, auch um die vielseitige Anwendbarkeit und die daraus resultierende Bedeutung einer Aufwandsschätzung zu zeigen.

Die erste Gruppe, die in diesem Zusammenhang ins Auge fällt, besteht aus der existierenden Entwicklergemeinschaft, und dabei insbesondere der Kerngruppe beziehungsweise, je nach Organisationsstruktur, dem Besitzer (Owner/Maintainer), dem wohlwollende Diktator mit seinen Mit-Entwicklern oder dem leitenden Komitee. Gerade dieser Personenkreis ist für die Durchführung des Projektes zuständig, und sollte daher für die Planung zum Beispiel von Terminen für Releases sowie die ständige Fortschrittskontrolle eine entsprechende Grundlage unter anderem in Form einer Aufwandsschätzung zur Verfügung haben. Außerdem sind durch diese Gruppe wichtige Entscheidungen wie unter anderem über Fortsetzung oder Abbruch des Projektes zu treffen. Des weiteren kann eine solche Schätzung für jeden der beteiligten Entwickler eine Basis für seine Entscheidung über den Verbleib im Projekt darstellen.

Eine weitere Gruppe mit möglichem Interesse an einer Aufwandsschätzung stellen potentielle Teilnehmer an einem Open Source Projekt dar. Einerseits kann ein Einstieg aus verschiedenen Gründen nur in der Anfangsphase erwünscht sein, andererseits könnte auch nur ein begrenzter Zeitraum zur Verfügung stehen, jedoch ein Verbleib bis zur Fertigstellung zumindest eines bestimmten Releases aus persönlichen Gründen wichtig sein. Damit kann eine Aufwandsschätzung für diese Entscheidung eine Hilfestellung anbieten. Dabei sind jedoch gewisse Anreize für die Kerngruppe eines Projektes gegeben, die Schätzung zur Steigerung der Attraktivität für mögliche Teilnehmer zu verfälschen.

Potentielle sowie tatsächliche Benutzer der Software können für ihre interne Planung ebenfalls Interesse an einer Aufwandsschätzung von Open Source Projekten haben. Diese Gruppe umfaßt neben privaten Anwendern auch Unternehmen, die Open Source Software nutzen wollen, wobei darunter zusätzlich die Entwicklung auf dieser Basis verstanden wird. Eine solche Entwicklung unter Verwendung von entsprechenden Systemen und Tools ist momentan vor allem im Bereich des World Wide Web von Bedeutung, kann sich aber in Zukunft möglicherweise auch auf andere Gebiete ausdehnen. Für diese Gruppe ist die Kontrolle des Fortschritts in dem oder den jeweils relevanten Open Source Projekten ebenfalls von hoher Wichtigkeit, da vielleicht eigene Projekte davon abhängig sind. Der Stellenwert für private Anwender ist zwar in ähnlicher Weise gegeben, ist aber wohl als nicht so hoch einzuschätzen.

Die letzte relevante Gruppe stellen Unternehmen dar, die ein Open Source Geschäftsmodell verfolgen oder verfolgen wollen, beziehungsweise die ihre Software als Open Source entwickeln oder weiterentwickeln wollen (siehe auch Abschnitt 4.5). Für jene Unternehmen, die Geschäftsmodelle in Bereichen wie Distributionen, Support, Customizing oder ähnlichen Zusatz- beziehungsweise Mehrwertdiensten einsetzen, ist die Weiterentwicklung der Software, auf der diese beruhen, von entscheidender Bedeutung. Daher wären die Resultate einer Aufwandsschätzung als wichtiger Input für die Unternehmensentscheidungen notwendig. Unternehmen, die vor der Entscheidung stehen, eine Software als Open Source zu entwickeln oder weiterzuentwickeln, wie zum Beispiel in den Geschäftsmodellen Costsharing oder Risk-spreading [Raymond, 1999b], sollten ebenfalls eine Aufwandsschätzung vornehmen, auch um die notwendige Leistung durch freiwillige Entwickler zu analysieren. Damit kann möglicherweise abgeschätzt werden, ob beziehungsweise unter welchen Rahmenbedingungen das betrachtete Projekt die erforderliche kritische Masse von Beteiligten erreichen kann [Behlendorf, 1999, O'Reilly, 1999].

Die Bedeutung einer validen Möglichkeit zur Aufwandsschätzung ist daher auf dem Gebiet der Entwicklung von Open Source Software ebenso wie im kommerziellen Umfeld eindeutig gegeben. Die Beschäftigung mit diesem Thema ist zum momentanen Zeitpunkt jedoch als praktisch nicht vorhanden zu klassifizieren, was möglicherweise für eine breitere Verwendung und Akzeptanz dieses Entwicklungsmodells hemmend wirkt. Daher sollen in diesem Kapitel zuerst allgemeine Auswirkungen des Open Source Entwicklungsmodells auf eine Aufwandsschätzung diskutiert werden. Im Anschluß wird die Eignung ausgewählter Verfahren am Beispiel des GNOME-Projekts sowie im allgemeinen Einsatz dargestellt.

6.2 Auswirkungen des Open Source Entwicklungsmodells

Bei der Aufwandsschätzung für Open Source Projekte treten grundsätzlich dieselben Probleme wie im Zusammenhang mit anderen Software-Projekten auf. Daneben gibt es aber auch noch Kennzeichen dieses speziellen Entwicklungsmodells, die Auswirkungen auf eine Aufwandsschätzung haben. In diesem Abschnitt sollen daher zuerst mögliche resultierende Probleme dargestellt, und diese dann im Licht der Ergebnisse der vorgenommenen Analyse einer Open Source Software-Entwicklung und anderer empirischer Daten diskutiert werden. Dabei wird beispielhaft auf einige Verfahren zur Aufwandsschätzung Bezug genommen, wobei für eine ausführliche Darstellung der jeweiligen Modelle auf Kapitel 3 verwiesen wird.

Der erste Punkt besteht in der Freiwilligkeit der Mitarbeit. Es ist nicht durch ein zentrales Management festgelegt, wann wieviele Personen an einem Projekt arbeiten. Dieser Wert ist zusätzlich mit einer hohen Unsicherheit behaftet, da jederzeit Entwickler ihre Mitarbeit für einen gewissen Zeitraum oder vollständig einstellen, oder auch im Umfang verringern können. Zu welchem Zeitpunkt und ob überhaupt ein Ersatz gefunden wird, kann nicht gesagt werden. Damit ist potentiell eine sehr hohe Fluktuation bei den Beteiligten gegeben, was durch den Aufwand des Einlernens immer neuer Entwickler die Produktivität stark reduzieren kann. Auch diese Größe stellt folglich neben der Besetzung mit Personen einen Unsicherheitsfaktor dar. Wie die Analyse des GNOME-Projektes gezeigt hat, und wie auch Raymond [Raymond, 1999b] argumentiert (siehe Abschnitt 4.4.2 für die entsprechende Diskussion), erfolgt tatsächlich eine ausreichende personelle Besetzung. Der Verlauf über die Zeit entspricht sogar, wie noch gezeigt wird, im hohen Ausmaß dem für eine kommerzielle Entwicklung postulierten

[Norden, 1960, Putnam, 1978]. Es hat sich auch gezeigt, daß zwar durch die Hinzunahme neuer Entwickler das Aufkommen in den Mailing-Listen ansteigt, die Produktivität jedoch nicht sinkt. Obwohl starke Unterschiede zwischen einzelnen Programmierern im Ausmaß ihrer Leistung festgestellt wurden, zeigte sich doch ein klarer Zusammenhang zwischen der Anzahl der aktiven Programmierer und dem Output. Somit scheint, zumindest in denjenigen Open Source Projekten, die eine gewisse Grenze der Beteiligung aufgrund ihrer inherenten Attraktivität überschritten haben, ein relativ konstanter Anteil an leistungsbereiten Programmierern über die Zeit gegeben zu sein. Diese Anzahl aktiver Programmierer könnte sich insgesamt automatisch, möglicherweise durch freiwilliges Ausscheiden von Beteiligten, auf einer Ebene stabilisieren, die eine hohe und konstante Produktivität gewährleistet. Die mehrmals vermutete Effizienz dieses Entwicklungsmodells kann vielleicht aus dieser Selbst-Stabilisierung ohne Einwirkungen eines Managements, das vor allem schnelle Release-Termine im Auge hat und so in die Falle von Brooks's Law [Brooks, 1995] gerät, erklärt werden. Damit würde diese Freiwilligkeit der Mitarbeit, wiederum mit der Einschränkung eines gewissen Grundpotentials und einer entsprechenden Attraktivität des Projekts, kein Hindernis für die Anwendung von Aufwandsschätzungsverfahren darstellen. Diese würden vielleicht im Gegenteil sogar die Effizienz dieser Form der Software-Entwicklung unterschätzen.

Des weiteren ist nicht klar, welche Aufgaben die Beteiligten erfüllen, da diese sich ihre Tätigkeiten weitgehend selbst wählen. Damit kann ein effizienter Einsatz der vorhandenen Arbeitskraft auch nicht zentral gesteuert und kontrolliert werden. Etwaigen Fehlentwicklungen organisatorischer wie auch inhaltlich-technischer Natur kann aufgrund des Fehlens einer zentralen Autorität nicht wirksam und zeitgerecht entgegengewirkt werden. Insgesamt ist daher zu sagen, daß durch diese Auswirkungen des Fehlens eines zentralen Managements eine der Grundannahmen von COCOMO [Boehm, 1981] verletzt wird, die in einem guten Management von Entwickler- wie auch Kundenseite besteht. Für die Rolle des zentralen Managements und auch die Aufteilung der vorhandenen Arbeitskraft sei auf die oben gemachten Bemerkungen zur Freiwilligkeit der Mitarbeit und zur Selbstorganisation innerhalb der resultierenden Gruppe verwiesen. Es gibt praktisch keine Hinweise darauf, daß es im Rahmen der Aufgabenteilung zu Problemen kommt, die Ergebnisse der vorliegenden Analyse der Zusammenarbeit an verschiedenen Files deuten hier sogar auf eine hohe Effizienz hin. Auch die angesprochene Differenzierung zwischen Entwickler- und Kundenseite mit den sich daraus potentiell ergebenden Konflikten verliert im Bereich der Open Source Software-Entwicklung ihre Bedeutung, da potentielle Kunden im sehr viel stärkeren Maß in die Entwicklung eingebunden sind, beziehungsweise diese selbst vornehmen und somit entscheidenden Einfluß ausüben können. Ein weiterer Punkt liegt in dem Fehlen beziehungsweise dem weitgehenden Fehlen eines formalen System- sowie Detaildesigns. Es wird angenommen, daß dadurch entscheidende Informationen zur Durchführung einer Aufwandsschätzung nicht zur Verfügung stehen [Vixie, 1999][1]. Auch die Anforderungen sind nicht formal festgehalten. Damit kann einerseits der Fortschritt eines Projektes nicht festgestellt oder kontrolliert werden, andererseits sind die Anforderungen dadurch einem ständigen Wechsel aufgrund der aktuellen Vorlieben und persönlichen Ziele der gerade aktiven Beteiligten unterworfen. Dies stellt die Verletzung einer weiteren Grundannahme von COCOMO 81 [Boehm, 1981] dar, die in der weitgehenden Stabilität der Anforderungen nach der entsprechenden Festlegung besteht. Eigentlich ist es dadurch auch schwierig, das Ende eines Projektes festzustellen beziehungsweise zu definieren. Das Fehlen von wichtigen Informationen, die eine Basis für die Durchführung einer Aufwandsschätzung bilden können, ist jedoch nicht grundsätzlich gegeben. Eine Vielzahl der existierenden Modelle verlangt keine spezifischen Informationen aus dem Design als Inputgrößen. Das bekannteste Modell, das entsprechende Informationen benötigt, ist das Function Point-Verfahren [Albrecht und Gaffney, 1983], insbesondere in den Ausprägungen Mark II [Symons, 1988], wo die Existenz zumindest eines Datenmodells postuliert wird, und von Uemura et al. [Uemura et al., 1999], wo UML-Diagramme Verwendung finden. Hier ist tatsächlich mit Schwierigkeiten in der Anwendung zu rechnen, gerade durch Personen, die nicht in dem hohen Ausmaß im Projekt inkludiert sind, wie es zum Beispiel bei Mitgliedern der Kerngruppe von Entwicklern gegeben ist. Die vorhandenen Informationen sind dagegen für alle Personen, auch Außenstehende, zugänglich. Die Durchführung einer Schätzung ist somit für alle interessierten Parteien grundsätzlich möglich. Wie die vorliegende Arbeit zeigt, ist auch tatsächlich eine Reihe von Informationen zu einem Projekt vorhanden und zugänglich. Die angenommene hohe Änderungsrate der Anforderungen im Projektverlauf sollte bei Verwendung der meisten Aufwandsschätzungsmodelle zu einer neuen Anwendung des Verfahrens nach einer größeren Änderung führen. COCOMO II zum Beispiel inkludiert Development Flexibility explizit als Skalenfaktor im Aufwandsschätzungsmodell [Boehm et al., 2000]. Außerdem muß grundsätzlich vor einer Schätzung klar definiert werden, wo die Grenzen des betrachteten Projektes liegen. Dies kann sich teilweise bei

---

[1]Dies stellt die einzige Stelle in der Literatur zu Open Source Software und deren Entwicklung dar, soweit sie dem Autor bekannt ist, wo das Thema Aufwandsschätzung explizit angesprochen wird.

Open Source Projekten sicherlich als problematisch erweisen, meistens ist ein Ziel aber zumindest informell oder implizit festgelegt. So kann auch für das betrachtete GNOME-Projekt die Zielsetzung aus den Beschreibungen der Web-Site extrahiert werden (siehe auch Abschnitt 5.2.1).

Grundsätzlich kann weiters argumentiert werden, daß das Open Source Entwicklungsmodell, das am meisten Ähnlichkeiten mit einer speziellen Ausprägung des Spiral-Modells [Boehm, 1988] mit sehr kurzen Zykluszeiten [Bollinger et al., 1999] aufweist, mit den Annahmen zumindest einiger Aufwandsschätzungsverfahren inkompatibel ist. Dies trifft zumindest für COCOMO 81 [Boehm, 1981] zu, da hier ein Wasserfall-Modell der Software-Entwicklung unterstellt wird. Die Weiterentwicklung dieses Aufwandsschätzungsverfahrens mit dem Namen COCOMO II hat sich jedoch gerade die Unterstützung auch solcher Lebenszyklusmodelle zum Ziel gesetzt [Boehm et al., 2000]. In einer Reihe anderer Modelle wird diese Annahme eines Wasserfall-Modells nicht explizit formuliert, sie ist jedoch gerade bei einigen älteren Verfahren aufgrund der damaligen Verbreitung dieses Lebenszyklusmodells möglicherweise implizit vorhanden. Dagegen findet sich zum Beispiel im Rahmen der Function Point-Methode [Albrecht und Gaffney, 1983] keine entsprechende Annahme. Da ausdrücklich ein von Sprache und Technologie unabhängiges Verfahren angestrebt wird, das sich vor allem auf die Sicht der Benutzer bezieht, wird die eigentliche Software-Entwicklung auch nicht ausdrücklich modelliert und somit auch kein spezielles Lebenszyklusmodell unterstellt. Im Modell von Norden [Norden, 1960] und darauf aufbauend Putnam [Putnam, 1978] wird zwar eine Abfolge von einzelnen Phasen von Planung über Codierung bis inklusive Wartung und Modifikationen angenommen, diese werden dann jedoch zu einem Gesamtmodell eines Projektes verdichtet. Somit kann angenommen werden, daß eine noch stärkere Überlappung dieser Phasen, als sie in Grundzügen bereits angenommen wird, die Anwendbarkeit des Modells nicht beeinträchtigt.

Da die Durchführung beziehungsweise die Veranlassung zur Durchführung einer Aufwandsschätzung in einem kommerziellen Projekt in den meisten Fällen dem Management obliegt, fehlt eine solche Stelle in Open Source Projekten. Damit ist nicht klar, durch wen und zu welchem Zeitpunkt eine solche Schätzung initiiert und ausgeführt wird. Zusätzlich sind die vorhandenen Informationen, wobei wie oben angesprochen auch argumentiert werden kann, daß entscheidende Bestandteile davon fehlen, nicht an einer zentralen Stelle gesammelt und damit auch dem oder den für die Aufwandsschätzung zuständigen Personen nicht zugänglich. Wie der vorangegangene Abschnitt jedoch gezeigt hat, existiert im Umfeld von Open Source Projekten eine mindestens ebenso große Anzahl von Parteien, für die die Durchführung einer Aufwandsschätzung von Interesse oder sogar notwendig wäre. Somit sollte die Initiierung einer solchen Schätzung kein Problem darstellen, die eigentliche Ausführung könnte jedoch vielleicht nicht durch jeweils die interessierte Person oder Personengruppe erfolgen. Dabei stellen aber eher möglicherweise vorhandene methodische Defizite und nicht die zur Verfügung stehenden Informationen ein Problem dar. Es stellt ja gerade ein Kennzeichen des Open Source Entwicklungsmodells dar, daß alle vorhandene Information für beliebige Personen zugänglich ist. Damit ist im Gegensatz zu kommerziellen Projekten, bei denen die gesamte Information im teilweise exklusiven Zugriff der Projektleitung verbleibt, die Möglichkeit für andere Parteien, ebenfalls eine unabhängige Aufwandsschätzung durchzuführen, im sehr viel höheren Ausmaß gegeben. Wie die vorliegende Arbeit zeigt, ist die Gewinnung von entsprechenden Informationen zu einem Open Source Projekt auch für außenstehende Personen eindeutig möglich. Diese Transparenz der Software-Entwicklung im Open Source Modell muß daher für die Durchführung gerade von objektiven Aufwandsschätzungen als eindeutiger Vorteil erachtet werden.

6.3 Aufwandsschätzung für das GNOME-Projekt

In diesem Abschnitt sollen ausgewählte Ansätze zur Aufwandsschätzung von Software-Projekten für das GNOME-Projekt zur Anwendung gebracht werden. Zusätzlich soll die generelle Eignung der jeweiligen Methoden im Bereich von Open Source Projekten untersucht werden.

6.3.1 Norden/Rayleigh-Modell

In einem ersten Ansatz wird eine Schätzung unter Verwendung des Modells von Norden [Norden, 1960] beziehungsweise Putnam [Putnam, 1978] durchgeführt. Für eine detaillierte Darstellung des Modells sei dabei auf Abschnitt 3.1.3 verwiesen.

Insbesondere wird die Möglichkeit der Abschätzung des Gesamtaufwandes K aus dem Gipfelpunkt der Manpower-Funktion in Anspruch genommen. Dazu sind die Bestimmung des Zeitpunktes des Erreichens des Gipfelpunktes t_d in Jahren seit Projektbeginn sowie der Besetzung mit Personen zu diesem Zeitpunkt $m(t_d)$, auch mit m_0 bezeichnet, notwendig. Dann kann

über die Beziehung
$$m_0 \, t_d \, \sqrt{e} = K \qquad (6.1)$$
der Gesamtaufwand, und über
$$t_d^2 = \frac{1}{2a} \qquad (6.2)$$
der Parameter a der Rayleigh-Kurve der Manpower-Funktion
$$m(t) = 2\,K\,a\,t\,exp(-a\,t^2) \qquad (6.3)$$
berechnet werden.
Da der Verlauf der aktiven Programmierer des GNOME-Projektes (siehe Abbildung 5.28 sowie Abschnitt 5.3.3 für den entsprechenden Teil der Analyse) einer Rayleigh-Kurve zu folgen scheint, kann dieses Modell zur Anwendung gebracht werden. Wie ebenfalls zu sehen ist und auch in der Analyse des Projektes dargestellt wurde, dürfte ein Gipfelpunkt erreicht worden sein. Daher sind die notwendigen Daten gegeben, um eine Abschätzung des Gesamtaufwandes vornehmen zu können.

Variante 1

Der Beginn des Projektes wird in dieser Variante mit dem ersten Datenpunkt im Jänner 1997 angenommen. Der Gipfelpunkt in der Besetzung mit Personen ist zwischen November 1998 und September 1999 erreicht. In diesem Zeitraum ist die Personalausstattung weitgehend konstant. Die seit Projektbeginn verstrichene Zeit t_d wird daher mit dem Mittelwert dieses Zeitraumes, 2.25 Jahren, angenommen. Für den Wert m_0 in Personen zu diesem Gipfelpunkt wird ebenfalls auf den Mittelwert dieses Zeitraumes zurückgegriffen. Daher folgt ein Wert von 131.8 aktiven Programmierern. Da das Modell von Norden jedoch von Vollzeit-Programmierern ausgeht, muß diese Zahl noch entsprechend konvertiert werden. Eine bereits angesprochene Studie [Hermann et al., 2000] zu diesem Thema hat einen durchschnittlichen Zeitaufwand für Linux-Programmierer von 13.9 Stunden pro Woche ergeben. Da es, wie gezeigt wurde, auch in anderen Merkmalen starke Übereinstimmungen der Ergebnisse mit den Daten des GNOME-Projektes gibt, scheint es möglich, diesen Wert zu verwenden. Die Konvertierung auf Vollzeit-Programmierer mit einer Leistung von 40 Stunden pro Woche resultiert dann in einem m_0 von 45.8 Personen. Über die oben dargestellten Beziehungen ergibt sich damit ein Gesamtaufwand K von 169.9 Mannjahren. Für den Parameter a der Manpower-Funktion folgt ein Wert von 0.0987.

Daher läßt sich die Manpower-Funktion mit

$$m(t) = 2 \times 169.9 \times 0.0987 \times t \times exp(-0.0987 \times t^2) \qquad (6.4)$$

angeben. Der bisher geleistete Einsatz $C(2.75)$ beträgt damit 89.4 Mannjahre, der Einsatz bis zum Gipfelpunkt $C(t_d)$ beziehungsweise $C(2.25)$ 66.8 Mannjahre. Für den Manpower Build-up D_0 ergibt sich ein Wert von 14.92, was praktisch genau dem für neue stand-alone Systeme von Putnam [Putnam, 1978] vorgeschlagenen Wert von 15 entspricht.

Variante 2

Da der Verlauf der aktiven Programmierer im Anfangsbereich nicht einer Rayleigh-Kurve entspricht, sondern sich auf einem sehr niedrigen Niveau bewegt und erst von Oktober auf November 1997 einen merklichen Anstieg aufweist, wird der Projektbeginn in dieser Variante auf den Oktober 1997 gesetzt. Damit ändert sich der Wert für t_d auf 1.42 Jahre, die Besetzung mit Personen am Gipfelpunkt m_0 bleibt gleich. Der Gesamtaufwand K hat in diesem Fall einen Wert von 107.2 Mannjahren und der Parameter a von 0.248. Damit läßt sich die alternative Manpower-Funktion mit

$$m(t) = 2 \times 107.2 \times 0.248 \times t \times exp(-0.248 \times t^2) \qquad (6.5)$$

angeben. Für den bereits geleisteten Einsatz $C(1.92)$ ergibt sich dann ein Wert von 64.2 Mannjahren, für den Einsatz bis zum Gipfelpunkt $C(t_d)$ oder $C(1.42)$ ein Wert von 42.1 Mannjahren. Der Manpower Build-up D_0 beträgt 37.44, was außerhalb der von Putnam [Putnam, 1978] genannten Werte liegt, jedoch noch unter dem von Londeix [Londeix, 1987] vorgeschlagenen Maximalwert von 60.

Vergleich und Diskussion

Zum Vergleich der beiden dargestellten Varianten zeigt Abbildung 6.1 die zwei geschätzten Manpower-Funktionen sowie den tatsächlichen Verlauf. Dabei zeigt sich deutlich, daß Variante 2 besser zu den beobachteten Daten paßt. Dies kann auch über einen Vergleich der Bestimmtheitsmaße bestätigt werden. Für Variante 1 ergibt sich ein R^2 von 0.508, während Variante 2 einen deutlich höheren Wert von 0.958 erreicht.

Diese Resultate, insbesondere diejenigen der zweiten Variante, zeigen deutlich die Anwendbarkeit des Norden/Rayleigh-Modells. Die Tatsache, daß dieses Verfahren auf einem sehr grundlegenden Modell eines Entwicklungsprojektes als Abfolge von Problemlösungsaktivitäten beruht [Norden, 1960],

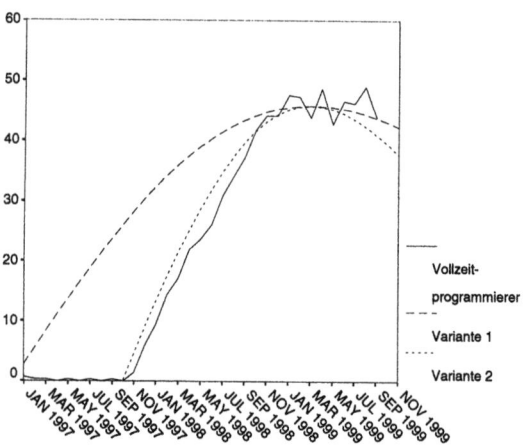

Abbildung 6.1: Geschätzte sowie tatsächliche Manpower-Funktion (Vergleich von Variante 1 und 2)

und daher als besonders generell anzusehen ist, stellt für die Anwendung im Bereich der Open Source Software-Entwicklung einen eindeutigen Vorteil dar. Auch die angenommene starke Überlappung der einzelnen Phasen des Software-Lebenszyklus sowie die Inkludierung von Erweiterung, Modifikation und Wartung der Software, für die auch ein hoher Anteil am Gesamtaufwand eines Projektes unterstellt wird [Putnam, 1978], weisen auf eine starke Übereinstimmung mit diesem Entwicklungsmodell hin. Empirisch konnte der angenommene Verlauf der Manpower-Funktion bei einer Vielzahl von Projekten bestätigt werden [Putnam, 1978], wobei es sich dabei aber bisher ausschließlich um kommerzielle Projekte gehandelt hat. Die Tatsache, daß keine Schätzung der Größe der Software, sondern die Besetzung mit Personen als Input für die Aufwandschätzung benötigt wird, stellt ebenfalls einen Vorteil dar. Dies ist jedoch ebenso wie der Nachteil, daß der Gipfelpunkt der Manpower-Funktion erreicht sein muß, um eine Schätzung vornehmen zu können, ein allgemeiner Punkt, der sich nicht auf die Verwendung im speziellen Bereich der Open Source Software-Entwicklung bezieht.

Es gibt aber auch einige Problembereiche, die mit der Anwendung dieses Modells verbunden sind. Den ersten Punkt stellt die Konvertierung der Anzahl der aktiven Programmierer in Vollzeit-Beschäftigte dar. Dazu ist ein Wert für die tatsächlich aufgewendete Arbeitszeit der Beteiligten notwendig. Im vorliegenden Fall wurden dafür, wie beschrieben, die

Ergebnisse einer Umfrage unter Linux-Entwicklern [Hermann et al., 2000] herangezogen, da auch in anderen Merkmalen starke Übereinstimmungen mit den Programmierern des betrachteten Projektes gefunden wurden. Eine ähnliche Untersuchung, die insbesondere die Auswirkungen von einzelnen Motivationsfaktoren auf das Ausmaß der Beteiligung untersuchen soll, wird auch von Hars und Ou [Hars und Ou, 2000] angestrebt. Generell wäre die Möglichkeit für eine gezielte Umfrage unter den Beteiligten des betrachteten Open Source Projektes als mögliche Alternative zu einer projekt-übergreifenden Untersuchung denkbar. Bei einer stärkeren organisatorischen Einbindung der Entwickler wäre auch das Führen von Zeitblättern [Graves und Mockus, 1998, Atkins et al., 1999] in Form einer Selbstaufschreibung möglich. Ein solches Vorgehen könnte jedoch potentielle Teilnehmer abschrecken und sollte daher nur mit Vorsicht und auf freiwilliger Basis eingesetzt werden.

Eine weitere notwendige Festlegung zur Anwendung des Norden/Rayleigh-Modells stellt die Definition des Zeitpunktes des Projektbeginns dar. Wie der obige Vergleich der beiden dargestellten Varianten zeigt, können sich hier starke Unterschiede in der resultierenden Aufwandsschätzung ergeben. Für diese Terminbestimmung existieren mehrere Ansätze, wozu sicherlich der offizielle Start des Projektes zählt. Dieser ist jedoch gerade bei Open Source Projekten nicht immer genau zu definieren. Eine weitere Möglichkeit besteht in dem Zeitpunkt, zu dem das erste Mal eine Leistung festgestellt werden konnte, die sich auf das Projekt bezieht. Dies wurde im vorliegenden Fall als Variante 1 versucht. Die letzte Möglichkeit, als Variante 2 oben dargestellt, besteht in jenem Punkt, zu dem erstmals ein deutlicher Anstieg in der Manpower-Funktion zu beobachten ist. Diese Vorgehensweise ist auch mit dem Norden/Rayleigh-Modell, abgesehen von der Form einer Rayleigh-Kurve, insoweit kompatibel, als in diesem Ansatz die Spezifikation und im geringeren Umfang das Design nicht inkludiert sind [Putnam, 1978]. Das Modell setzt erst mit dem Beginn der eigentlichen Entwicklung und dem damit korrespondierenden Anstieg in der Manpower-Funktion ein. Gerade diese Festlegung wurde auch von Parr [Parr, 1980] kritisiert, weshalb in seinem Modell der Aufwand zum definierten Projektbeginn nicht bei einem Wert von Null beginnt (siehe dazu auch Abschnitt 3.1.3).

Die in einem Open Source Projekt vergleichsweise hohe Beteiligung von Benutzern, die sich zum Beispiel über das Finden und Melden von Fehlern einbringen, spiegelt sich im Modell von Norden nicht wieder. Hier wird von einer traditionellen Entwicklung im Kathedral-Modell [Raymond, 1999b] ohne oder mit nur geringer Einbindung der Benutzer ausgegangen, womit alle Problemlösungsaktivitäten und folglich der gesamte Aufwand von den Entwicklern getragen werden. In einer Open Source Entwicklung arbeiten dagegen, wie auch in der Analyse gezeigt wurde, eine hohe Zahl von Benutzern aktiv an der Verbesserung der Software mit. Die Anzahl der aktiven Programmierer stellt somit eigentlich eine Unterschätzung dar, da noch weitere Personen gerade in den Bereichen Test und Validierung Problemlösungsaktivitäten übernehmen. Dieser Beitrag ist jedoch äußerst schwierig abzuschätzen. Es muß folglich angenommen werden, daß der aus der Anwendung des Norden/Rayleigh-Modells resultierende Aufwand in Mannjahren nicht die gesamte Leistung aller Beteiligten zeigt. Damit ist ein Vergleich mit einer kommerziellen Entwicklung allein auf dieser Basis nicht gerechtfertigt, da sonst die Effizienz einer Entwicklung im Open Source Modell überschätzt werden könnte, eine mögliche Tendenz, die auch bereits von McConnell [McConnell, 1999] angesprochen wurde.

Als weiterer Punkt kann die Annahme identifiziert werden, daß die Rate des Fortschritts im Projekt sich proportional zu einer Lernrate des Teams verhält, die eine lineare Funktion der Zeit darstellt. Diese Lernrate wird mit $p(t) = 2\,a\,t$ modelliert [Norden, 1960]. Der Parameter a spielt in weiterer Folge eine entscheidende Rolle bei der Bestimmung des Gipfelpunktes der Rayleigh-Kurve. Es kann argumentiert werden, daß gerade in einem Open Source Projekt, in dem eine hohe Fluktuation der Teilnehmer vorliegt, die Lernrate nicht auf diese Weise zu bestimmen ist, da sie sich über die Zeit sehr stark ändern kann, wenn neue Entwickler hinzustoßen und andere das Projekt verlassen. Andererseits haben sich jedoch bei der Analyse des GNOME-Projektes eine konstante Produktivität sowie eine Kerngruppe von aktiven Entwicklern, die somit sehr wohl lernen können, gezeigt. Die Lernrate wird auch von Parr [Parr, 1980] kritisiert, der den Fortschrittszuwachs in einem Projekt durch Abhängigkeiten zwischen den zu lösenden Problemen erklärt. Dies stellt folglich eine allgemeinere Sichtweise dar, und wäre möglicherweise für eine Open Source Entwicklung etwas besser geeignet. Eine weitere Möglichkeit wäre, den Zuwachs an Personen gerade zu Beginn des Projektes nicht über eine Lernrate, sondern über die Bekanntheit und Attraktivität eines Open Source Projektes zu erklären. Es kann angenommen werden, daß diese ebenfalls mit der Zeit ansteigen. Wenn die Motivation von Open Source Entwicklern jedoch vor allem über den Wunsch nach Reputation erklärt wird [Raymond, 1999b], dann würde ab einem gewissen Zeitpunkt die Attraktivität eines Projektes zumindest in Bezug auf neue Eintritte nachlassen (siehe auch Abschnitt 4.4 für eine Diskussion zur Motivation).

Ein möglicher Kritikpunkt bei der Anwendung des Norden/Rayleigh-Modells besteht in der Annahme, daß sich ein Projekt aus einer endlichen Menge von Problemen zusammensetzt [Norden, 1960]. Gerade im Open Source Bereich wird angenommen, daß die Anforderungen sich oftmals je nach den Bedürfnissen der Beteiligten ändern. Somit kann argumentiert werden, daß die Menge an Problemen sich im Zeitverlauf erweitert. Damit kann möglicherweise ein Open Source Projekt niemals zu einem Abschluß gelangen, da laufend neue Anforderungen auftauchen, an denen in weiterer Folge gearbeitet wird. Eine Klärung dieses Punktes ist jedoch erst nach einer langfristigen Beobachtung einer größeren Anzahl von Open Source Projekten möglich. Grundsätzlich sind die Erweiterung und die Modifikation einer Software im Norden/Rayleigh-Modell inkludiert [Putnam, 1978], der Umfang sowie der Anteil dieser Phasen am Gesamtprojekt sind aber möglicherweise für eine Open Source Entwicklung zu gering dimensioniert. Bei dem betrachteten GNOME-Projekt ist jedoch mit hoher Wahrscheinlichkeit dieser Zeitpunkt noch nicht eingetreten, da gerade erste Versionen veröffentlicht wurden beziehungsweise werden, und somit noch keine großen Erweiterungen der grundlegenden Anforderungen vorgenommen wurden.

6.3.2 Function Point

Die Anwendung des Function Point-Verfahrens [Albrecht und Gaffney, 1983], wobei für eine ausführliche Darstellung auf Abschnitt 3.2.3 verwiesen sei, ist für das GNOME-Projekt schwierig. Dies liegt darin begründet, daß für eine Bestimmung der Größe der zu erstellenden Software in Function Points ein äußerst tiefgehendes Wissen um die einzelnen Komponenten des Systems notwendig ist. Dies ist gerade in einem umfangreichen und vielfältigen Projekt, wie es das GNOME-Projekt darstellt, für eine insbesondere außenstehende Einzelperson schwierig. Diese Abschätzung müßte auch in Open Source Projekten durch die jeweils mit einzelnen Modulen des Systems befaßten Entwickler geschehen. Ein Einblick von Außen ist zwar durch die zur Verfügung stehenden Informationen möglich, teilweise kann auch die Architektur einer Open Source Software aus dem Code extrahiert werden [Bowman et al., 1999], doch der resultierende Aufwand scheint sehr hoch zu sein. Auch für andere Ausprägungen von Function Points wie zum Beispiel Mark II [Symons, 1988] oder von Uemura et al. [Uemura et al., 1999] fehlen die notwendigen Grundlagen in Form von Datenmodellen beziehungsweise UML-Diagrammen. Dies ist sicherlich zum Teil durch die geringe Beachtung von Spezifikation und Design [Vixie, 1999] begründet.
Um dennoch einen Eindruck von der Größe des GNOME-Projektes ausgedrückt in Function Points zu bekommen, wurde ein zur nor-

malen Vorgehensweise umgekehrter Weg gewählt. Zumeist werden über einen programmiersprachen-abhängigen Umrechnungsfaktor Function Points in LOC umgerechnet [Albrecht und Gaffney, 1983, Arifoglu, 1993, Boehm et al., 2000], hier wird die bekannte Größe des GNOME-Projektes in Function Points umgewandelt. Als Programmiersprache ist in diesem Projekt C vorherrschend. Weitere Sprachen, die eine gewisse Verbreitung haben, sind in dieser Reihenfolge Perl und C++. Daher wurde zur Bestimmung des Umrechnungsfaktors eine Gewichtung dieser Sprachen von siebzig zu zwanzig zu zehn Prozent gewählt. Die jeweiligen Faktoren wurden von Boehm et al. [Boehm et al., 2000] übernommen, da hier die neuesten Daten zur Verfügung standen. Dadurch ergibt sich insgesamt ein Faktor von 100.5 LOC pro Function Point. Wenn für das GNOME-Projekt die Größe von 1 800 000 LOC am Ende des Beobachtungszeitraumes verwendet wird, so folgt eine bisher implementierte Anzahl von circa 17 900 Function Points. Dieser Zeitpunkt liegt jedoch nach dem Gipfelpunkt t_d der Manpower-Funktion (siehe dazu auch den vorangegangenen Abschnitt 6.3.1), der empirisch der Operativsetzung entspricht [Putnam, 1978]. Damit ist in dieser Größe der Software bereits eine gewisse Anzahl von Modifikationen und Erweiterungen enthalten, wie sie zum Beispiel von COCOMO [Boehm, 1981] nicht betrachtet werden. Zur besseren Vergleichbarkeit wird daher in weiterer Folge auch die Größe zum Zeitpunkt t_d, nämlich 1 230 000 LOC beziehungsweise 12 200 Function Points betrachtet.

Die Ableitung einer Aufwandsschätzung aus der Größe eines zu implementierenden Systems erfolgt in einem nächsten Schritt entweder durch einen direkten Zusammenhang zwischen Function Points und Aufwand aus historischen Projekten [Albrecht und Gaffney, 1983, Kemerer, 1987, Matson et al., 1994], oder durch Umrechnung in LOC und Anwendung eines anderen Modells wie zum Beispiel COCOMO [Arifoglu, 1993, Boehm et al., 2000]. Dabei stellt die erste Möglichkeit insofern ein Problem dar, als eine entsprechende historische Datenbasis gerade für Open Source Projekte nicht vorhanden ist. Es existieren weder Aufzeichnungen über den angefallenen Aufwand, noch über die Anzahl der implementierten Function Points. Inwieweit Daten aus kommerziellen Projekten Verwendung finden können, kann erst beantwortet werden, wenn entsprechende Produktivitätsvergleiche durchgeführt worden sind, wobei auf Möglichkeiten dazu in weiterer Folge noch eingegangen wird. Beispielhaft sollen jedoch trotzdem einige existierende Modelle, die alle aufgrund der Daten von kommerziellen Projekten geschätzt wurden, zur Anwendung gebracht werden. Albrecht und Gaffney geben den Zusammenhang zwischen Aufwand E und Anzahl der

Function Points FP mit

$$E = 54 \times FP - 13390 \qquad (6.6)$$

an [Albrecht und Gaffney, 1983]. Es soll noch angemerkt werden, daß in weiterer Folge für die Darstellung aller Modelle zur besseren Vergleichbarkeit dieselben Symbole verwendet werden. Auch der Aufwand E ist in jedem Fall in Mannstunden dimensioniert und wird dann konvertiert. Aus diesem Modell folgt für das GNOME-Projekt ein für die bisherige Implementierung angefallener Aufwand von 522.6 Mannjahren beziehungsweise von 353.8 Mannjahren bis zum Zeitpunkt t_d. Kemerer gibt ein Modell mit

$$E = 51.8 \times FP - 18544 \qquad (6.7)$$

an [Kemerer, 1987]. Daraus ergibt sich ein Aufwand von 498.2 beziehungsweise 336.3 Mannjahren. Matson et al. [Matson *et al.*, 1994] schlagen zwei unterschiedliche Modelle vor. Der erste Ansatz stellt einen linearen Zusammenhang von

$$E = 15.12 \times FP + 585.7 \qquad (6.8)$$

auf, die zweite und verbesserte Version wird mit

$$\ln E = 1.00 \times (\ln FP) + 2.51 \qquad (6.9)$$

angegeben. Damit ergibt sich im ersten Fall ein Aufwand von 148.7 Mannjahren für die Implementierung der bisherigen Größe des GNOME-Projektes, und von 101.9 Mannjahren bis zum Zeitpunkt t_d. Im zweiten Fall resultiert ein Aufwand von 120.6 beziehungsweise 82.3 Mannjahren. Diese Ergebnisse der Anwendung der Function Point-Methode zeigen deutliche Unterschiede je nach der verwendeten Schätzgleichung. Es fällt auf, daß die Resultate bei Verwendung der Modelle von Matson et al. [Matson *et al.*, 1994] deutlich niedriger als diejenigen von Albrecht und Gaffney [Albrecht und Gaffney, 1983] beziehungsweise Kemerer [Kemerer, 1987] ausfallen. Erstere Schätzungen befinden sich auch eher im Bereich der Ergebnisse, die das Norden/Rayleigh-Modell geliefert hat (siehe Abschnitt 6.3.1). Mögliche Ursachen liegen in der größeren Datenbasis von 104 Projekten [Matson *et al.*, 1994] im Gegensatz zu 24 bei Albrecht und Gaffney [Albrecht und Gaffney, 1983] beziehungsweise 15 bei Kemerer [Kemerer, 1987]. Außerdem wurden umfangreichere Projekte betrachtet. Als letzter Punkt kann noch der Zeitpunkt der Datenerhebung genannt werden, der bei Matson et al. [Matson *et al.*, 1994] näher an der Gegenwart liegt, sodaß wahrscheinlich ein höherer Anteil von neueren Projekten in die

Schätzung der Parameter eingegangen ist. Wenn eine Zunahme der Produktivität zum Beispiel durch bessere Ausbildung, neuere Tools oder andere Methoden, jedoch nicht Programmiersprachen, da Function Points davon unabhängig sind, über die Zeit unterstellt wird, so werden neuere Schätzgleichung dies zwangsläufig widerspiegeln und damit niedrigere Ergebnisse für den notwendigen Aufwand liefern. Da mit dem GNOME-Projekt ein aktuelles Projekt betrachtet wird, würden diese Resultate demzufolge eine bessere Vorhersage darstellen.

Wenn zur Gewinnung einer Schätzung eine Umrechnung in LOC erfolgt, muß danach entweder wiederum direkt eine Beziehung zum Aufwand hergestellt werden, wobei sich die oben genannten Probleme ergeben, oder es wird ein Modell wie zum Beispiel COCOMO [Boehm, 1981, Boehm et al., 2000] zur Anwendung gebracht. Mit der Anwendbarkeit dieses Modells beschäftigt sich Abschnitt 6.3.3, weshalb hier auf diesen verwiesen werden soll.

Es ist weiters anzumerken, daß die notwendigen Umrechnungsfaktoren für die Relation zwischen Function Points und LOC in der jeweiligen Zielsprache, wie sie auch am Beispiel des GNOME-Projektes oben verwendet wurden, möglicherweise nur begrenzt auf den Bereich der Open Source Software-Entwicklung übertragbar sind. Es wird angenommen, daß gerade Programmierer in Open Source Projekten neue Ansätze und Stile ausprobieren [Vixie, 1999]. Dies könnte sowohl zu einer Verringerung wie auch einer Steigerung der zur Implementierung eines Function Points im Durchschnitt notwendigen LOC führen. Neben diesem Effekt könnte angenommen werden, daß ein höherer Anteil von unerfahrenen Entwicklern mitarbeitet, da keine Auswahl der Beteiligten durch ein Management erfolgt, und diese somit ebenfalls die Umrechnungsfaktoren verzerren. Die Analyse des GNOME-Projektes hat jedoch keine Unterschiede im Stil zwischen den einzelnen Programmierern gezeigt, was zum Beispiel die Größe der jeweiligen Checkins betrifft. Außerdem hat sich der Anteil jener Programmierer, die nur einen geringen Beitrag leisten, an dem gesamten Code als sehr gering erwiesen. Die Mitglieder der Kerngruppe dagegen, die für einen Großteil verantwortlich zeichnen, dürften jedoch durchwegs als gute Programmierer zu bezeichnen sein. Damit wäre auch eine Verzerrung in die andere Richtung, also hin zu einem überdurchschnittlich kurzen Programmcode denkbar. Es sollte daher auf jeden Fall eine Überprüfung der entsprechenden Umrechnungsfaktoren im Bereich der Open Source Software-Entwicklung erfolgen, um eventuell vorhandene Unterschiede aufzuzeigen.

Als grundsätzlicher Vorteil von Function Points soll noch die Unabhängigkeit von Programmiersprache und Technologie angeführt werden. Auch ein spezielles Lebenszyklusmodell wird nicht unterstellt. Damit wäre grundsätzlich ein Einsatz in Open Source Projekten möglich und sogar vorteilhaft. Gerade die Zielrichtung der Entwicklung von Function Points als projektübergreifende Maßzahl für Produktivitätsvergleiche erscheint interessant. Damit würde sich diese Metrik, wenn ausreichend Daten über angefallenen Aufwand und implementierte Function Points von Open Source Projekten vorliegen würden, für einen Vergleich dieses Entwicklungsmodells mit einer kommerziellen Entwicklung eignen. Dadurch könnte die Frage nach der Effizienz dieses Modells [Bezroukov, 1999b, Bollinger et al., 1999, McConnell, 1999] möglicherweise beantwortet werden. Als weiterer grundlegender Vorteil ist ein Einsatz von Function Points auch in den Anfangsphasen eines Projektes möglich, jedoch, wie erwähnt, zu diesem sowie späteren Zeitpunkten wohl nur durch Mitglieder der Kerngruppe von Entwicklern, möglicherweise auch nur von mehreren in Kooperation.

6.3.3 COCOMO

In diesem Abschnitt soll die Anwendbarkeit von COCOMO für das GNOME-Projekt sowie im Bereich von Open Source Software-Entwicklung im Allgemeinen dargestellt werden. Dabei soll sowohl auf das ursprüngliche Modell [Boehm, 1981], inzwischen manchmal als COCOMO 81 bezeichnet, wie auch auf die soeben erschienene Weiterentwicklung COCOMO II [Boehm et al., 2000] eingegangen werden. Beide Versionen sind in Abschnitt 3.2.1 ausführlich beschrieben.

Für die Anwendung auf das betrachtete GNOME-Projekt gibt es zwei mögliche Ansätze. Da die Größe der Software zum Ende des Beobachtungszeitraumes bekannt ist, kann daraus eine Schätzung abgeleitet werden. Dazu ist es notwendig, im Fall von COCOMO 81 den Entwicklungsmodus und die Ausprägungen der Umgebungsfaktoren, sowie im Fall von COCOMO II die Werte für Skalenfaktoren und Kostentreiber festzulegen. Dies würde jedoch eine über weite Strecken subjektive Einschätzung der einzelnen Parameter und damit des Projektes inklusive seines Umfeldes und seiner Beteiligten bedeuten. Daher erscheint der zweite mögliche Ansatz interessanter, bei dem diese Werte aus einer schon erstellten Schätzung abgeleitet werden sollen. Dabei wird auf der Arbeit von Londeix [Londeix, 1987] aufgebaut, der die Überleitung einer mittels COCOMO vorgenommenen Schätzung in das Modell von Putnam [Putnam, 1978] beschreibt. Dieser Ansatz, der auf einem Norden/Rayleigh-Modell [Norden, 1960] beruht, wird in Abschnitt 3.2.2 näher beschrieben. Da eine Schätzung nach letzterem Modell bereits vorgenommen wurde, kann hier versuchsweise der umgekehrte Weg beschritten werden, um zu sehen, mit welchen Parametern COCOMO zu demselben

Ergebnis kommt. Damit können möglicherweise Rückschlüsse darauf gezogen werden, wie sich eine Open Source Software-Entwicklung aus der Sicht von COCOMO darstellt.

In einem ersten Schritt soll daher die von Londeix [Londeix, 1987] beschriebene Überleitung dargestellt werden. Ziel war es dabei, eine mittels COCOMO 81 vorgenommene Schätzung im Modell von Putnam und damit über eine entsprechende Manpower-Funktion nach Norden/Rayleigh auszudrücken. Es sollten also der Umgebungsfaktor E der Software-Gleichung sowie der Manpower Build-up D_0 bestimmt werden, die zur selben Schätzung für Aufwand und Entwicklungszeit führen, wie sie das Ergebnis der Anwendung von COCOMO 81 war. Dazu wurden die folgenden Annahmen getroffen:

1. Es wird mit beiden Methoden dasselbe Projekt betrachtet.

2. Die Größe S der Software wird in NCSS (siehe Abschnitt 2.2.1) angegeben. Diese Form ist für beide Modelle passend.

3. Der von COCOMO betrachtete Aufwand ist jener, der zwischen dem Abschluß der Spezifikation und dem Zeitpunkt der Operativsetzung anfällt. Damit entspricht dieser Wert dem Aufwand, der nach dem Modell von Putnam im Rahmen der Projektkurve im Bereich von 0 bis t_d, dem Gipfelpunkt der generischen Kurve und, wie sich empirisch gezeigt hat, Zeitpunkt, zu dem das System operativ gesetzt wird, entsteht.

4. Der betrachtete Zeitraum t_d hat damit ebenfalls dieselbe Bedeutung in beiden Modellen.

Die folglich entscheidende Projektkurve, die innerhalb der bisher betrachteten generischen Kurve liegt und sich aus der Entwicklungskurve und einem gewissen Overhead zusammensetzt, hat eine Manpower-Funktion, die wiederum durch eine Rayleigh-Kurve modelliert werden kann. Diese Rayleigh-Kurve hat ihren Gipfelpunkt zum Zeitpunkt t_{0_p} und beschreibt einen gesamten Aufwand von K_p. Daraus ergibt sich analog zur generischen Kurve mit dem Gipfelpunkt t_d und dem Gesamtaufwand K, die bislang beschrieben wurde, ein kumulativer Aufwand bis zum Zeitpunkt t von

$$C_p(t) = K_p \left[1 - exp\left(-\frac{t^2}{2t_{0_p}^2}\right) \right]. \qquad (6.10)$$

Das Verhältnis zwischen der generischen Kurve und der Projektkurve kann ab einer gewissen Größe des Projektes und damit der Existenz eines nichttechnischen Overheads durch eine Beziehung zwischen dem jeweils betrachteten Gesamtaufwand von der Form

$$K_p = \frac{K}{\alpha^2}, \ \alpha \geq 1 \tag{6.11}$$

hergestellt werden, wobei α als Formfaktor fungiert. Zusätzlich kann als Bedingung für die Projektkurve die Tatsache formuliert werden, daß der Anstieg der Manpower-Funktion für $t = 0$, auch als Schwierigkeitgrad D bezeichnet, gleich zur generischen Kurve ist. Dies kann über

$$D = \frac{K}{t_d^2} = \frac{K_p}{t_{0_p}^2} \tag{6.12}$$

angeschrieben werden, womit sich in Kombination mit Gleichung 6.11 ein Zusammenhang zwischen den Gipfelzeitpunkten der beiden Kurven von

$$t_{0_p} = \frac{t_d}{\alpha} \tag{6.13}$$

ergibt. Durch die Analyse empirischer Daten hat sich eine Abhängigkeit des Formfaktors α von der Größe der Software gezeigt. Für kleine Projekte mit einer Größe S kleiner 18 000 NCSS ergibt sich ein Wert von $\sqrt{6}$, für große Projekte mit S größer 70 000 NCSS nähert sich α an 1 an, sodaß für diese die Projektkurve der generischen Kurve entspricht.

Daraus ergibt sich, daß der kumulative Aufwand der Projektkurve bis zum Zeitpunkt $t = t_d$, also der von COCOMO betrachtete Aufwand, der laut Gleichung 6.10 mit

$$C_p(t_d) = K_p \left[1 - exp\left(-\frac{t_d^2}{2t_{0_p}^2}\right) \right] \tag{6.14}$$

gegeben ist, durch Verwendung der Relation 6.13 auch mit

$$C_p(t_d) = K_p \left[1 - exp\left(-\frac{\alpha^2}{2}\right) \right] \tag{6.15}$$

angeschrieben werden kann. Dann kann der gesamte Aufwand der Projektkurve K_p durch Ausnutzung von Gleichung 6.11 zu dem Gesamtaufwand der generischen Kurve K mittels

$$K_p = \frac{K}{\alpha^2} = \frac{C_p(t_d)}{1 - exp\left(-\frac{\alpha^2}{2}\right)} \tag{6.16}$$

153

in Beziehung gesetzt werden. Wenn diese Gleichung für K gelöst wird, ergibt sich mit

$$K = \frac{\alpha^2 \, C_p(t_d)}{1 - exp\left(-\frac{\alpha^2}{2}\right)} \qquad (6.17)$$

eine Beziehung zwischen dem Gesamtaufwand der generischen Kurve, wie er in die Software-Gleichung eingeht, und dem von COCOMO betrachteten Aufwand.
Dadurch läßt sich, da aus der Anwendung von COCOMO der Aufwand $C_p(t_d)$ bekannt, und der Formfaktor α durch die Größe der Software gegeben ist, über die Software-Gleichung (siehe auch Formel 3.22)

$$E = \frac{S}{K^{1/3} \, t_d^{4/3}} \qquad (6.18)$$

der Umgebungsfaktor E errechnen. Damit ist eine Rayleigh-Kurve modelliert, die dasselbe Ergebnis für Aufwand und Entwicklungsdauer wie COCOMO liefert. Durch diese lassen sich weitere Kennzeichen des Projektes wie der Schwierigkeitsgrad D, der Manpower Build-up D_0 oder die Besetzung mit Personen zum Gipfelpunkt über die bereits dargestellten Zusammenhänge ableiten. Londeix zeigt schließlich für ein Software-Projekt gegebener Größe, daß der Umgebungsfaktor des Modells von Putnam bei schwierigeren Bedingungen, also höheren Werten der Kostentreiber in COCOMO, abnimmt.
Wenn nun aus einer vorhandenen Schätzung nach Norden/Rayleigh, also bei bekannten Parametern der entsprechenden generischen Kurve die korrespondierenden Parameter einer Schätzung mit COCOMO abgeleitet werden sollen, so muß der umgekehrte Weg beschritten werden.
Als erster Schritt, der jedoch für die weitere Ableitung nicht zwingend notwendig ist, kann aus der Größe, der Entwicklungsdauer und dem Gesamtaufwand der generischen Kurve der Umgebungsfaktor E der Software-Gleichung über Formel 6.18 berechnet werden. Für das GNOME-Projekt sind aus der Anwendung des Norden/Rayleigh-Modells in Variante 2 die Parameter K und t_d mit 107.2 Mannjahren beziehungsweise 1.42 Jahren bekannt (siehe auch Abschnitt 6.3.1). Da von Putnam [Putnam, 1978] unter der Größe der betrachteten Software jene zum Zeitpunkt t_d verstanden wird, wird hier der entsprechende Wert von 1 230 000 LOC verwendet. Damit ergibt sich ein Umgebungsfaktor E von 162 200 für die Entwicklung des GNOME-Projektes.
Im nächsten Schritt wird Gleichung 6.17 entsprechend umgeformt, um einen Ausdruck für den in COCOMO betrachteten Aufwand zu erhalten. Dieser

kann mit
$$C_p(t_d) = \frac{K\left[1 - exp\left(-\frac{\alpha^2}{2}\right)\right]}{\alpha^2} \qquad (6.19)$$
angeschrieben werden. Das betrachtete GNOME-Projekt ist eindeutig als groß zu klassifizieren (S größer als 70 000 NCSS), womit α einen Wert von 1 annimmt. Damit ergibt sich ein Aufwand in COCOMO von 42.2 Mannjahren.
Mit diesem Aufwand kann in die grundlegende Form der Aufwandsschätzung von COCOMO eingesetzt werden. Zuerst wird dies für COCOMO 81 durchgeführt, danach wird das Vorgehen für COCOMO II dargestellt. In COCOMO 81 lautet die Formel für den Aufwand wie bereits beschrieben
$$E = a_i \times S^{b_i} \times m(x). \qquad (6.20)$$
Dabei sind in dieser Gleichung der Aufwand E in Mannmonaten und die Größe S in Tausend dimensioniert, sodaß jeweils eine triviale Konvertierung notwendig ist. Die Parameter a_i und b_i hängen von dem gewählten Modell und dem Modus der Software-Entwicklung ab, $m(x)$ stellt den Einfluß der Umgebungsfaktoren dar, die jedoch erst ab Intermediate COCOMO betrachtet werden. Da diese gerade von Interesse sind, wird die Verwendung von Basic COCOMO verworfen. Aufgrund der Tatsache, daß eine Unterscheidung einzelner Phasen der Entwicklung im Open Source Bereich schwierig ist, wird auch Detailed COCOMO, das eine Erhebung von jeweils eigenen Ausprägungen der Umgebungsfaktoren vorsieht, nicht zum Einsatz gebracht. Es folgt daraus, daß Intermediate COCOMO die passende Granularität aufweist, und es wird daher im folgenden dieses Modell verwendet. Zusätzlich ist der zutreffende Modus der Software-Entwicklung festzulegen. Dabei dürfte der Modus Organic für eine Open Source Entwicklung schwierig zu argumentieren sein, da er sich durch eine kleine Gruppe von Entwicklern in einem bekannten 'in-house' Umfeld auszeichnet. Der Modus Embedded ist durch besonders strikte Nebenbedingungen, zum Beispiel durch die Existenz von kaum veränderbaren Anforderungen oder Interfaces, gekennzeichnet. Im Modus Semi-detached besteht eine Mischung aus Charakteristiken der anderen Modi, zum Beispiel können einige strikte Anforderungen existieren, jedoch andere eher flexibel sein. Damit scheint für eine Open Source Entwicklung allgemein, und das GNOME-Projekt im besonderen am ehesten dieser letzte Modus passend zu sein. Auch die von Boehm [Boehm, 1981] angeführten Beispiele, die für den Embedded Modus unter anderem Flugleitsysteme oder militärische Software umfassen, deuten auf diesen Modus hin. Allein die Größe würde auf den Embedded

Modus hinweisen, dieser Punkt scheint jedoch die anderen Argumente nicht zu überwiegen. Es ist aber anzumerken, daß für andere Open Source Projekte möglicherweise ein anderer Modus zutreffend sein könnte, zum Beispiel in einem kleineren Projekt mit wenigen Beteiligten auch Organic. Es wird daher die Gleichung für die Schätzung des Aufwandes im Semi-detached Modus mit

$$E = 2.9 \times S^{1.12} \times m(x) \qquad (6.21)$$

angeschrieben, wobei die Parameter von Conte et al. [Conte et al., 1986] verwendet werden, die bessere Vorhersagewerte als diejenigen von Boehm [Boehm, 1981] liefern. Wenn die Werte für das GNOME-Projekt eingesetzt werden, so ergibt sich

$$506.4 = 2.9 \times 1230^{1.12} \times m(x), \qquad (6.22)$$

woraus der Wert für den Einfluß der Umgebungsfaktoren $m(x)$ mit 0.06 berechnet werden kann. Dieses Ergebnis ist jedoch mit den möglichen Gewichtungen der Umgebungsfaktoren auf keinen Fall zu erreichen, da auch der optimistischste Ansatz bei jedem einzelnen Faktor in einem Gesamtwert von 0.098 resultiert. Selbst wenn angenommen wird, daß doch Kennzeichen des Organic Modus vorliegen, und daher die entsprechende Gleichung (wiederum mit den Parameter nach Conte et al. [Conte et al., 1986]) mit

$$506.4 = 2.6 \times 1230^{1.08} \times m(x) \qquad (6.23)$$

verwendet wird, ergibt sich für $m(x)$ ein Wert von 0.09, der immer noch außerhalb des möglichen Bereiches liegt. Es zeigt sich damit, daß COCOMO 81 nur begrenzt dazu verwendet werden kann, um eine Open Source Software-Entwicklung abzubilden. Dies dürfte vor allem daran liegen, daß weder neuere Lebenszykluskonzepte wie das Spiral-Modell [Boehm, 1988] unterstützt werden, noch die Möglichkeit zu Economies of Scale [Banker und Kemerer, 1989] vorgesehen ist, wie sie möglicherweise im GNOME-Projekt vorliegen (siehe auch die entsprechenden Ergebnisse der Analyse in Abschnitt 5.3). Gerade diese Punkte sind jedoch in der Weiterentwicklung COCOMO II [Boehm et al., 2000] explizit behandelt worden. Daher wird im folgenden eine analoge Überführung in dieses Modell dargestellt.

In COCOMO II (Post-Architecture Model) hat die Gleichung für die Schätzung des Aufwandes PM die grundlegende Form

$$PM = A \times S^E \times \prod_{i=1}^{17} EM_i, \qquad (6.24)$$

wobei der Exponent E durch 5 Skalenfaktoren mit jeweiliger Gewichtung SF_j über

$$E = B + 0.01 \times \sum_{j=1}^{5} SF_j \qquad (6.25)$$

bestimmt wird und die unterschiedlichen Modi von COCOMO 81 ersetzt. EM_i stellt den Einfluß der einzelnen Kostentreiber dar, die Parameter A und B wurden durch Kalibrierung auf 2.94 beziehungsweise 0.91 gesetzt. Damit ergibt sich durch Einsetzen der Daten des GNOME-Projektes die Gleichung

$$506.4 = 2.94 \times 1230^{\left(0.91 + 0.01 \times \sum_{j=1}^{5} SF_j\right)} \times \prod_{i=1}^{17} EM_i. \qquad (6.26)$$

Diese Gleichung kann natürlich nicht eindeutig gelöst werden, es kann aber durch die eingeschränkten Möglichkeiten zur Gewichtung der einzelnen Faktoren ein Hinweis auf die Effizienz einer Software-Entwicklung im Open Source Modell gewonnen werden. So können die Nebenbedingungen

$$0 \leq \sum_{j=1}^{5} SF_j \leq 31.62 \qquad (6.27)$$

sowie

$$0.0569 \leq \prod_{i=1}^{17} EM_i \leq 115.5827 \qquad (6.28)$$

formuliert werden. Wenn jetzt in einem ersten Ansatz alle Skalenfaktoren auf den niedrigsten möglichen Wert gesetzt werden, was, wie noch ausgeführt wird, jedoch nicht realistisch erscheint, dann ergibt sich für den Aufwand des GNOME-Projektes die Gleichung

$$506.4 = 2.94 \times 1230^{0.91} \times \prod_{i=1}^{17} EM_i. \qquad (6.29)$$

und folglich ein Gesamtwert von 0.266 für den Einfluß der Kostentreiber. Dieser Wert erfüllt Nebenbedingung 6.28, und liegt somit im gültigen Bereich. Bei einer durchschnittlichen Gewichtung jedes Kostentreibers mit Nominal würde zum Vergleich ein Wert von 1 resultieren. Eine Software-Entwicklung im Open Source Modell wird demzufolge von COCOMO II als sehr effektiv eingeschätzt, was sich in einer überdurchschnittlichen Bewertung der Kostentreiber ausdrückt.

In einem zweiten Ansatz werden durch den Autor realistische Werte für die Skalenfaktoren angenommen, und zwar, jeweils auf einer Skala von Very Low, Low, Nominal, High, Very High und Extra High,

- für Precedentedness High, da ähnliche Systeme zum Beispiel in Form von Microsoft Windows existieren und damit auch relativ klare Ziele sowie entsprechende Erfahrungen vorliegen,

- für Development Flexibility Extra High, da in einem Open Source Projekt keine Spezifikationen vorliegen und folglich auch keine strikte Beachtung dieser notwendig sein kann,

- für Architecture/Risk Resolution Low, da wenig Aufwand in Spezifikation und Planung investiert wird, und auch die Unsicherheit im Projekt als hoch anzusehen ist,

- für Team Cohesion Extra High, da zwar keine oder nur geringe Erfahrung in der gemeinsamen Arbeit besteht, jedoch, was schwerer wiegt, keine Unterschiede zwischen den einzelnen Stakeholdern und deren Zielen bestehen beziehungsweise bestehen können, da die Entwickler selbst als Abnehmer fungieren, und

- für Process Maturity Low, da diese anhand des Capability Maturity Model [Paulk et al., 1993] gemessen wird, und zwar sicher einige Anforderungen erfüllt sind, jedoch keineswegs alle zur Erreichung höherer Stufen notwendigen, gerade in den Bereichen Management oder Dokumentation.

Bei dieser Einschätzung ergibt sich eine Schätzgleichung von

$$506.4 = 2.94 \times 1230^{1.0528} \times \prod_{i=1}^{17} EM_i \qquad (6.30)$$

für das GNOME-Projekt, und somit ein Einfluß der Kostentreiber im Ausmaß von 0.0962, was immer noch, wenn auch knapp, im zulässigen Bereich entsprechend Nebenbedingung 6.28 liegt. Dieser Wert liegt noch deutlicher als zuvor unter dem Einfluß von 1, der sich durch eine durchschnittliche Bewertung aller Kostentreiber mit Nominal ergeben würde. Somit zeigt sich im Fall einer realistischen Einschätzug der Skalenfaktoren eine natürlich ebenfalls sehr positive Sicht der Software-Entwicklung im Open Source Modell, die jedoch immer noch in dem Bereich liegt, der mittels COCOMO II abgebildet werden kann. Damit erweist sich diese Weiterentwicklung im

Vergleich zu COCOMO 81 auf jeden Fall als besser geeignet, um eine Aufwandsschätzung in diesem Bereich durchzuführen.
Zum Abschluß sollen noch zwei Szenarien für eine Schätzung des GNOME-Projektes unabhängig von einer vorangegangenen Anwendung des Norden/Rayleigh-Modells dargestellt werden.
Im ersten Ansatz werden alle Skalenfaktoren und Kostentreiber auf die mittlere Gewichtung Nominal gesetzt, und somit eine durchschnittliche Entwicklungsumgebung postuliert. In diesem Fall ergibt sich bei Einsetzen der Größe des GNOME-Projektes die Schätzgleichung

$$PM = 2.94 \times 1230^{1.0997} \times 1 \qquad (6.31)$$

und daraus folgend ein Aufwand von 612.5 Mannjahren.
Im zweiten Szenario werden Skalenfaktoren und Kostentreiber auf realistische Werte gesetzt, wobei die Bewertungen jedoch nur die persönliche Auffassung des Autors darstellen. Für die Skalenfaktoren werden die oben dargestellten Werte herangezogen, die Kostentreiber wurden ebenfalls entsprechend gewichtet (siehe Tabelle 6.1).
Damit ergibt sich für den Aufwand des GNOME-Projektes eine Gleichung mit

$$PM = 2.94 \times 1230^{1.0528} \times 0.6765 \qquad (6.32)$$

und daher ein Aufwand von 296.8 Mannjahren.
Abschließend ist festzustellen, daß sich COCOMO II [Boehm et al., 2000] bei weitem besser als sein Vorgänger dafür zu eignen scheint, eine Aufwandsschätzung für eine Open Source Software-Entwicklung vorzunehmen. Durch die Einführung von Skalenfaktoren als Ersatz für die Modi der Entwicklung ist eine höhere Bandbreite von Möglichkeiten, gerade auch für Economies of Scale [Banker und Kemerer, 1989], gegeben. Außerdem erweist sich die Tatsache, daß ein Wasserfall-Modell der Software-Entwicklung nicht mehr zwingend vorausgesetzt wird, in diesem Zusammenhang sicher als Vorteil. Problematisch ist dagegen die Notwendigkeit zur zwangsweise zumindest teilweise subjektiven Bewertung von Skalenfaktoren und Kostentreibern. Dies ist jedoch im Gegensatz zur Bestimmung der Anzahl von Function Points [Albrecht und Gaffney, 1983] noch eher für einen Außenstehenden möglich. Einige dieser Faktoren dürften auch, was eine Erleichterung darstellt, für jede Open Source Software-Entwicklung gleich zu bewerten sein, so würde zum Beispiel eine geringe Development Flexibility im direkten Gegensatz zu diesem Modell stehen. Ein weiteres Problem stellt sicher die Tatsache dar, daß eine Schätzung für die Größe der Software vorgenommen werden muß. Dabei ist auch die Verwendung von Function Points

Kostentreiber	Gewichung
Required Software Reliability	Nominal
Database Size	Low
Product Complexity	High
Developed for Reusability	Very High
Documentation Match to Life-Cycle Needs	Very Low
Execution Time Constraint	Nominal
Main Storage Constraint	Nominal
Platform Volatility	Low
Analyst Capability	Nominal
Programmer Capability	High
Personal Continuity	Nominal
Applications Experience	Low
Platform Experience	Nominal
Language and Tool Experience	High
Use of Software Tools	High
Multisite Development	Nominal
Required Development Schedule	Very High

Tabelle 6.1: Einschätzung der Kostentreiber von COCOMO II für das GNOME-Projekt

[Albrecht und Gaffney, 1983] nur eingeschränkt möglich, wobei hierzu auf den entsprechenden Abschnitt 6.3.2 verwiesen sei.

6.4 Vergleich und Zusammenfassung

In diesem Abschnitt sollen die Ergebnisse der verschiedenen Ansätze, die für das GNOME-Projekt angewendet wurden, kurz gegenübergestellt und verglichen werden. Zusätzlich sollen die jeweiligen Vor- und Nachteile für einen allgemeinen Einsatz im Bereich der Open Source Software-Entwicklung zusammengefaßt werden. Abschließend werden nochmals Bedeutung und Möglichkeiten der Aufwandsschätzung für Open Source Projekte diskutiert. Zum Vergleich der Ergebnisse der einzelnen Modelle sind diese in Tabelle 6.2 dargestellt. Dabei wird für jedes Modell beziehungsweise für jede untersuchte Variante der sich für das GNOME-Projekt ergebende Aufwand in Mannjahren angegeben. Da nicht bei jedem Ansatz derselbe Zeitraum betrachtet wird, wurde eine entsprechende Unterscheidung eingeführt. Deshalb wird zwischen dem bis zum Zeitpunkt der Operativsetzung t_d angefallenen Aufwand, dem Aufwand bis zum Ende des Beobachtungszeitraumes im September 1999 und dem Gesamtaufwand auf Grundlage der generischen Kurve nach Norden/Rayleigh [Norden, 1960] unterschieden. In Tabelle 6.2 sind demzufolge auch nur entsprechend den möglichen Kombinationen Ergebnisse angeführt.

Modell	Aufwand bis t_d	Aufwand bisher	Gesamtaufwand
Norden/Rayleigh [Norden, 1960] Var. 1	66.8	89.4	169.9
Norden/Rayleigh [Norden, 1960] Var. 2	42.1	64.2	107.2
Function Point [Albrecht und Gaffney, 1983]	353.8	522.6	-
Function Point [Kemerer, 1987]	336.3	498.2	-
Function Point [Matson et al., 1994] lin.	101.9	148.7	-
Function Point [Matson et al., 1994] log.	82.3	120.6	-
COCOMO II [Boehm et al., 2000] durch.	612.5	-	-
COCOMO II [Boehm et al., 2000] realist.	296.8	-	-

Tabelle 6.2: Vergleich der Aufwandsschätzungen für das GNOME-Projekt (alle Angaben in Mannjahren)

Dabei zeigen sich zum Teil deutliche Unterschiede in den resultierenden Schätzungen. So ergibt die Anwendung von COCOMO II [Boehm et al., 2000] mit den Parametern einer durchschnittlichen Entwicklung bis zum Zeitpunkt der Operativsetzung einen annähernd um den Faktor 15 höheren Aufwand als das Modell von Norden/Rayleigh [Norden, 1960] in der zweiten Variante für denselben Zeitraum. Hier dürfte die Effizienz einer Software-Entwicklung im Open Source Modell von einigen Verfahren unterschätzt werden. Gerade auch die in Abschnitt 6.3.3 dargestellte Überleitung der Schätzung unter Verwendung des Norden/Rayleigh-Modells [Norden, 1960], die auf der tatsächlichen Manpower-Funktion beruht, in eine äquivalente COCOMO-Schätzgleichung hat gezeigt, daß diese Schätzung in COCOMO 81 [Boehm, 1981] nicht ausgedrückt werden kann, während dies in COCOMO II [Boehm et al., 2000] zumindest noch möglich ist.
Es kann damit festgestellt werden, daß sich nicht alle Modelle zur Auf-

wandsschätzung im selben Maß für eine Anwendung auf Open Source Projekte eignen, beziehungsweise daß die Modelle nicht ohne Veränderungen übertragen werden können. Als am besten geeignet scheint sich das Norden/Rayleigh-Modell [Norden, 1960] erwiesen zu haben. Gerade dieser Ansatz zeichnet sich durch ein sehr grundlegendes Modell eines Software-Projektes als Abfolge von Problemlösungsaktivitäten aus, und ist damit ausreichend generell, um auch auf diesem Gebiet verwendet werden zu können. Ein weiterer wichtiger Punkt ist aus Tabelle 6.2 ersichtlich, und zwar die Tatsache, daß nur mit diesem Modell eine Abschätzung des gesamten Aufwandes möglich ist, da dieses das einzige ist, das auch den Aufwand für Modifikation und Erweiterung der Software nach dem Zeitpunkt der Operativsetzung betrachtet. Gerade im Bereich der Open Source Software-Entwicklung dürfte dieser Punkt aber einen hohen Stellenwert einnehmen, weshalb die Eignung dieses Ansatzes zu unterstreichen ist. Gewisse Annahmen sind jedoch möglicherweise nicht haltbar, so kann insbesondere die Lernrate als Erklärung für den anfänglichen Anstieg des Fortschrittes kritisiert werden. Diese könnte möglicherweise durch die für den Erfolg und Fortschritt von Open Source Projekten maßgebliche Attraktivität in Bezug auf sowohl bereits aktive wie auch potentielle Entwickler ersetzt werden. Auch die Annahme einer festen Menge an Problemen scheint, obwohl Modifikationen und Erweiterungen bis zu einem gewissen Grad inkludiert sind, problematisch, da gerade in diesem Entwicklungsmodell die Anforderungen einem ständigen Wandel und insbesondere einer Ausweitung unterworfen sind. Möglicherweise sollte an diese Stelle im Modell ein stochastischer Prozeß, dessen Art und Parameter zu schätzen wären, treten, der diese Generierung neuer Anforderungen über den Projektverlauf abbildet.

Von grundsätzlichem Interesse für eine Untersuchung von Software-Entwicklung im Open Source Modell erscheint das Ergebnis, daß auch die Manpower-Funktion des betrachteten GNOME-Projektes dem von Norden [Norden, 1960] und darauf aufbauend Putnam [Putnam, 1978] postulierten Verlauf folgt. Daraus kann möglicherweise geschlossen werden, daß in Open Source Projekten auch ohne zentrales Management eine automatische Stabilisierung der Anzahl der Beteiligten auf einem Niveau eintritt, das eine hohe Produktivität gewährleistet. Als Mechanismus für diesen Vorgang könnte die Reputation und deren möglicher Gewinn (siehe Abschnitt 4.4) gesehen werden.

Die Verwendung des Function Point-Verfahrens [Albrecht und Gaffney, 1983] ist im Open Source Bereich mit einigen Hindernissen verbunden. Einer der großen Vorteile, die Anwendbarkeit in frühen Phasen des Lebenszyklus, wäre natürlich auch hier von hoher

Bedeutung, ist jedoch als äußerst problematisch zu bezeichnen. Die Grundlage für die Erhebung von Function Points in Form einer Spezifikation oder eines Designs ist nur sehr eingeschränkt gegeben [Vixie, 1999]. Auch die starke Volatilität der Anforderungen müßte zu einer iterativen Anwendung des Verfahrens führen. Zusätzlich ist die Quantifizierung der Function Points für außenstehende Personen kaum durchführbar, und in größeren Projekten wohl auch nur durch eine Reihe von Beteiligten in Kooperation, die für diesen Zweck erst erreicht werden müßte. Für die Überführung in eine Aufwandsschätzung stehen momentan zuwenige Daten zur Verfügung. Die beispielhafte Anwendung auf das GNOME-Projekt hat gezeigt, daß sich gerade auf älteren Datensätzen basierende Schätzgleichungen als nicht sehr treffsicher erweisen. Hier wäre auch der in der nächsten Zeit wichtigste Beitrag dieses Ansatzes zu sehen, denn die ursprüngliche Zielrichtung einer von Technologie und Programmiersprache unabhängigen Maßzahl für Produktivitätsvergleiche erscheint in diesem Bereich von hoher Relevanz. Wenn für eine ausreichende Anzahl von Open Source Projekten Daten bezüglich Aufwand und implementierten Function Points vorliegen würden, könnten entsprechende Vergleiche zu kommerziellen Entwicklungen vorgenommen werden. Damit könnte auch die Diskussion um die Effizienz dieses Modells [Raymond, 1999b, Bezroukov, 1999b, Bollinger et al., 1999, McConnell, 1999] auf eine bislang fehlende wissenschaftliche Basis gestellt werden.

Die Anwendung von COCOMO 81 [Boehm, 1981] scheint, wie bereits dargestellt wurde, im Bereich der Open Source Software-Entwicklung nur sehr bedingt möglich. Demgegenüber zeigt sich COCOMO II [Boehm et al., 2000] durch die Möglichkeiten zur Abbildung von Economies of Scale und neuerer iterativer Lebenszyklusmodelle besser geeignet. Es darf aber nicht übersehen werden, daß hier sowohl die Quantifizierung der Größe der Software, für die auch Function Points [Albrecht und Gaffney, 1983] wie oben angesprochen nur begrenzt Hilfestellung leisten können, als auch die Festlegung der Skalenfaktoren und Kostentreiber Probleme darstellen.

Zusammenfassend ist daher festzustellen, daß eine Aufwandsschätzung für Open Source Projekte grundsätzlich durchführbar und für eine Reihe von Parteien auch wichtig ist. Gerade durch die aufgrund des Open Source Modells erzwungene Öffentlichkeit der Projekte und damit Verfügbarkeit wichtiger Daten ist die Durchführung einer Aufwandsschätzung auch für Gruppen außerhalb des Projektes nicht ausgeschlossen, was einen großen Unterschied zur bisherigen Situation darstellt. Wie in dieser Arbeit gezeigt wurde, ist es tatsächlich möglich, jene Daten zu erhalten und auszuwerten, die als Basis für eine Schätzung notwendig sind. Des weiteren wurde gezeigt, daß die Software-Entwicklung im Open Source Modell auch quantitativ feststellbare Besonderheiten aufweist, jedoch auch in einigen Punkten vielleicht auf den ersten Blick überraschende Gemeinsamkeiten bestehen, und somit mit gewissen Einschränkungen existierende Modelle zur Aufwandsschätzung zum Einsatz gebracht werden können. Gerade das Ergebnis, daß auch die Manpower-Funktion des beispielhaft betrachteten GNOME-Projektes einer Norden/Rayleigh-Kurve [Norden, 1960, Putnam, 1978] folgt, ist in diesem Zusammenhang hervorzuheben.

Die Anwendbarkeit und damit auch die Bedeutung der Aufwandsschätzung in Open Source Projekten scheint, wenn man die vorliegenden Ergebnisse betrachtet, weniger in der Anfangsphase des Lebenszyklus zu liegen. Dies hat mehrere Gründe, die hier kurz dargestellt werden sollen. Wie schon erwähnt wurde, stellt die Quantifizierung der Größe einer Software, wie sie für viele der existierenden Modelle als Input notwendig ist, ein großes Problem dar. Dabei ist aber sicherlich anzumerken, daß im kommerziellen Umfeld hier ebenfalls oftmals Schwierigkeiten auftreten. Gerade zu Beginn eines Open Source Projektes ist es sehr schwierig, die notwendige Abgrenzung durchzuführen, auch weil die Anforderungen im weiteren Verlauf je nach den Interessen der Beteiligten starken Schwankungen unterworfen sein können. Des weiteren ist festzustellen, daß die Anzahl der an einer Aufwandsschätzung interessierten Parteien in der Anfangsphase als niedriger anzusehen ist als in späteren Phasen. Gerade Benutzer sowohl privater wie auch kommerzieller Natur, aber auch Unternehmen, die entsprechende Geschäftsmodelle verfolgen oder verfolgen wollen, werden zu Beginn nur geringes Interesse aufweisen, oder von der Existenz beziehungsweise geplanten Existenz des Projektes möglicherweise nicht unterrichtet sein. Außerdem ist gerade in diesem Entwicklungsmodell die Unsicherheit im Vergleich zu einer kommerziellen Entwicklung eher in die Anfangsphase verlagert. Wenn nicht eine kritische Masse von Personen angezogen werden kann, befindet sich ein Open Source Projekt in einer sehr gefährlichen Lage, so es nicht von einer Partei stark unterstützt wird, zum Beispiel von einem Unternehmen mit entsprechend entlohnten Mitarbeitern [Bezroukov, 1999a, O'Reilly, 1999]. Die Hinzunahme von Personen wird grundsätzlich nicht durch ein zentrales Management festgelegt, sondern beruht auf dem Prinzip der Freiwilligkeit. Damit ist die Attraktivität des Projektes gerade in der Anfangsphase von hoher Bedeutung. Es kann angenommen werden, daß diese Attraktivität zu diesem Zeitpunkt vor allem von dem Aufgabengebiet und dessen Grad an Herausforderung, sowie der potentiellen Wichtigkeit und Verbreitung getragen wird. Ein anderer Faktor, der potentielle Gewinn von Reputation durch Einnahme einer führenden Stellung im Projekt, ist ebenfalls zu Beginn als

Konkurrenzvorteil zumindest anderen Open Source Projekten gegenüber anzusehen, da die Chancen dazu hier noch besser sind. Es ist jedoch anzunehmen, daß sich dieser Punkt ab einem gewissen Zeitpunkt negativ auf die Anziehungskraft für neue Teilnehmer auswirken kann, da alle wichtigen Positionen, so nicht eine starke Ausweitung der Anforderungen und damit des Projektumfanges erfolgt, längerfristig besetzt sein werden. Die Attraktivität eines Projektes ist aber problematischerweise zumindest mit den momentan vorliegenden Daten als äußerst unsichere und damit schwer abzuschätzende Größe anzusehen, was die Unsicherheit bezüglich des Fortschrittes im Projekt drastisch erhöht.

Wenn aus diesen Ergebnissen auch Empfehlungen für Gründer beziehungsweise Betreiber eines Open Source Projektes abgeleitet werden sollen, so ist sicherlich die Attraktivität mit den oben angesprochenen Gesichtspunkten als wichtiger Punkt zu identifizieren. Ein weiterer Punkt, dem ein entscheidendes Gewicht für den Fortschritt zukommt, stellen die Vorkehrungen für Ermöglichung und Durchführung der Kooperation aller Beteiligten dar, wobei darunter sowohl organisatorische wie auch technische Aspekte zu verstehen sind. Es ist notwendig, hier die Friktionskosten so niedrig wie möglich zu halten, um eine breite Anzahl von Personen zu gewinnen. Wichtig sind dabei insbesondere eine ausreichende Kerngruppe von besonders engagierten Programmierern, die im Endeffekt, wie die empirischen Ergebnisse zeigen, für einen Großteil der Leistung verantwortlich sind. Aufgrund sowohl der technischen Möglichkeiten zur Kooperation und dem Eintreten von Brooks's Law [Brooks, 1995], wie auch den Problemen der Motivation aufgrund des Mangels an ausreichenden Führungspositionen scheint jedoch die Größe dieser Gruppe in Abhängigkeit von der Gesamtgröße des Projektes beschränkt zu sein. Trotzdem sollten entsprechende Mechanismen und Vorkehrungen getroffen werden, um die Motivation und damit die Teilnahme gerade dieser Personen auch über den Wunsch nach Reputation zu erhalten und zu steigern. Dazu ist es unter anderem notwendig, klare Richtlinien zu kommunizieren und erbrachte Leistung entsprechend zu würdigen, zum Beispiel durch verantwortungsvolle Positionen, andere Symbole wie eine prominente Darstellung auf der Site im World Wide Web oder verstärkte Möglichkeiten, dort sonstige Beiträge zu publizieren. Als letzter, wenn auch nicht geringster Punkt ist das grundlegende Design zu nennen, das sich durch ein plausibles Versprechen für die Zukunft und hohe Modularität auszeichnen sollte, um verstärkt paralleles Arbeiten zu ermöglichen [O'Reilly, 1999, Fogel, 1999].

Wenn ein Open Source Projekt in seiner Entwicklung entsprechend fortgeschritten ist, erhält die Aufwandsschätzung einen höheren Stellenwert. Zu diesem Zeitpunkt ist eine ständig wachsende Datenbasis gegeben, um als

Grundlage dienen zu können, und auch interessierte Parteien sind verstärkt vorhanden. Damit kann, nachdem die notwendigen Daten aus den verschiedenen Quellen wie dem Source-Code-Verwaltungssystem oder den Mailing-Listen analog zur vorliegenden Arbeit analysiert wurden, ein genaueres Bild des Projektes gewonnen werden. Wenn die Ergebnisse darauf hindeuten, daß ein Gipfelpunkt in der Manpower-Funktion bereits erreicht wurde, bietet sich die Verwendung des Norden/Rayleigh-Modells [Norden, 1960] an. Außerdem liegen zu diesem Zeitpunkt bereits Werte bezüglich der Größe der Software vor. Damit kann möglicherweise die Anwendung anderer Modelle erfolgen, auch weil auf dieser Grundlage eine bessere Schätzung der weiteren Entwicklung der Größe erfolgen kann. Durch die Tatsache, daß gerade in Open Source Projekten die Anforderungen möglicherweise laufend ausgeweitet werden, muß jede Aufwandsschätzung, auch nach dem Norden/Rayleigh-Modell [Norden, 1960], welches Erweiterungen und Modifikationen inkludiert, in einem iterativen Prozeß wiederholt vorgenommen werden. Wenn ausreichende Daten vorliegen, kann möglicherweise die Entwicklung der Anforderungen auch selbst modelliert werden, zum Beispiel als stochastischer Prozeß, und in die nachfolgenden Schätzungen inkludiert werden, die damit eine Gültigkeit über einen längeren Zeitraum hinweg erreichen können. Es ist daher langfristig als entscheidend für den Bereich der Open Source Software-Entwicklung und aufgrund der steigenden Bedeutung auch als wichtig für die Software-Industrie insgesamt anzusehen, Daten über Open Source Projekte zu sammeln. Damit können, idealerweise unter Verwendung der Function Point-Metrik [Albrecht und Gaffney, 1983] schlüssige Produktivitätsvergleiche auch mit traditionellen Software-Entwicklungen vorgenommen werden. Außerdem kann damit die Basis für die Erstellung eines eigenen Modells der Software-Entwicklung gelegt werden. Dieses Modell könnte, wie die vorliegende Arbeit gezeigt hat, über weite Strecken Ähnlichkeiten mit dem Norden/Rayleigh-Modell [Norden, 1960] aufweisen, sollte jedoch explizit auf die Punkte der Attraktivität sowie der Veränderungen der Anforderungen eingehen.

Kapitel 7

Zusammenfassung und Ausblick

Die vorliegende Arbeit hat sich mit dem Thema der Open Source Software-Entwicklung beschäftigt, insbesondere mit den Möglichkeiten und den Problemen einer Aufwandsschätzung für entsprechende Projekte.
Dabei wurde das Gebiet der Software-Metriken mit seinen wichtigsten Vertretern als Grundlage für die Analyse und Aufwandsschätzung jedes Software-Projektes dargestellt. Ebenso wurden das Thema der Aufwandsschätzung anhand der existierenden Literatur ausführlich aufgearbeitet und einige Modelle beispielhaft näher beschrieben. Danach erfolgte ein Einstieg in das Themengebiet der Open Source Software. Dazu wurde zuerst die rechtliche Dimension mit der Definition wichtiger Begriffe behandelt, und im Anschluß eine kurze historische Herleitung dieses Modells vorgenommen. Das Hauptaugenmerk lag im Rahmen der vorliegenden Arbeit jedoch auf dem speziellen Entwicklungsprozeß von Open Source Software. Dieser wurde demzufolge entsprechend ausführlich dargestellt, wobei auch die bisher fehlende Konkretisierung sowie existierende Kritik an diesem Modell angesprochen wurden. Zur weiteren Motivation der Beschäftigung mit diesem Thema wurde zum Abschluß des entsprechenden Kapitels noch eine Schilderung von entstehenden Geschäftsmodellen in diesem Bereich vorgenommen.
Das momentan weitestgehende Fehlen von quantitativen Daten bezüglich Open Source Projekten wurde zum Anlaß genommen, um ein beispielhaftes Projekt intensiv zu analysieren. Zu diesem Zweck wurde eine eigene Methode entwickelt, die sich ausschließlich auf vorhandene Datenquellen wie das

Source-Code-Verwaltungssystem oder Mailing-Listen stützt. Diese Methode wurde eingehend beschrieben. Außerdem sind die Ergebnisse der vorgenommenen Analyse dargestellt. Dabei hat sich gezeigt, daß durch die gewählte Vorgehensweise tatsächlich eine Vielzahl von Informationen bezüglich eines Open Source Projektes gewonnen werden kann. In der Kombination mit anderen empirischen Untersuchungen konnten auch einige allgemeine Erkenntnisse über die Software-Entwicklung im Open Source Modell erlangt werden. In diesem Zusammenhang sind unter anderem die Existenz einer relativ kleinen Kerngruppe von Entwicklern, die für einen Großteil des erzeugten Codes verantwortlich ist, die grundsätzlich hohe Größe der Entwicklergemeinde und die nochmals um eine Größenordnung höhere Anzahl von sonstigen Beteiligten, das hohe Kommunikationsaufkommen nach dem Eintritt neuer Mitarbeiter, der stärkere Anteil von besonders aktiven Entwicklern an der gesamten Kommunikation, das starke Ausmaß an Überarbeitungen des Source Codes sowie die hohe Arbeitsteiligkeit insgesamt, aber auch die nur innerhalb der Kerngruppe vorkommende Zusammenarbeit an einzelnen Dateien zu nennen.

Aufbauend auf diesen allgemeinen sowie den projekt-bezogenen Ergebnissen wurde das bisher in der Literatur nicht behandelte Thema der Aufwandsschätzung für Open Source Projekte bearbeitet. Dazu wurde zuerst eine Motivation gegeben, und in diesem Rahmen eine Reihe von Parteien identifiziert, für die die Ergebnisse einer Aufwandsschätzung einen Nutzen darstellen können. Danach wurden allgemeine Probleme diskutiert, die sich für eine solche Schätzung aus dem Open Source Entwicklungsmodell ergeben können. Eine Reihe von existierenden Modellen wurde dann auf das Beispiel-Projekt zur Anwendung gebracht, und die allgemeine Eignung der einzelnen Ansätze dargestellt. Dabei hat sich gezeigt, daß auf Grundlage der im Rahmen der Analyse erhaltenen Daten eine Aufwandsschätzung grundsätzlich möglich ist. Es sind auch der freie Zugang zu diesen Daten und damit die Möglichkeit für Außenstehende, eine Schätzung durchzuführen, als wichtige Unterschiede dieses Entwicklungsmodells zu einer kommerziellen Entwicklung zu sehen. Des weiteren hat sich gezeigt, daß nicht alle angewendeten Modelle die gleiche Eignung für dieses Umfeld aufweisen. Insbesondere das Modell von Norden hat sich als ausreichend allgemein erwiesen, um auch für Open Source Projekte gute Resultate zu liefern. Dabei hat es sich gezeigt, daß der Verlauf des betrachteten Projektes dem für kommerzielle Entwicklungen postulierten entspricht. Dies könnte darauf hindeuten, daß auch in solchen Projekten ohne Eingriffe eines Managements sich der Personalstand automatisch auf einem Niveau einpendelt, das noch eine hohe Produktivität gewährleistet. Das Verfahren COCOMO 81 hat sich als wenig geeignet er-

wiesen, während der Nachfolger mit Titel COCOMO II aufgrund einiger Verbesserungen auch für diesen Bereich anwendbar scheint. Als wichtigster Beitrag des Function Point-Verfahrens wurde zumindest mittelfristig die Möglichkeit zu von Technologie und Programmiersprache unabhängigen Produktivitätsvergleichen identifiziert. Für eine Aufwandsschätzung selbst sind die Quantifizierung der Function Points sowie die Umrechnung in den Aufwand als Probleme zu sehen, wobei sich letzteres gerade bei Modellen, die auf älteren Datensätzen basieren, besonders deutlich gezeigt hat.
Grundsätzlich muß daher zusammenfassend gesagt werden, daß eine Aufwandsschätzung auch im Bereich der Open Source Software-Entwicklung sowohl wichtig wie auch möglich ist. Für die nähere Zukunft ist es als wichtigste Aufgabe zu sehen, Daten über weitere Projekte zu sammeln. Dazu kann die vorliegende Arbeit mit der Darstellung einer solchen Analyse eine Anleitung darstellen. Diese Daten sollten einerseits in Produktivitätsvergleiche mit kommerziellen Entwicklungen, andererseits aber auch in die Erstellung entsprechender Schätzgleichungen zum Beispiel für das Function Point-Verfahren eingehen. Als weiterer Punkt ist die mögliche Erstellung eines eigenen Aufwandsschätzungsmodells für diesen speziellen Bereich zu sehen. Die vorliegende Arbeit bietet dafür mit der eingehenden Diskussion und beispielhaften Anwendung mehrerer Verfahren eine Grundlage an. Insbesondere wurde die Möglichkeit zur Weiterentwicklung des Modells von Norden angesprochen, und zwar indem die Lernrate durch eine Funktion für die Attraktivität des betrachteten Projektes ersetzt, und die hohen Volatilität der Anforderungen über einen stochastischen Prozeß modelliert wird. Das Thema der Aufwandsschätzung für Open Source Projekte ist damit durch die vorliegende Arbeit sicherlich nicht abgeschlossen, es wurden aber eine wichtige erste Grundlage gelegt, sowie eine Reihe von weiteren Möglichkeiten zu Forschungsaktivitäten aufgezeigt.

Abbildungsverzeichnis

5.1 Datenmodell eines Open Source Projektes 93
5.2 Histogramm der hinzugefügten LOC pro Programmierer . . . 99
5.3 Histogramm der gelöschten LOC pro Programmierer 100
5.4 Histogramm der LOC pro Linux-Kernel-Programmierer nach Hermann et al. [Hermann et al., 2000] 100
5.5 Prozentueller Anteil jedes Programmierers am Gesamtcode (Programmierer geordnet nach deren Anteil) 102
5.6 Histogramm der Checkins pro Programmierer 103
5.7 Histogramm der Zeit jedes Programmierers bei dem Projekt . 104
5.8 Hinzugefügte und gelöschte LOC für jeden Programmierer . . 105
5.9 Hinzugefügte LOC und Checkins für jeden Programmierer . . 106
5.10 Hinzugefügte LOC und Zeit beim Projekt für jeden Programmierer 106
5.11 Hinzugefügte LOC und Postings für jeden identifizierten Programmierer 108
5.12 Histogramm der hinzugefügten LOC pro File 111
5.13 Histogramm der gelöschten LOC pro File 111
5.14 Histogramm der Checkins pro File 112
5.15 Histogramm der aktiven Zeit für jedes File 113
5.16 Hinzugefügte und gelöschte LOC für jedes File 113
5.17 Hinzugefügte LOC und Checkins für jedes File 114
5.18 Hinzugefügte LOC und aktive Zeit für jedes File 115
5.19 Histogramm der bearbeiteten Files pro Programmierer 117
5.20 Hinzugefügte LOC für jedes Monat 120
5.21 Änderung in den LOC für jedes Monat 120
5.22 Größe des GNOME-Projektes für jedes Monat (in LOC) . . . 121

5.23 Größe von Gnome-core für jedes Monat (in LOC) 122
5.24 Größe von GTK für jedes Monat (in LOC) 123
5.25 Größe von ORBit für jedes Monat (in LOC) 123
5.26 Größe von Gnumeric für jedes Monat (in LOC) 123
5.27 Größe von GIMP für jedes Monat (in LOC) 123
5.28 Entwicklung der Anzahl aktiver Programmierer 125
5.29 Aktive Programmierer und hinzugefügte LOC für jedes Monat 126
5.30 Entwicklung der Produktivität 127
5.31 Postings für jedes Monat 129
5.32 Änderung in den aktiven Programmierern und Postings für jedes Monat 129
5.33 Hinzugefügte LOC und Postings für jedes Monat 130

6.1 Geschätzte sowie tatsächliche Manpower-Funktion (Vergleich von Variante 1 und 2) 144

Tabellenverzeichnis

3.1 Parameter der COCOMO-Schätzgleichungen nach Boehm [Boehm, 1981] 34
3.2 Parameter der COCOMO-Schätzgleichungen nach Conte et al. [Conte *et al.*, 1986] 34

5.1 Cluster-Analyse der Programmierer basierend auf hinzugefügten LOC 108
5.2 Cluster-Analyse der Programmierer basierend auf hinzugefügten LOC, Anzahl der Checkins und Zeit im Projekt . . . 109
5.3 Cluster-Analyse der Files basierend auf hinzugefügten LOC . 115
5.4 Cluster-Analyse der Files basierend auf hinzugefügten LOC und Checkins 116
5.5 Cluster-Analyse der Files basierend auf hinzugefügten LOC und Anzahl der bearbeitenden Programmierer 117
5.6 Cluster-Analyse der Programmierer basierend auf hinzugefügten LOC und Anzahl der bearbeiteten Files 118
5.7 Prozentueller Anteil jedes Clusters von Files an den insgesamt hinzugefügten LOC jedes Clusters von Programmierern 118

6.1 Einschätzung der Kostentreiber von COCOMO II für das GNOME-Projekt 160
6.2 Vergleich der Aufwandsschätzungen für das GNOME-Projekt (alle Angaben in Mannjahren) 161

Literaturverzeichnis

[Abdel-Hamid und Madnick, 1989] Tarek K. Abdel-Hamid und Stuart E. Madnick. Lessons learned from modeling the dynamics of software development. *Communications of the ACM*, 32(12):1426–1438, December 1989.

[Abdel-Hamid und Madnick, 1991] Tarek K. Abdel-Hamid und Stuart E. Madnick. *Software Project Dynamics: An Integrated Approach.* Prentice Hall, Englewood Cliffs, New Jersey, 1991.

[Abdel-Hamid, 1989] Tarek K. Abdel-Hamid. The dynamics of software project staffing: A system dynamics based simulation approach. *IEEE Transactions on Software Engineering*, 15(2):109–119, February 1989.

[Albrecht und Gaffney, 1983] Allan J. Albrecht und John E. Gaffney. Software function, source lines of code, and development effort prediction: A software science validation. *IEEE Transactions on Software Engineering*, 9(6):639–648, November 1983.

[Arifoglu, 1993] Ali Arifoglu. A methodology for software cost estimation. *Software Engineering Notes*, 18(2):96–105, 1993.

[Atkins et al., 1999] David Atkins, Thomas Ball, Todd Graves, und Audris Mockus. Using version control data to evaluate the impact of software tools. In *Proceedings of the 21st International Conference on Software Engineering (ICSE 1999)*, Seiten 324–333, Los Angeles, California, 1999.

[Bailey und Basili, 1981] John W. Bailey und Victor R. Basili. A metamodel for software development resource expenditures. In *Proceedings of the 5th International Conference on Software Engineering (ICSE 1981)*, Seiten 107–116, San Diego, California, 1981.

[Baker, 1972] F. Terry Baker. Chief programmer team management of production programming. *IBM Systems Journal*, 11(1):56–73, 1972.

[Banker et al., 1993] Rajiv D. Banker, Srikant M. Datar, Chris F. Kemerer, und Dani Zweig. Software complexity and maintenance costs. *Communications of the ACM*, 36(11):81–94, November 1993.

[Banker und Kemerer, 1989] Rajiv D. Banker und Chris F. Kemerer. Scale economies in new software development. *IEEE Transactions on Software Engineering*, 15(10):416–429, October 1989.

[Basili et al., 1996] Victor R. Basili, Lionel C. Briand, und Walcelio L. Melo. A validation of object-oriented design metrics as quality indicators. *IEEE Transactions on Software Engineering*, 22(10):751–761, October 1996.

[Basili und Rombach, 1988] Victor R. Basili und H. Dieter Rombach. The TAME project: Towards improvement-oriented software environments. *IEEE Transactions on Software Engineering*, 14(6):758–773, June 1988.

[Behlendorf, 1999] Brian Behlendorf. Open source as a business strategy. In Chris DiBona, Sam Ockman, und Mark Stone, Hg., *Open Sources: Voices from the Open Source Revolution*. O'Reilly and Associates, Cambridge, Massachusetts, 1999.

[Bezroukov, 1999a] Nikolai Bezroukov. Open source software development as a special type of academic research (critique of vulgar Raymondism). *First Monday*, 4(10), October 1999.

[Bezroukov, 1999b] Nikolai Bezroukov. A second look at the cathedral and bazaar. *First Monday*, 4(12), December 1999.

[Boehm et al., 1995] Barry W. Boehm, Bradford Clark, Ellis Horowitz, Chris Westland, Ray Madachy, und Richard Selby. Cost models for future software life cycle processes: COCOMO 2.0. *Annals of Software Engineering (Special Issue on Software Process and Product Measurement)*, 1:57–94, 1995.

[Boehm et al., 2000] Barry W. Boehm, Chris Abts, A. Winsor Brown, Sunita Chulani, Bradford K. Clark, Ellis Horowitz, Ray Madachy, Donald J. Reifer, und Bert Steece. *Software Cost Estimation with COCOMO II*. Prentice Hall PTR, Upper Saddle River, New Jersey, 2000.

[Boehm, 1981] Barry W. Boehm. *Software Engineering Economics*. Prentice-Hall, Englewood Cliffs, New Jersey, 1981.

[Boehm, 1988] Barry W. Boehm. A spiral model for software development and enhancement. *IEEE Computer*, 21(5):61–72, May 1988.

[Bollinger et al., 1999] Terry Bollinger, Russel Nelson, Karsten M. Self, und Stephen J. Turnbull. Open-source methods: Peering through the clutter. *IEEE Software*, 16(4):8–11, July/August 1999.

[Bollinger und Beckman, 1999] Terry Bollinger und Peter Beckman. Linux on the move. *IEEE Software*, 16(1):30–35, January/February 1999.

[Bowman et al., 1999] Ivan T. Bowman, Richard C. Holt, und Neil V. Brewster. Linux as a case study: Its extracted software architecture. In *Proceedings of the 21st International Conference on Software Engineering (ICSE 1999)*, Seiten 555–563, Los Angeles, California, 1999.

[Briand et al., 1992] Lionel C. Briand, Victor R. Basili, und William M. Thomas. A pattern recognition approach for software engineering data analysis. *IEEE Transactions on Software Engineering*, 18(11):931–942, November 1992.

[Briand et al., 1997] Lionel C. Briand, Prem Devanbu, und Walcelio Melo. An investigation into coupling measures for C++. In *Proceedings of the 19th International Conference on Software Engineering (ICSE 1997)*, Seiten 412–421, Boston, Massachusetts, 1997.

[Briand et al., 1999a] Lionel C. Briand, Khaled El Emam, Dagmar Surmann, Isabella Wieczorek, und Katrina D. Maxwell. An assessment and comparison of common software cost estimation modeling techniques. In *Proceedings of the 21st International Conference on Software Engineering (ICSE 1999)*, Seiten 313–322, Los Angeles, California, 1999.

[Briand et al., 1999b] Lionel C. Briand, Sandro Morasca, und Victor R. Basili. Defining and validating measures for object-based high-level design. *IEEE Transactions on Software Engineering*, 25(5):722–743, September/October 1999.

[Brooks, 1995] Frederick P. Brooks. *The Mythical Man-Month: Essays on Software Engineering (Anniversary Edition)*. Addison-Wesley, Reading, Massachusetts, 1995.

[Browne, 1998] C.B. Browne. Linux and decentralized development. *First Monday*, 3(3), March 1998.

[Chidamber et al., 1998] Shyam R. Chidamber, David P. Darcy, und Chris F. Kemerer. Managerial use of metrics for object-oriented software: An exploratory analysis. *IEEE Transactions on Software Engineering*, 24(8):629–639, August 1998.

[Chidamber und Kemerer, 1994] Shyam R. Chidamber und Chris F. Kemerer. A metrics suite for object-oriented design. *IEEE Transactions on Software Engineering*, 20(6):476–493, June 1994.

[Chulani et al., 1998] Sunita Chulani, Barry Boehm, und Bert Steece. Calibrating software cost models using Bayesian analysis. Technical Report USC-CSE-98-508, University of Southern California, 1998.

[Chulani et al., 1999] Sunita Chulani, Barry Boehm, und Bert Steece. Bayesian analysis of empirical software engineering cost models. *IEEE Transactions on Software Engineering*, 25(4):573–583, July/August 1999.

[Clark et al., 1998] Bradford Clark, Sunita Devnani-Chulani, und Barry Boehm. Calibrating the COCOMO II post-architecture model. In *Proceedings of the 20th International Conference on Software Engineering (ICSE 1998)*, Seiten 477–480, Kyoto, Japan, 1998.

[Conte et al., 1986] S.D. Conte, H.E. Dunsmore, und V.Y. Shen. *Software Engineering Metrics and Models*. Benjamin/Cummings, Menlo Park, California, 1986.

[Cook et al., 1998] Jonathan E. Cook, Lawrence G. Votta, und Alexander L. Wolf. Cost-effective analysis of in-place software processes. *IEEE Transactions on Software Engineering*, 24(8):650–663, August 1998.

[Cooper et al., 2000] William W. Cooper, Lawrence M. Seiford, und Kaoru Tone. *Data Envelopment Analysis: A Comprehensive Text with Models, Applications, References and DEA-Solver Software*. Kluwer Academic Publishers, Boston, Massachusetts, 2000.

[Coppick und Cheatham, 1992] J. Chris Coppick und Thomas J. Cheatham. Software metrics for object-oriented systems. In *Proceedings of the ACM 20th Annual Conference on Computer Science*, Seiten 317–322, Kansas City, Missouri, 1992.

[Davidson und MacKinnon, 1981] Russel Davidson und James G. MacKinnon. Several tests for model specification in the presence of alternative hypotheses. *Econometrica*, 49(3):781–793, May 1981.

[Dempsey et al., 1999] Bert J. Dempsey, Debra Weiss, Paul Jones, und Jane Greenberg. A quantitative profile of a community of open source Linux developers. Technical Report TR-1999-05, School of Information and Library Science, University of North Carolina at Chapel Hill, 1999.

[Dutoit und Bruegge, 1998] Allen H. Dutoit und Bernd Bruegge. Communication metrics for software development. *IEEE Transactions on Software Engineering*, 24(8):615–628, August 1998.

[e Abreu und Carapuca, 1994] Fernando Brito e Abreu und Rogerio Carapuca. Object-oriented software engineering: Measuring and controlling the development process. In *Proceedings of the 4th International Conference on Software Quality*, McLean, Virginia, 1994.

[e Abreu und Melo, 1996] Fernando Brito e Abreu und Walcelio Melo. Evaluating the impact of object-oriented design on software quality. In *Proceedings of the 3rd International Software Metrics Symposium*, Berlin, 1996.

[Ebert und Dumke, 1996] Christof Ebert und Reiner Dumke. *Software-Metriken in der Praxis: Einführung und Anwendung von Software-Metriken in der industriellen Praxis*. Springer-Verlag, Berlin, 1996.

[Ebrahimi, 1999] Nader B. Ebrahimi. How to improve the calibration of cost models. *IEEE Transactions on Software Engineering*, 25(1):136–140, January/February 1999.

[Fenton, 1991] Norman E. Fenton. *Software Metrics: A Rigorous Approach*. Chapman & Hall, London, 1991.

[Fielding, 1999] Roy T. Fielding. Shared leadership in the Apache project. *Communications of the ACM*, 42(4):42–43, April 1999.

[Fogel, 1999] Karl Fogel. *Open Source Development with CVS*. CoriolisOpen Press, Scottsdale, Arizona, 1999.

[Gannon et al., 1986] J.D. Gannon, E.E. Katz, und V.R. Basili. Metrics for Ada packages: An initial study. *Communications of the ACM*, 29(7):616–623, July 1986.

[Ghosh und Prakash, 2000] Rishab Aiyer Ghosh und Vipul Ved Prakash. The Orbiten free software survey. *First Monday*, 5(7), July 2000.

[Ghosh, 1998] Rishab Aiyer Ghosh. Cooking pot markets: an economic model for the trade in free goods and services on the Internet. *First Monday*, 3(3), March 1998.

[Grady, 1992] Robert B. Grady. *Practical Software Metrics for Project Management and Process Improvement*. Prentice-Hall, Englewood Cliffs, New Jersey, 1992.

[Graves und Mockus, 1998] Todd L. Graves und Audris Mockus. Inferring change effort from configuration management databases. In *Proceedings of the 5th International Symposium on Software Metrics*, Seiten 267–273, Bethesda, Maryland, 1998.

[Gray und MacDonnel, 1997a] Andrew Gray und Stephen MacDonnel. Applications of fuzzy logic to software metric models for development effort estimation. In *Proceedings of the 1997 Annual Meeting of the North American Fuzzy Information Processing Society - NAFIPS*, Seiten 394–399, Syracuse, New York, 1997.

[Gray und MacDonnel, 1997b] Andrew Gray und Stephen G. MacDonnel. GQM++ a full life cycle framework for the development and implementation of software metrics programs. In *Proceedings of the ACOSM'97 Fourth Australian Conference on Software Metrics*, Seiten 22–35, Canberra, Australia, 1997.

[Halstead, 1977] Maurice H. Halstead. *Elements of Software Science*. Elsevier North-Holland, New York, 1977.

[Hamerly et al., 1999] Jim Hamerly, Tom Paquin, und Susan Walton. Freeing the source: The story of Mozilla. In Chris DiBona, Sam Ockman, und Mark Stone, Hg., *Open Sources: Voices from the Open Source Revolution*. O'Reilly and Associates, Cambridge, Massachusetts, 1999.

[Harrison et al., 1998] Rachel Harrison, Steve J. Counsell, und Reuben V. Nithi. An evaluation of the MOOD set of object-oriented software metrics. *IEEE Transactions on Software Engineering*, 24(6):491–496, June 1998.

[Hars und Ou, 2000] Alexander Hars und Shaosong Ou. Why is Open Source software viable? - a study of intrinsic motivation, personal needs, and future returns. In *Proceedings of the Sixth Americas Conference on Information Systems (AMCIS 2000)*, Seiten 486–490, Long Beach, California, 2000.

[Hecker, 1999] Frank Hecker. Setting up shop: The business of open-source software. *IEEE Software*, 16(1):45–51, January/February 1999.

[Hermann et al., 2000] Stefanie Hermann, Guido Hertel, und Sven Niedner. Linux Study Homepage. http://www.psychologie.uni-kiel.de/linux-study/, 2000.

[Hitz und Montazeri, 1996] Martin Hitz und Behad Montazeri. Chidamber and Kemerer's metrics suite: A measurement theory perspective. *IEEE Transactions on Software Engineering*, 22(4):267–271, April 1996.

[Höst und Wohlin, 1998] Martin Höst und Claes Wohlin. An experimental study of individual subjective effort estimations and combinations of the estimates. In *Proceedings of the 20th International Conference on Software Engineering (ICSE 1998)*, Seiten 332–339, Kyoto, Japan, 1998.

[Hu, 1997] Qing Hu. Evaluating alternative software production functions. *IEEE Transactions on Software Engineering*, 23(6):379–387, June 1997.

[Humphrey, 1989] Watts S. Humphrey. *Managing the Software Process*. Addison-Wesley, Reading, Massachusetts, 1989.

[Humphrey, 1995] Watts S. Humphrey. *A Discipline for Software Engineering*. Addison-Wesley, Reading, Massachusetts, 1995.

[Janko, 1995] Wolfgang H. Janko. *Informationswirtschaft 3: Spezielle Projektentwicklungstechniken und besondere Informationssystementwicklungen*. Wirtschaftsuniversität Wien, 1995.

[Jeffery et al., 1993] D.R. Jeffery, G.C. Low, und M. Barnes. A comparison of function point counting techniques. *IEEE Transactions on Software Engineering*, 19(5):529–532, May 1993.

[Kaiser, 2000] Alexander Kaiser. *Die Modellierung zeitbezogener Daten*. Peter Lang Verlag, Frankfurt am Main, 2000.

[Kemerer und Slaughter, 1999] Chris F. Kemerer und Sandra Slaughter. An empirical approach to studying software evolution. *IEEE Transactions on Software Engineering*, 25(4):493–509, July/August 1999.

[Kemerer, 1987] Chris F. Kemerer. An empirical validation of software cost estimation models. *Communications of the ACM*, 30(5):416–429, May 1987.

[Kemerer, 1993] Chris F. Kemerer. Reliability of function points measurement: A field experiment. *Communications of the ACM*, 36(2):85–97, February 1993.

[Kuwabara, 2000] Ko Kuwabara. Linux: A bazaar at the edge of chaos. *First Monday*, 5(3), March 2000.

[Li und Cheung, 1987] H.F. Li und W.K. Cheung. An empirical study of software metrics. *IEEE Transactions on Software Engineering*, 13(6):697–708, June 1987.

[Lokan, 1999] Chris J. Lokan. An empirical study of the correlations between function point elements. In *Proceedings of the Sixth International Software Metrics Symposium*, Seiten 200–206, Boca Raton, Florida, 1999.

[Londeix, 1987] Bernard Londeix. *Cost Estimation for Software Development*. Addison-Wesley Publishing Company, Wokingham, England, 1987.

[MacDonnel und Gray, 1996] Stephen G. MacDonnel und Andrew R. Gray. Alternatives to regression models for estimating software projects. In *Proceedings of the IFPUG Fall Conference*, Seiten 279.1–279.15, Dallas, Texas, 1996.

[Matson et al., 1994] Jack E. Matson, Bruce E. Barrett, und Joseph M. Mellichamp. Software development cost estimation using function points. *IEEE Transactions on Software Engineering*, 20(4):275–287, April 1994.

[Maxwell et al., 1999] Katrina Maxwell, Luk Van Wassenhove, und Soumitra Dutta. Performance evaluation of general and company specific models in software development effort estimation. *Management Science*, 45(6):787–803, June 1999.

[Maya et al., 1996] Marcela Maya, Alain Abran, und Pierre Bourque. Measuring the size of small functional enhancements to software. In *Proceedings of the 6th International Workshop on Software Metrics*, Regensburg, Germany, 1996.

[McCabe, 1976] T.J. McCabe. A complexity measure. *IEEE Transactions on Software Engineering*, 2(4):308–320, December 1976.

[McConnell, 1999] Steve McConnell. Open-source methodology: Ready for prime time? *IEEE Software*, 16(4):6–8, July/August 1999.

[McKusick, 1999] Marshall Kirk McKusick. Twenty years of Berkeley Unix: From AT&T-owned to freely redistributable. In Chris DiBona, Sam Ockman, und Mark Stone, Hg., *Open Sources: Voices from the Open Source Revolution*. O'Reilly and Associates, Cambridge, Massachusetts, 1999.

[Melton, 1996] Austin Melton. *Software Measurement*. International Thomson Computer Press, London, 1996.

[Mills, 1971] Harlan D. Mills. Chief programmer teams: Principles and procedures. Technical Report FSC 71-5108, IBM Federal Systems Division, 1971.

[Mockus et al., 2000] Audris Mockus, Roy Fielding, und James Herbsleb. A case study of open source software development: The Apache server. In *Proceedings of the 22nd International Conference on Software Engineering (ICSE 2000)*, Seiten 263–272, Limerick, Ireland, 2000.

[Moglen, 1999] Eben Moglen. Anarchism triumphant: Free software and the death of copyright. *First Monday*, 4(8), August 1999.

[Moon und Sproull, 2000] Jae Yun Moon und Lee Sproull. Essence of distributed work: The case of the Linux Kernel. *First Monday*, 5(11), November 2000.

[Murphy et al., 1999] Gail C. Murphy, Robert J. Walker, und Elisa L.A. Baniassad. Evaluating emerging software development technologies: Lessons learned from assessing aspect-oriented programming. *IEEE Transactions on Software Engineering*, 25(4):438–455, July/August 1999.

[Myrtveit und Stensrud, 1999] Ingunn Myrtveit und Erik Stensrud. A controlled experiment to assess the benefits of estimating with analogy and regression models. *IEEE Transactions on Software Engineering*, 25(4):510–525, July/August 1999.

[Norden, 1960] P.V. Norden. On the anatomy of development projects. *IRE Transactions on Engineering Management*, 7(1):34–42, March 1960.

[O'Reilly, 1999] Tim O'Reilly. Lessons from open-source software development. *Communications of the ACM*, 42(4):32–73, April 1999.

[Ousterhout, 1999] John Ousterhout. Free software needs profit. *Communications of the ACM*, 42(4):44–45, April 1999.

[Park, 1992] Robert E. Park. Software size measurement: A framework for counting source statements. Technical Report CMU/SEI-92-TR-20, Software Engineering Institute, Carnegie Mellon University, 1992.

[Parr, 1980] F.N. Parr. An alternative to the Rayleigh curve model for software development effort. *IEEE Transactions on Software Engineering*, 6(3):291–296, May 1980.

[Paulk et al., 1993] Mark C. Paulk, Bill Curtis, Mary Beth Chrissis, und Charles V. Weber. Capability Maturity Model, Version 1.1. *IEEE Software*, 10(4):18–27, July 1993.

[Perens, 1999] Bruce Perens. The open source definition. In Chris DiBona, Sam Ockman, und Mark Stone, Hg., *Open Sources: Voices from the Open Source Revolution*. O'Reilly and Associates, Cambridge, Massachusetts, 1999.

[Pillai und Nair, 1997] Krishnakumar Pillai und V.S. Sukumaran Nair. A model for software development effort and cost estimation. *IEEE Transactions on Software Engineering*, 23(8):485–497, August 1997.

[Porter und Selby, 1990] Adam A. Porter und Richard W. Selby. Empirically guided software development using metric-based classification trees. *IEEE Software*, 7(3):46–54, March 1990.

[Pottschalck, 1990] Ursula Pottschalck. Produktmetriken der Mikro-Ebene. Diplomarbeit, Abteilung für Angewandte Informatik insbesondere Betriebsinformatik, Wirtschaftsuniversität Wien, 1990.

[Putnam, 1978] L.H. Putnam. A general empirical solution to the macro software sizing and estimating problem. *IEEE Transactions on Software Engineering*, 4(4):345–361, July 1978.

[Ramamurthy und Melton, 1988] Bina Ramamurthy und Austin Melton. A synthesis of software science measures and the cyclomatic number. *IEEE Transactions on Software Engineering*, 14(8):1116–1121, August 1988.

[Raymond, 1999a] Eric S. Raymond. A brief history of hackerdom. In Chris DiBona, Sam Ockman, und Mark Stone, Hg., *Open Sources: Voices from the Open Source Revolution*. O'Reilly and Associates, Cambridge, Massachusetts, 1999.

[Raymond, 1999b] Eric S. Raymond. *The Cathedral and the Bazaar: Musings on Linux and Open Source by an Accidental Revolutionary*. O'Reilly and Associates, Sebastopol, California, 1999.

[Raymond, 1999c] Eric S. Raymond. The revenge of the hackers. In Chris DiBona, Sam Ockman, und Mark Stone, Hg., *Open Sources: Voices from the Open Source Revolution*. O'Reilly and Associates, Cambridge, Massachusetts, 1999.

[Schneidewind, 1992] Norman F. Schneidewind. Methodology for validating software metrics. *IEEE Transactions on Software Engineering*, 18(5):410–422, May 1992.

[Seaman und Basili, 1997] Carolyn B. Seaman und Victor R. Basili. An empirical study of communication in code inspections. In *Proceedings of the 19th International Conference on Software Engineering (ICSE 1997)*, Seiten 96–106, Boston, Massachusetts, 1997.

[Seaman, 1999] Carolyn B. Seaman. Qualitative methods in empirical studies of software engineering. *IEEE Transactions on Software Engineering*, 25(4):557–572, July/August 1999.

[Selby und Porter, 1988] Richard W. Selby und Adam A. Porter. Learning from examples: Generation and evaluation of decision trees for software resource analysis. *IEEE Transactions on Software Engineering*, 14(12):1743–1756, December 1988.

[Sengupta und Abdel-Hamid, 1993] Kishore Sengupta und Tarek K. Abdel-Hamid. Alternative conceptions of feedback in dynamic decision environments: An experimental investigation. *Management Science*, 39(4):411–428, April 1993.

[Shao und Tu, 1995] Jun Shao und Dongsheng Tu. *The Jackknife and Bootstrap*. Springer Series in Statistics. Springer-Verlag, New York, 1995.

[Shapiro und Varian, 1998] Carl Shapiro und Hal R. Varian. *Information Rules: A Strategic Guide to the Network Economy*. Harvard Business School Press, Boston, Massachusetts, 1998.

[Shen et al., 1983] Vincent Y. Shen, Samuel D. Conte, und H.E. Dunsmore. Software science revisited: A critical analysis of the theory and its empirical support. *IEEE Transactions on Software Engineering*, 9(2):155–165, March 1983.

[Shepperd et al., 1996] Martin Shepperd, Chris Schofield, und Barbara Kitchenham. Effort estimation using analogy. In *Proceedings of the 18th International Conference on Software Engineering (ICSE 1996)*, Seiten 170–178, Berlin, 1996.

[Shepperd und Schofield, 1997] Martin Shepperd und Chris Schofield. Estimating software project effort using analogies. *IEEE Transactions on Software Engineering*, 23(12):736–743, November 1997.

[Srinivasan und Fisher, 1995] Krishnamoorthy Srinivasan und Douglas Fisher. Machine learning approaches to estimating software development effort. *IEEE Transactions on Software Engineering*, 21(2):126–137, February 1995.

[Stallman, 1999] Richard Stallman. The GNU operating system and the free software movement. In Chris DiBona, Sam Ockman, und Mark Stone, Hg., *Open Sources: Voices from the Open Source Revolution*. O'Reilly and Associates, Cambridge, Massachusetts, 1999.

[Symons, 1988] Charles R. Symons. Function point analysis: Difficulties and improvements. *IEEE Transactions on Software Engineering*, 14(1):2–11, January 1988.

[Tang et al., 1999] Mei-Huei Tang, Ming-Hung Kao, und Mei-Hwa Chen. An empirical study on object-oriented metrics. In *Proceedings of the Sixth International Software Metrics Symposium*, Seiten 242–249, Boca Raton, Florida, 1999.

[Thompson, 1999] Bernie Thompson. Making money in the bazaar, part 1. *Linux Journal*, Seiten 22–27, July 1999.

[Tiemann, 1999] Michael Tiemann. Future of Cygnus Solutions: An entrepreneur's account. In Chris DiBona, Sam Ockman, und Mark Stone, Hg., *Open Sources: Voices from the Open Source Revolution*. O'Reilly and Associates, Cambridge, Massachusetts, 1999.

[Torvalds, 1998] Linus Torvalds. FM interview with Linus Torvalds: What motivates free software developers? *First Monday*, 3(3), March 1998.

[Torvalds, 1999] Linus Torvalds. The Linux edge. In Chris DiBona, Sam Ockman, und Mark Stone, Hg., *Open Sources: Voices from the Open Source Revolution*. O'Reilly and Associates, Cambridge, Massachusetts, 1999.

[Uemura et al., 1999] Takuya Uemura, Shinji Kusumoto, und Katsuro Inoue. Function point measurement tool for UML design specification. In *Proceedings of the Sixth International Software Metrics Symposium*, Seiten 62–69, Boca Raton, Florida, 1999.

[Vesterinen, 1999] Petri Vesterinen. Issues in calibrating effort estimation models. *Software Engineering Notes*, 24(3):63–65, 1999.

[Vicinanza et al., 1990] Steven Vicinanza, Michael J. Prietula, und Tridas Mukhopadhyay. Case-based reasoning in software effort estimation. In *Proceedings of the Eleventh International Conference on Information Systems (ICIS 1990)*, Seiten 149–158, Copenhagen, Denmark, 1990.

[Vixie, 1999] Paul Vixie. Software engineering. In Chris DiBona, Sam Ockman, und Mark Stone, Hg., *Open Sources: Voices from the Open Source Revolution*. O'Reilly and Associates, Cambridge, Massachusetts, 1999.

[Weyuker, 1988] Elaine J. Weyuker. Evaluating software complexity measures. *IEEE Transactions on Software Engineering*, 14(9):1357–1365, September 1988.

[Wilson, 1999] Greg Wilson. Is the open-source community setting a bad example? *IEEE Software*, 16(1):23–25, January/February 1999.

[Wolverton, 1974] Ray W. Wolverton. The cost of developing large-scale software. *IEEE Transactions on Computer*, 23(6):615–636, June 1974.

[Working Group on Libre Software, 2000] Working Group on Libre Software. Free software/open source: Information society opportunities for europe? Technical report, Information Society Directorate General of the European Commission, April 2000.

[Yacoub et al., 1999] Sherif M. Yacoub, Hany M. Ammar, und Tom Robinson. Dynamic metrics for object-oriented design. In *Proceedings of the Sixth International Software Metrics Symposium*, Seiten 50–61, Boca Raton, Florida, 1999.

[Yee, 1999] Danny Yee. Development, ethical trading and free software. *First Monday*, 4(12), December 1999.

[Young, 1999] Robert Young. Giving it away: How Red Hat Software stumbled across a new economic model and helped improve an industry. In Chris DiBona, Sam Ockman, und Mark Stone, Hg., *Open Sources: Voices from the Open Source Revolution*. O'Reilly and Associates, Cambridge, Massachusetts, 1999.

[Zahran, 1998] Sami Zahran. *Software Process Improvement: Practical Guidelines for Business Success*. Addison-Wesley, Harlow, England, 1998.

Axel Thomas

Unternehmensinternes Kostenmanagement in Energieversorgungsunternehmen

Grundlagen effektiver Kostenrechnungsverfahren auf der Basis der SAP-Software

Frankfurt/M., Berlin, Bern, Bruxelles, New York, Oxford, Wien, 2001.
474 S., 113 Abb., 48 Tab.
Kommunalwirtschaftliche Forschung und Praxis.
Herausgegeben von Wolf Gottschalk. Bd. 4
ISBN 3-631-38136-0 · br. DM 98.– / € 50.10*

Die innere Ruhe in den Energieversorgungsunternehmen ist verflogen. Sie sind durch die Liberalisierung der Märkte und den zunehmend intensiveren Wettbewerb um Kunden gezwungen zu neuem Denken und Handeln in Bezug auf das Management von Kostenniveau, Kostenstruktur und Kostenverlauf.

Axel Thomas gibt einen breitangelegten und fundierten Überblick über das innerbetriebliche Rechnungswesen in dieser volkswirtschaftlich so wichtigen Branche. Er stellt dar, welche Beiträge Informationsmanagement und Controlling auf der Basis der SAP Software erbringen können, um die Transparenz der Geschäftsprozesse zu erhöhen und die Unternehmensperformance zu verbessern.

Dieses Buch ist für die betriebliche Praxis, für kostenverantwortliche Techniker und Kaufleute sowie für Studierende eine wichtige Informationsquelle und zugleich ein wertvoller Begleiter.

Aus dem Inhalt: Grundlagen der Kostenrechnung und Kostensteuerung im Energieversorgungsunternehmen · Berücksichtigung neuer Kostenrechnungsverfahren (Prozesskostenrechnung) · SAP Software

Frankfurt/M · Berlin · Bern · Bruxelles · New York · Oxford · Wien
Auslieferung: Verlag Peter Lang AG
Jupiterstr. 15, CH-3000 Bern 15
Telefax (004131) 9402131

*inklusive der in Deutschland gültigen Mehrwertsteuer
Preisänderungen vorbehalten

Homepage http://www.peterlang.de